CLC 신정론(Theodicy) 시리즈 ❽　　　　CLC 깊은 신학 시리즈 ❺

고난의 의미에 대한 7가지 접근

깊은 고난

리차드 라이스 지음 · 이 정 일 옮김

기독교문서선교회

기독교문서선교회(Christian Literature Center: 약칭 CLC)는 1941년 영국 콜체스터에서 켄 아담스에 의해 시작되었으며 국제 본부는 미국 필라델피아에 있습니다.

국제 CLC는 59개 나라에서 180개의 본부를 두고, 약 650여 명의 선교사들이 이동도서차량 40대를 이용하여 문서 보급에 힘쓰고 있으며 이메일 주문을 통해 130여 국으로 책을 공급하고 있습니다.

한국 CLC는 청교도적 복음주의 신학과 신앙서적을 출판하는 문서선교 기관으로서, 한 영혼이라도 구원되길 소망하면서 주님이 오시는 그날까지 최선을 다할 것입니다.

Suffering and the Search for Meaning
Contemporary Responses to the Problem of Pain

Written by
Richard Rice

Translated by
Jung IL Lee

Copyright © 2014 by Richard Rice
Originally published in English under the title
Suffering and the Search for Meaning: Contemporary Responses to the Problem of Pain
by InterVarsity Press
Translated and used by the permission of
InterVarsity Press
P.O. Box 1400, Downers Grove, IL 60515-1426

All rights reserved.

Korean Edition
Copyright © 2018 by Christian Literature Center
Seoul, Korea

추천사 1

김영한 박사
기독교학술원장
숭실대 기독교학대학원 설립원장
한국개혁신학회 초대회장

고난에 대한 의미를 실용적 신정론 관점에서 다룬 포괄적인 저서! 본서에서 리차드 라이스(Richard Rice)는 열린 유신론(open theism)의 관점에서 고난에 대한 의미를 목회적이고 정신병리학적이고 심리적이며 신학적이며 철학적 맥락에서 전체적으로 포괄적으로 다루고 있다.

저자는 고난의 문제 해결을 위한 신학자들과 철학자들의 고전적 접근 이론들의 바른 이해를 시도하고 있으며 특정 신정론에 대한 약한 부분도 솔직하게 다루고 있다. 저자는 고난에 대한 철학적이고 신학적인 설명과 자신의 삶이나 자기와 가까운 사람들의 삶에서 받는 고난을 이해하려는 현실적인 경험을 하나로 연결시켜 통합한다.

저자는 고난에 대한 7가지 접근 이론이 고난에 대한 위로뿐 아니라 답이 없는 의문점과 궁금증을 제시하고 있다고 설명한다. 7가지 접근 이론이란 실수가 없으신 하나님(God Never Makes Mistakes)을 변호하는 완벽한 계획 신정론(Perfect Plan Theodicy), 자유가 울려 퍼지게 하라(Let Freedom Ring)는 자유의지 변론(The Free Will Defense), 고통 없이는 얻는 것도 없다(No Pain, No Gain)는 영혼 형성 신정론(Soul Making Theodicy), 원수가 이를 행했다(An Enemy Hath Done This)는 만물 갈등 신정론(Cosmic Conflict Theodicy), 사랑이 세상을 움직인다(Love Makes the World Go Round)는 열린 하나님 신정론 (Openness of God Theodicy), 하나님조차도 모든 것을 할 수는 없다(Even God Can't Do Everything)는 과정 신정론(Finite God Theodicy), 죽어가고 있는 빛에 대한 분노(Rage Against the Dying of the Light)를 주장하는 저항 신정론(Protest Theodicies)이다.

저자는 고난에 대한 고전적인 7가지 접근 이론에 대한 장점과 단점을 정확히 분석한 후에 고난에 대해 최종적인 의미를 규정하지는 않는다. 저자는 고난에 대해 폭 넓게 인정받는 7가지 이론을 살펴보면서 우리 개인들이 고난을 이해하는 데 도움이 될 사려 깊은 결론으로 이끈다.

저자는 열린 유신론자(An open theist)로서 미래에 일어날 일과 관련해서 하나님은 사람의 자유의지를 인정하시므로 미래에 대해 규정하지 않으신다고 본다. 저자는 고난에 대한 생생한 경험과 세상 속에서 실제로 존재하고 있는 고난을 설명한 여러 사상가들의 여러 가지 방법을 통합한다.

고난과 관련된 악에 대한 여러 접근 방법들의 논의는 한쪽으로 치우침이 없이 우리 모두의 공감을 불러일으킬 것이다. 본서는 자신의 고난을 이해하려는 사람들과 고난을 겪고 있는 사람들을 도우면서 사역하는 모든 분들에게 좋은 자료를 제공해준다. 저자는 고난의 의미의 해결책으로서 오히려 고난 속에 있는 분들이 지혜롭게 반응하도록 도움을 줌으로써 풍성한 삶의 의미로 안내하는 실용적 신정론(a practical theodicy)을 주장한다. 실용적 신정론이란 세상의 악과 고통을 마주하게 될 때 하나님의 의로우심과 선하심을 이해하기 위해 저자가 사용하는 개념이다.

본서는 고난을 분명하고 확실하게 설명하기에 전 세계적으로 고난이라는 현실적 문제로 힘들어하거나 고난을 겪고 있는 모든 분들에게 도움이 될 것이다. 그러나 저자가 하나님의 주권과 미래에 대한 결정권을 인정하지 않는 것은 유감이다. 필자는 열린 유신론의 관점에서 저자가 전개하는 실용적 신정론의 입장에 동의하지 않으나 본서는 고난의 의미에 관한 학문적 연구, 신앙적 논의와 목회적 토론에 좋은 자료를 제공하고 있다.

추천사 2

김재성 박사
국제신학대학원대학교 부총장
조직신학 교수

고난의 문제를 풀어나가는 다양한 제안들!

본서가 다루고자 하는 고난의 문제는 결코 가벼운 주제는 아니다. 또한 고난에 대한 해법을 제시하는 갖가지 입장들에 대한 설명이나 해설들도 결코 쉬운 논리가 아니다. 고도의 집중력을 발휘해야만 이해가 되는 철학적, 신학적 논리들이 제시되어져 있는 책이다.

하지만 저자는 현장에서 일어나는 일상적인 대화들 가운데서 풀어보려고 노력하였다. 결국 학문적으로 마무리를 하지마는 시작은 매우 실제적이고 구체적이어서, 여러 상황에 대처하는 도움을 주고 있다. 본서의 저자는 고난을 다루는 일반 종교학과 철학의 개념들을 거의 다 제시하고 있다. 어느 쪽을 취할 것인가는 독자의 몫이다.

고난의 문제를 다루는 나와 같은 개혁주의 신학자들은 하나님의 섭리라는 원대한 개념으로 정리하고 있다. 칼빈은 단 한 방울의 물도 하나님께서 허락하지 않으면 떨어지지 않는다고 풀이했다. 이것이 섭리 인식이다.

그런데 본서의 저자는 섭리 교리에 대한 설명도 없고, 이를 따로 구별하지도 않고, "신정론"의 일환으로 대체시키고 있다. 사실 제3장에서 인용된 많은 성경 구절들은 섭리론에 해당하는 내용들이다.

필자는 자유의지와 관련된 토론에서도 죄의 심각성에 관련된 논의가 더 다뤄졌으면 좋았겠다고 생각한다. 루터와 에라스무스 사이에 논쟁에서, 우리는 인간의 의지가 가진 문제의 핵심이 죄와 연계되었음을 알게 된다. 고난에 연계된 죄의 문제를 보다 심각하게 다뤘으면 하는 생각을 지울 수 없다. 그럼에도 불구하고, 본서는 다양한 접근방법을 소개하고 있어서, 고통을 소화해내도록 우리의 시야를 지성적인 논의의 무대를 향해 열어준다.

추천사 3

윌리엄 해스커(William Hasker) 박사
Huntington University

리차드 라이스(Richard Rice)는 두 개로 분리되어 있는 부분을 종종 하나로 통합한다. 고난에 대한 철학적이고 신학적인 설명과 자신의 삶이나 자기와 가까운 사람들의 삶에서 받는 고난을 이해하려는 현실적인 힘든 부분을 하나로 결합한다. 그는 고난에 대해 폭 넓게 인정받는 일곱 가지 방법론을 살펴보면서 우리 개인들이 고난을 이해하는 데 도움이 될 사려 깊은 결론으로 이끈다.

열린 하나님 신정론자(번역자 주: 미래에 일어날 일과 관련해서 하나님은 사람의 자유의지를 인정하시므로 미래에 대해 규정하지 않으신다)인 저자는 이 일곱 가지 접근방법이 고난에 대한 위로뿐 아니라 답이 없는 의문점과 궁금증을 제시하고 있다고 놀라울 정도로 차분하게 설명한다.『깊은 고난』(Suffering and the Search for the Meaning)는 자신의 고난을 이해하려는 사람들과 고난을 겪고 있는 사람들을 도우면서 사역하는 모든 분들에게 풍성한 자료를 제공해준다.

스테픈 데이비스(Stephen T. Davis) **박사**
Claremont McKenna College

　리차드 라이스(Richard Rice)는 철학자의 예리한 지성과 목회자의 따뜻한 마음으로 고난의 문제에 대해 명쾌하게 도움이 될 책을 내 놓았다. 『깊은 고난』(Suffering and the Search for the Meaning)는 고난을 분명하고 확실하게 설명하기에 전 세계적으로 고난이라는 현실적 문제로 힘들어하거나 고난을 겪고 있는 모든 분들에게 도움이 될 것이다.
　고난과 관련된 현실생활을 구체적인 예로 설명함으로써 고난에 대한 우리의 이해를 분명하게 한다. 고난과 관련된 악에 대한 여러 접근 방법들의 논의는 한쪽으로 치우침이 없이 우리 모두의 공감을 불러일으킬 것이다. 본서를 아주 기쁜 마음으로 추천한다.

해롤드 코닉(Harold G. Koenig) **박사**

Theology and Health, Duke University Medical Center

고난과 관련된 질문들과 고난을 설명하려는 우리의 시도는 사라지지 않으며 고난 속에서 용기 있게 살려는 우리의 노력들도 계속될 것이다. 고난의 주제와 관련된 수많은 책들 가운데 리차드 라이스(Richard Rice)의 『깊은 고난』(Suffering and the Search for the Meaning)는 이론적 깊이와 개인적 관심을 통합한 점이 단연 돋보인다.

저자는 고난에 대한 생생한 경험과 세상 속에서 실제로 존재하고 있는 고난을 설명한 뛰어난 사상가들의 여러 가지 방법을 통합한다. 이해하기 쉽고 현실감이 있으며 철학적 깊이가 있는 이 책은 고난을 겪고 있는 환자들의 다양한 필요성을 이해하고 도움을 주려는 많은 의사들과 의료와 관련된 일을 하는 사람들에게 소중한 가치를 제공해 줄 것이다.

버나드 맥긴(Bernard McGinn) 박사
University of Chicago Divinity School

아픔과 고난은 인간의 삶과 밀접히 관련되어 있지만 이 부분을 이해하며 다루는 것은 결코 쉽지 않다. 리차드 라이스(Richard Rice)의 『깊은 고난』(Suffering and the Search for the Meaning)는 최고 수준의 신학적 사고와 철학적 사색을 심도 깊게 다루어 고난의 의미를 이해하는 데 있어 새로운 차원으로 이끌어주며 현실의 고난에 대한 인간 경험에도 초점을 맞추고 있다.

저자는 고난에 대한 고전적인 여섯 가지 접근 방법에 대한 장점과 단점을 정확히 분석한 후에 고난에 대해 최종적인 의미를 규정하지는 않는다. 오히려 고난 속에 있는 분들이 지혜롭게 반응하도록 도움을 줌으로써 풍성한 삶의 의미로 안내하는 실용적 신정론(번역자 주: 세상의 악과 고난을 마주하게 될 때 하나님의 의로우심과 선하심을 이해하기 위해 사용되는 개념)을 주장한다.

매트 젠슨(Matt Jenson) **박사**

Biola University

   고난은 고난 속에 있는 분들에게 침묵을 요청하고 마침내 다른 사람들이 자신의 고난을 이해해 주기를 바라는 두 부분이 존재하고 있다. 리차드 라이스는 이 이중적 현실을 존중하며 고난으로 인한 위기때에 우리가 말할 수 있는 내용이 한계가 있음을 수용하고 있다.
   저자는 고난에 대한 광범위한 반응을 겸허하게 살펴보면서 『깊은 고난』(Suffering and the Search for the Meaning)를 읽는 사람들이 고난 속에 있는 자신과 다른 사람들이 고난에 대해 진솔하게 표현할 수 있도록 도움을 준다.

마이클 로달(Michael Lodahl) 박사
Loma Nazarene University

『깊은 고난』(Suffering and the Search for the Meaning)는 아름다운 책이다. 리차드 라이스(Richard Rice)는 아픔과 고난이 우리의 삶과 우리가 사랑하는 사람들의 삶을 가장 힘들게 하며 지속적으로 괴롭히는 부분이라고 생각한다. 이런 어려운 부분을 품위 있고 단아하며 지혜롭고 섬세하게 서술하고 있다.

이 고난의 문제에 대해 지금까지 신학자들과 철학자들이 제시해 왔던 가장 설득력 있는 여러 해결책을 세밀하고 이해하기 쉽게 접근하고 있다. 고난에 대해 전체적인 각 해결책의 바른 이해를 위해 항상 신중하게 접근하지만 특정 신정론에 대한 약한 부분도 솔직하게 다루고 있다.

자신의 견해를 생동감 있게 표현하기 위해 대중 문화와 문학 그리고 이전에 주목을 받았던 기사들도 자연스럽고 주저함 없이 사용한다. 목회자적 마음을 가진 이 시대의 가장 재능 있는 신학자 중 한 분인 저자는 본서를 통해 여러분을 부드럽게 인도하며 존중 속에서 기품 있게 고난의 문제를 다루어 줄 것이다.

저자 서문

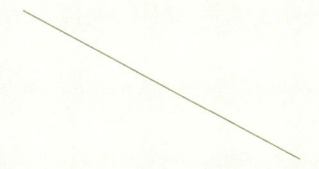

리차드 라이스(Richard Rice) **박사**
Loma Linda University 종교철학 교수

　나는 대학의 한 인문학부에서 여러 해 동안 다양한 종교 강의를 해왔다. 하루는 근처에 있는 한 보건의학전문대학원에서 고난이라는 주제의 강의를 해달라는 요청을 받게 되었다. 이 강의를 수강하게 되는 학생들은 전문직 의학 보건 프로그램의 배경을 가진 학생들로 각 의학 분야의 전문 과정을 밟고 있었다.
　치과, 의예과, 간호과, 외과 치료, 공중보건과 같은 분야를 준비하고 있는 이들 학생들에게 무거운 철학적 내용을 다루는 이 강의가 얼마나 흥미로울지 의문이 들었다. 분명한 것은 악과 관련된 문제는 수백 년에 걸쳐 위대한 사상가들의 중요한 관심 대상이었고 나의 학문적 배경도 철학에 근거한 신학이었기에 이 강의를 수강할 학생들이 악을 주제로 하는 심각한 논의에 노출되는 것에 일말의 부담감을 느끼지 않을 수 없었다.
　강의가 진행되며 새롭게 깨닫게 되었다. 학생들이 재미가 없어 어쩔 수 없이 강의에 앉아 있는 것이 아니라 강의에서 다루는 고난에 대해 면밀히 살펴보며 다양한 반응을 보임으로써 강의실이 생동감 넘치는 토론의 장으로 바뀌었다는 점이다. 강의를 수강한 학생들은 고난에 대한 사상가들의 입장과 논리적 배경을 진지하게 살핀 후 좀 더 심각한 관심 사항들을 질문했다.

강의에서 자세히 살펴본 여러 견해들이 자신의 전문 분야에서 경험했던 명백한 악이나 개인적 고난과 어떤 관련이 있는지?

이들 학생들의 의학적 도움을 받고 있는 환자들의 고난에 대해 어떻게 반응하는 것이 바람직한 것인지?

환자들이 이들 학생들에게 자신들의 고난에 대한 이유를 물었을 때 어떤 대답을 해줄 수 있을지?

왜 이런 고난이 나에게 혹은 내가 사랑하는 사람에게 일어나고 있는 것인지?

악에 대한 철학적 질문과 현실에서 개인적인 고난으로 어려움을 겪고 있는 사람들 사이에는 명백한 관련성이 있다. 악의 문제에 대한 진지한 논의는 자연스럽게 개인이 겪고 있는 고난의 문제를 바라보게 했고 이런 개인적 관심사는 진지한 지적 토론을 가능하게 했다. 고난에 대한 이런 경험들은 여러 해 동안 나의 관심 사항이었던 다음과 같은 사실상 모든 기본이 되는 철학적 신학적인 문제들로 "빠르게 되돌아가게" 한다는 사실을 깨닫게 되었다.

창조, 즉 하나님은 어떤 종류의 세상을 창조하셨나?

어떤 종류의 하나님이 이 세상을 창조하셨나?

섭리, 즉 하나님은 이 세상에서 무엇을 하고 계시나?

도대체 하나님은 일을 하시는 중인가?

이와 같은 고난에 대한 여러 생각들이 고난을 겪고 있는 사람들에게 어떻게 도움을 줄 수 있을까라는 하나의 중요한 질문이 본서를 내게 된 이유이다. 사람들은 삶에서 겪게 되는 엄청난 상실감에 대해 다양한 방법으로 대응한다. 이들 대응 방법에 대한 각각의 설명은 매력적인 특징을 가지고 있지만 계속해서 풀리지 않는 의문을 남긴다. 이런 의미에서 우리의 노력과 희망에도 불구하고 고난은 완벽히 이해되지는 않는다.

물론 우리가 생각이 깊은 사람들이 고난에 대해 얘기한 것을 알면 그 고난 중에 있는 사람들이 경험하는 것을 이해하는 데 도움을 받을 수 있다. 생각이 깊은 사람들의 해석에는 고난에 대한 많은 요소 혹은 부분적 내용들이 있기 때문에 우리가 이 고난에 대해 풍부하게 반응하는 데 도움을 받을 수 있다. 그래서 고난에 대한 이들 이론들과 고난으로 인한 현실적 어려움 사이의 상호작용을 조심스럽게 살펴볼 가치가 있다.

본서는 제1장 이후부터 완벽한 계획 신정론, 자유의지 변론, 영혼 형성 신정론, 우주 갈등 신정론, 열린 하나님 신정론, 과정 신정론, 저항 신정론과 같은 광범위한 견해들을 자세히 다룬다. 제9장에서는 실용적 신정론의 발전을 위해 몇 가지 제안을 한다.

본서의 구체적 목적은 이론과 현실의 관심 사항을 통합하는 것이다. 이런 이유로 각 장은 고난에 대한 반응을 개인적 설명으로 시작해서 이 반응이 가리키고 있는 의미의 틀을 탐구하는 대로 나아간다. 이들 문제들을 고찰하는 사람들은 자연스럽게 자신의 견해를 발전시키게 될 것이다. 나 또한 마찬가지다. 지난 삼십 년 이상 열려있는 신정론(일반적으로 알려져 있는 것처럼)의 틀에 참여해 오고 있는데 이 신정론 논의의 목적은 다양한 견해를 제공하기 위한 것이지 어떤 특정한 견해의 우수성을 주장하기 위한 것이 아니다.

강의를 듣고 있는 학생들이 나에게 깨닫게 해 준 것처럼, 고난의 이해에 대한 필요는 누구에게나 있다. 따라서 고난에 대한 지적 어려움은 지성인에게만 한정되어 있지 않다. 전문적으로 철학적 토론을 좋아하지도 않고 이에 대한 배경이나 시간도 없는 사람들조차 신정론이 다루고 있는 큰 부분의 질문에는 관심을 가지고 있기 때문이다. 본서는 이런 분들을 위한 책이다.

본서는 잠언에서 표현하고 있는 "일반 독자"를 마음에 두고 썼다. 이 일반 독자라는 말은 신학이나 철학의 전문가 혹은 이 분야의 전문가가 되기를 의도하고 있지는 않지만 고난이 제기하고 있는 문제들에 관심이 있고 고난의 주제에 대해 깊이 있는 논의를 통해 개인적 가치와 같은 어떤 것을 배우기를 기대하는 사려 깊은 사람들이다.

본서의 목표는 고난에 대한 다양한 방법론들이 제공하고 있는 실증된 가치와 개별적 매력을 설명하며 각 방법론이 가지고 있는 인식과 현실적 한계에도 주목한다. 나는 본서가 고난에 대해 더 깊은 통찰로 나아가는 초대장 역할을 해주며 고난 속에 있는 개인이 용기를 가질 수 있는 근원이 되기를 원한다.

본서는 외형적으로는 보잘 것 없지만 본서를 내놓기까지 많은 시간이 걸렸고 한분 한분에게 고마움을 표현하기에는 너무 많은 분들에게 지성의 빚을 졌다.

먼저 고난에 대해 내가 가르쳤던 다양한 강의에서 함께 했던 모든 학생들이 기억난다. 내가 확신하는 것은 다른 많은 선생님들처럼 학생들이 나에게서 배운 것보다 더 많은 것을 내가 학생들로부터 배웠다는 점이다.

나는 또한 로마린다대학교(Loma Linda University)와 라시에라대학교(La Sierra University)의 종교학과에 있는 훌륭한 동료 교수들과의 협력을 통해 많은 혜택을 받았다. 특히 고난의 신학에 대한 몇 분의 견해가 나의 견해를 형성하는 데 있어서 도움을 주었는데, 그분들은 윌버 알렉산더(Wilber Alexander), 이반 블래이즌(Ivan Balzen), 프리츠 가이(Fritz Guy), 데이비드 R. 라슨(David R. Larson)과 식버 톤스타드(Sigve Tonstad) 교수이다.

또한 개인적 슬픔으로부터 얻게 된 통찰력을 나와 공유해주신 분들에게 깊은 감사를 드린다. 이 분들은 도나 칼슨(Donna Carlson), 베일리와 주디 길레스피(Bailey and Judy Gillespie), 제임스 해리스(James Harris), 잭과 마릴즈 재콥슨(Jack and Marlys Jacobson), 아이리스 랜다(Iris Landa), 케이 넬슨(Kay Nelson), 돈과 글래디즈 쉬린커트(Don and Gladys Schlinkert), 데이비드와 자넷 윌킨스(David and Janet Wilkins)이다.

나는 IVP출판사(InterVarsity Press) 편집인 두 분에게도 마음의 빚을 졌다. 게리 디도(Gary Deddo)는 본서가 나오기까지 나를 도왔던 첫 번째 편집인이고 데이비드 콘돈(David Congdon)의 조언과 격려는 본서를 결론으로 이끄는 데 있어 매우 큰 도움을 주었다. 나는 또한 이름을 밝히지 않은 두 분의 세밀한 검토로 많은 도움을 받았다. 이 두 분의 조언과 제안으로 본서의 많은 부분이 수정되며 더 나은 내용이 될 수 있었다.

마지막으로 제일 중요한 것은 말로 다 표현할 수 없지만 나의 가족들이 고난과 관련된 성찰의 모든 과정을 가능할 수 있게 해주었다는 것이다. 항상 사랑과 웃음을 잃지 않는 아내 게일(Gail)에게 고마움을 표한다. 지난 몇 년 동안 나와 아내는 세 분의 부모님을 천국에 보내는 아픔을 함께 겪었고 나의 가정에 선물로 주신 네 명의 손주들을 맞게 되는 기쁨도 함께 했다. 나의 딸 앨리슨(Alison)과 사위 올리비얼(Olivier)은 아름다운 두 딸을 가지고 있다. 나의 아들 조나단(Jonathan)과 며느리 레베카(Rebekah)는 에너지가 넘치는 두 남자 아이를 가지고 있다. 나는 본서를 이 네 명의 어린 손주들에게 바치기를 원한다.

바라기는 이 손주들이 앞으로 겪게 될 고난이 많지 않기를 원하며 고난의 순간에는 실질적으로 하나님 안에서 현실에서의 도움을 발견할 수 있기를 간절히 기도한다.

역자 서문

이정일교수
캔버라호주기독교대학

정답이 없는 문제 같은 인생이 있을까?
파도 없이 항해하는 고난 없는 인생이 있을까?
우리는 예외 없이 분명히 알고 있다.
겨울가면 봄이 오듯 고통 후에 정답을 마주해야 하는 피할 수 없는 인생을 산다는 것을!
대학에서 영어교육 전공 후 20년 동안 영어를 가르치며 번역과 통역 일을 해왔다. 하지만 처음으로 번역한 책을 내면서 위의 피할 수 없는 질문이 부담스러웠다. 아직 정답을 논할 삶도 고난에 대해서는 더 더욱 언급할 위치가 아니기 때문이다.
하지만 저자의 결론처럼 고난을 통해 인생의 의미를 더 분명히 알 수 있다고 생각한다. 예수 그리스도의 십자가라는 분명한 정답이 있기 때문이다. 그리고 고난에 대한 사상가들의 질문에 대해 역사 속에서 분명한 정답을 제시하기 때문이다.

내일을 바라보며 사는 인생임에도 오늘에 초점이 가 있는 모습을 이 책을 통해 발견한다. 보이지 않는 하나님보다는 보이는 물질세계에 더 영향 받고 있는 삶이기 때문이다. 그리고 현실에서의 고난은 부담스럽고 생각 속에서 지워버리고 싶은 우리이기 때문이다. 그래서 본서가 의미를 가진다. 마찬가지로 본서를 읽는 분들 역시 동일한 의미를 발견하기 원한다.

> 하나님이 피조물에게 자유를 주셨고 이 결과로 피조물들이 실수를 하게 될 것이라는 것을 하나님은 알고 계셨다는 사실은 하나님이 이들의 실수를 허락한다는 의미는 아니다. 하나님은 이 세상이 고난을 포함하게 될 것이라는 것을 아셨다는 말은 하나님이 이 세상의 일이 이렇게 나쁘게 되어질 것을 원했다는 것을 의미하지는 않는다. 또한 이 말은 우리에게 오는 모든 고난 뒤에 하나님이 계시다는 것을 의미하지도 않는다…. 사람에게 진정한 자유를 주기로 결심하실 때 하나님은 심지어 우리의 결정이 처참한 결과로 나아가게 될 때에도 우리의 선택을 존중하기로 하셨던 것이다.

우리의 선택과 결정을 존중하시는 하나님!
그러기에 우리 삶의 고통의 순간을 외면하지 않으시며 함께 하시는 하나님!

고난의 의미를 통해 주님을 바라보게 하는 기독교문서선교회(CLC) 박영호 목사님과 모든 직원들의 출판 사역과 헌신에 감사를 드린다. 주님을 사랑한 부모님 소천 후 부모의 역할을 하시는 형님과 누님께 사랑을 전한다. 고통 속에서 주님의 사랑과 위안을 받으실 제주도 장인 장모님을 위해 기도한다.

호주기독교대학에 합류하면서 알게 된 몇 몇 분들에게도 감사를 표하고 싶다. 호주 형님으로 다가온 폴 마샬(Paul Marshall) 목사, 좋은 이웃의 모범을 보여주고 있는 주상순, 이인미 동생 부부, 그리고 앞으로 함께 마음을 나누고 싶은 줄리네 가족, 마지막으로 부족함을 항상 넉넉함으로 채워주는 사랑하는 성현, 성은, 그리고 아내 한미영에게 부족한 아버지이자 남편의 감사와 사랑의 마음을 전한다.

목차

- 추천사 1 ǀ 김 영 한 박사(기독교학술원장)   4
- 추천사 2 ǀ 김 재 성 박사(국제신학대학원대학교 부총장)   7
- 추천사 3 ǀ 윌리엄 해스커(William Hasker) 박사 외   9
- 저자 서문 ǀ 리차드 라이스(Richard Rice) 박사   15
- 역자 서문 ǀ 이 정 일 교수   21

제1장
나의 하나님, 왜? 결코 사라지지 않을 바로 이 질문   28
1. 고난에 대해 심각하게 생각해야 할 당연한 근거   28
2. 고난에 대한 대조적인 접근 방법   29
3. 삶을 바꾸는 상실로서의 고난   34
4. 고난과 삶의 의미   37
5. 신정론과 고난의 의미에 대한 탐구   40
6. 앞에 놓여있는 길   47

제2장
실수가 없으신 하나님: 완벽한 계획 신정론   51
1. 완벽한 계획 신정론   59
2. 완벽한 계획 신정론에 대한 신학적 배경이야기   64
3. 완벽한 계획 신정론에 관한 질문   67

제3장

자유가 울려 퍼지게 하라: 자유의지 변론　　　　　71
1. 자유와 하나님의 책임　　　　　　　　　　　　74
2. 자유의지 변론의 매력들　　　　　　　　　　　82
3. 자유의지 변론에 대한 질문들　　　　　　　　86

제4장

고난이 없으면 얻는 것도 없다: 영혼 형성 신정론　　94
1. 영혼 형성 신정론의 매력　　　　　　　　　　103
2. 영혼 형성 신정론에 대한 철학적 배경　　　　107
3. 영혼 형성 신정론에 관한 질문들　　　　　　111

제5장

원수가 이를 행했다: 우주 갈등 신정론　　　　　119
1. 우주 갈등 신정론에 관한 질문들　　　　　　131
2. 우주 갈등 신정론의 지속적인 매력　　　　　135

제6장

사랑이 세상을 움직인다: 열린 하나님 신정론   139
1. 고난과 미래를 열어 놓으시는 하나님   148
2. 미래를 열어 놓으시는 하나님에 대한
    신정론에 관한 몇 가지 질문들   153
3. 열린 유신론의 매력   158

제7장

하나님조차도 모든 것을 할 수는 없다: 과정 신정론   161
1. 과정 신정론   165
2. 과정 신정론의 매력들   175
3. 과정 신정론에 관한 질문들   179
4. 되돌아 봄   183

제8장

약해져 가고 있는 빛에 대한 분노: 저항 신정론들   186
1. 저항 신정론의 매력   196
2. 저항 신정론에 있어 풀리지 않는 내용들   198

제 9 장

의미의 조각들: 당신에게 고난이 찾아올 때　　206
1. 다른 견해에 대한 다른 이유들　　208
2. 개인적 실용적 신정론　　215
3. 고난의 "문법": 그들과 나와 당신의 고난　　230
4. 나의 고난으로부터 당신의 고난까지　　236
5. 마지막 단어　　247

- 주제색인　　249

제1장

나의 하나님, 왜?
결코 사라지지 않을 바로 이 질문

1. 고난에 대해 심각하게 생각해야 할 당연한 근거

대학에서 강의를 시작한지 며칠 되지 않은 어느 날 저녁 내 집 현관문을 누군가가 두드렸다. 내가 개설한 종교학 강의를 듣는 여학생이었다. 이 학생은 보기에도 근심어린 표정을 짓고 있었다. "교수님, 교수님의 어머니가 사고를 당해서 지금 교수님을 찾고 계세요"라고 여학생은 단숨에 말했다.

나는 "어머니가 지금 어디 계세요?"라고 물었다.

여학생은 "바로 이 아래 거리에서 교통사고가 나셨어요"라고 대답했다.

어머니는 멀리 떨어진 다른 지역에 살고 있었는데 우리 집을 방문 중에 있었다. 어머니는 두 명의 친구 분들과 함께 수십 킬로미터 떨어져 있는 기도회 모임에 초청을 받아 참석을 했다. 모임이 끝난 후 우리 집으로 돌아오시는 중에 어머니는 뒷좌석에 앉아 계셨다. 운전자 옆 좌석의 여자 분이 먼저 내린 후 우리 집까지는 오 분 정도 밖에 안 되는 거리였기에 어머니는 자리를 옮기지 않고 뒷좌석에 그대로 앉아 계셔서 결정적으로 화는 면할 수 있었다. 과속을 하던 어떤 차가, 우리 집이 있는 거리에서 좌회전을 한 후 막 교차로로 들어서려던 어머니의 차를 받아버렸다. 어머니가 탄 차의 오른쪽 부분이 모든 충격을 받았다.

나와 아내는 급히 사고 현장으로 달려갔다. 어머니는 이미 응급차에 옮겨져 있었고 의식은 있으셨지만 몹시 고통스러워하셨다. 곧바로 가장 가까운 병원으로 옮겨지게 되었다. 우리는 안심시켜 드릴 말을 고심했다.

"모든 것이 잘 될 거에요. 저희가 찾아 볼 수 있는 최고의 의사를 모실게요. 어머니가 아는 것처럼 주님은 어머니를 사랑하세요."

"주님이 나를 사랑하시는 것을 알아"라고 어머니는 대답하셨다.

나중에 알게 된 일이지만 어머니의 오른쪽 골반뼈가 부러졌지만 훌륭한 의사를 만나 완전히 회복하게 되었다.

모든 사람들이 나름의 사연들을 가지고 있을 것이다. 우리 가족들 또한 얘기할 이야기들이 있다. 조만간 우리나 가까운 누군가가 아프거나 사고가 나거나 혹은 더 심한 일을 겪을 수 있다. 이처럼 고난은 누구에게나 찾아오며 어느 누구도 피할 수 없다.

2. 고난에 대한 대조적인 접근 방법

고난에 관한 수많은 책들이 있다. 서점의 크기와 상관없이 모든 서점들이 고난과 관련된 책을 서가에 비치하고 있다. 어떤 책들은 "생존"에 관한 내용으로 고난을 겪거나 소중한 사람을 먼저 보내게 된 사람에 관한 것이다. 이런 비애의 경험을 한 사람들이 기록한 감동적이고 슬픈 비망록과 관련된 서적의 수는 지난 몇 년간 증가하고 있다. 다른 책들은 슬픔을 다루는 방법론에 관한 내용으로, 당신이 고난의 환경에 놓이게 될 때 어떻게 슬픔을 "직면하고," "넘어서서," "다음 단계로 나아"가는 데 있어 필요한 목록을 제시한다.

고난과 관련된 이런 책들이 비치되어 있는 서점에서 여러분은 악에 대한 주제를 다루고 있는 책들도 발견하게 될 것이다. 나는 괴물이나 악마 혹은 외계인에 관한 암흑을 다룬 드라마에 관한 것을 말하는 것이 아니라 우리가 살고 있는 세계의 본질에 관한 심각한 토론을 얘기하고 있는 것이다.

고난과 관련해 수백 년 동안 사람들은 하나님에 관한 의문을 제기해 왔다. 이 의문에 따르면 만약 하나님이 완벽히 선하시고 전능하신 분이라면 악은 이해될 수 없다. 결국 선하신 하나님이라면 악을 소멸하기를 원하실 것이고, 전능하신 하나님이라면 악을 소멸하실 능력을 가지고 있기 때문이다.

그런데 왜 악이 존재하나?

왜 사람들은 고난받고 있나?

이런 상황에 대해 어떤 설명이 가능할 수 있을까?

이와 같은 다양한 주장들 사이의 차이점은 예리할 만큼 아주 분명하다. 고난에 대해 다루고 있는 책 중에서 한 부류는 자기 개발이나 인기 있는 심리학을 다루고 있는 서가에 진열되어 있다. 다른 부류의 책들은 신학이나 철학과 같이 심각한 주제의 무겁고 두꺼운 책으로 놓여 있다.

물론 이렇게 분류된 고난에 대한 책들이 분명하게 현실에서 적용되고 있는 것은 아니다. 때때로 철학자들이 자신들의 이론에 대한 현실적인 결과에 대해 가볍게 다루기도 하고 고난의 현실적 방법론을 다룬 책들이 특정한 철학적인 입장을 주장하는 경우도 있기 때문이다. 그러나 일반적으로 고난에 대한 책은 현실적인 적용이나 심각한 이론 중 한 부분에 초점을 맞추고 있지 양쪽의 모든 부분을 다 다루고 있지는 않다.

본서의 내용 전개에 있어 목표는 고난과 관련된 여러 가지 사항들을 통합하는 것이다. 즉, 고난으로 인한 개인적 경험과 고난에 대한 이론 사이의 연결되는 내용을 깊이 들여다볼 것이다. 고난은 철학자들을 포함한 모든 사람들에게 오는 것이기 때문에 결국 우리는 고난에 대한 한 접근 방법이 필요하다. 이 방법은 고난이라는 주제에 대한 철학적 이론 이상이며 혹은 고난 중에 있는 사람이나 그 사람들을 돌보는 사람에게 있어서는 어떻게 해야 하는가에 대한 책인 것이다.

우리는 철학적 이론 이상과 고난에 대해 어떻게 해야 하는가에 대한 방법이 필요하다. 왜냐하면 종종 얘기되어지는 것처럼 이론에는 결과가 따르고 고난의 경우에 있어 이런 결과들은 엄청난 것이 될 수 있기 때문이다. 사실 이론이 더 중요한 역할을 하는 생활에서는 경험이 없을는지도 모른다. 웬디 팔리(Wendy Farley)가 말하는 것처럼 "우리가 고난을 해석하는 방법이 우리가 고난을 경험하는 방법과 많은 관련이 있기 때문이다."[1] 사람들이 위기에 대응하는 방법은 종종 하나님이 이 세상에서 어떻

---

1 Wendy Farley, "The Practice of Theodicy," in *Pain Seeking Understanding: Suffering, Medicine, and Faith*, ed. Margaret E. Mohrmann and Mark J. Hanson (Cleveland, OH: Pilgrim, 1999), 103.

게 언제 그리고 왜 반응하시고 혹은 반응하시지 않는가 하는 특별한 견해를 반영하고 있다. 따라서 우리가 고난에 대한 여러 가지 반응을 고려할 때 분명하고 생생한 고난의 경험에 대해 각 종교적 혹은 철학적 해석에 대한 관계를 자세히 살펴보는 것이 중요하다. 고난은 이렇게 엄청나고 힘든 도전이 되기 때문에 우리가 이 도전에 잘 대응하기 위해서는 종교와 철학적 해석과 관련된 모든 자료가 필요하다.

물론 이들 해석과 경험은 아주 밀접히 관련되어 있지만 이 관계가 완벽히 맞아 떨어지지는 않는다. 고난을 겪고 있는 분들이 자신의 종교적 신앙 렌즈를 통해 고난을 바라볼 때, 이 종교적 신앙으로 인해 위안을 받기도 하고 혼돈스러울 수도 있으며 잘못 생각할 수도 있다.

사람들은 가끔 익숙한 신앙의 틀 안에서 자신들의 고난이 편안하며 위안을 받을 정도로 맞아 떨어지는 것을 발견하게 된다. 오랫동안 믿어왔던 신앙의 확신과 이해가 고난 당하는 자신에게 큰 평안을 준다. 종종 고난은 사람들이 하나님에 대한 자신의 생각을 바꾸게도 하지만 때로는 완전히 다르게 바꾸기도 한다.

"하나님에 대한 나의 신앙을 생각해 볼 때 나의 고난은 완벽히 이해할 수 있어. 나는 고난의 의미가 무엇인지 정확하게 알고 있어"라고 누군가는 말할 수 있다.

반대로 "내가 지금까지 믿어왔던 신앙을 생각해보면 나의 고난은 전혀 이해할 수 없어. 이제 나는 무엇을 믿어야 할지 몰라"라고 또 다른 누군가는 말할 수 있다.

이처럼 고난을 통해 하나님께 더 가까이 나아가는 사람들이 있으며 또한 고난으로 인해 하나님으로부터 멀어지는 사람들이 있다. 고난에 대해 가장 중요한 몇몇 토론은 고난을 겪고 있는 사람들이 진지한 질문을 할 때 생기게 된다.

해롤드 쿠쉬널(Harold Kushner)은 고난에 대한 베스트셀러인 자기 책에서 "중요한 단 하나의 질문만이 있다"라고 말하고 있다.

> 왜 나쁜 일들이 좋은 사람들에게 일어날까?
> 다른 모든 신학적 대화는 이 질문에 대해 지적으로 피하고 있다.[2]

쿠쉬널은 모든 사람들이 알고 있는 것, 즉 고난이 신앙에 큰 걸림돌이 될 수 있다는 것을 강조한다. 종종 사람들이 하나님에 대한 존재를 믿지 않을 때 제시하는 첫 번째 이유는 자신들이 겪었던 고난이나 자신의 주변 세계에서 보게 되는 고난이다.

하나님의 존재를 믿는 사람들에게도 고난은 여전히 어려운 부분이다. 철학가 앨빈 플랜팅가(Alvin Plantinga)가 이해하는 것처럼 악의 존재를 근거로 하는 주장이 하나님의 존재를 부정하는 바로 그 주장이 되고 있다는 부분은 심각하게 생각해 볼 가치가 있다.[3]

---

2 Harold S. Kushner, *When Bad Things Happen to Good People* (New York: Schocken Books, 1981), 6.

3 Alvin Plantinga, "A Christian Life Partly Lived," in *Philosophers Who Believe: The Spiritual Journeys of Eleven Leading Thinkers*, ed. Kelly James Clark (Downers Grove, IL: Inter-Varsity Press, 1993), 72–73.

3. 삶을 바꾸는 상실로서의 고난

우리는 고난이라는 말을 작은 문제에서부터 훨씬 더 심각한 문제에 이르기까지 아주 다양한 의미로 사용하고 있다. 하지만 우리가 얘기하고 있는 고난이라는 말은 우리의 생활을 잠시 방해하거나 복잡하게 하는 것을 말하는 것이 아니다. 그리고 우리가 몇 번 수정하면 적응할 수 있게 되어 평상시처럼 생활해 나갈 수 있는 것을 말하는 것이 아니다.

여기에서 우리가 관심을 가지는 고난은 자연재해와 같은 것을 말한다. 이런 고난은 우리가 익숙하게 알고 있던 모든 경계선을 허물고 무너뜨려 버린다.

2004년 말 남아시아와 2011년 초 일본의 동부 해안선을 강타해 모든 것을 불능 상태로 빠트렸던 쓰나미 사태나 뉴올리언스를 물로 삼켜 버리고 뉴저지 주와 뉴욕 주의 해안선을 덮쳤던 허리케인 폭풍이나 2010년 브라질과 호주를 휩쓸었던 홍수나 최근 미국 중부를 가로 질러 초토화시켰던 토네이도 같은 대폭풍을 말한다.

때때로 고난은 많은 사람을 갑자기 찾아와 소수 사람들의 삶을 산산조각 내어버린다. 이런 경우 영혼에 불어닥친 엄청난 고난은 쓰나미나 카트리나와 같다. 그리고는 우리 삶의 지형을 바꾸어버린다. 혹은 우리가 전혀 알지 못하는 낯선 세계로 옮겨 버리고 우리와 관련된 모든 것을 바꾸어 놓는다. 다시 말하면 이런 고난이 바로 삶을 바꾸어버리는 상실인 것이다.

대학교수 제리 시첼(Jerry Sittser)은 한 끔찍한 사고에서 자기 어머니와 아내 그리고 세 자녀 중 한 명을 잃게 되었다. 이 교수가 운전하고 있던 승합차를 술에 취한 한 운전자가 들이박아 버렸다. 그가 자동차 잔해로부터 기어 나와 이 참사가 빚어낸 결과를 보게 되었을 때 엄청난 충격이 그를 엄습했다. 지금의 상황이 이전의 상황과 결코 같아질 수 없다는 사실을 그는 깨닫기 시작했다. 두 시간 뒤 응급차가 병원에 도착했을 때 그는 이전의 생활로 결코 돌아갈 수 없다는 것을 알았다. 그는 "완전히 새로운 세계로 걸어 들어갔다"[4]라고 표현했다.

누군가가 고난을 겪는다는 것은 자신에게 있어 필수적인 한 부분, 즉 자신의 삶의 의미와 목적에 있어서 중심적인 어떤 부분을 잃어버리는 것이다. 상실된 것은 육체적인 능력이나 우리가 사랑하는 사람이나 물건일 수도 있고 직업으로서의 미래나 수입일 수도 있다. 심각한 질병이나 부상은 독립성이 강한 사람도 다른 사람에게 의존하게 만든다. 이런 경우 이런 사람들은 자신의 삶뿐만 아니라 자기 가족들의 삶도 영원히 바꾸어 놓는다.

사랑하는 사람을 잃는 것은 자신의 삶에서 가장 소중한 부분이 끝났고 자신의 인생에서 앞으로 어떤 것도 이 빈 공간을 채워줄 수 없다고 느끼게 만들 수 있다. 성공을 지향하는 오늘날의 문화에서 직업을 잃는다는 것은 말로 표현할 수 없는 충격을 줄 수 있다.

"사회에 기여하는" 누군가의 능력을 빼앗아보라.

그러면 이 사람은 자신의 인생이 가치가 있는지 없는지 쉽게 의문을 품게 된다.

---

4 Jerry Sittser, *A Grace Disguised: How the Soul Grows Through Loss* (Grand Rapids: Zondervan, 1996), 21.

또한 사람들은 자신의 꿈이 사라지게 되는 것을 볼 때 고통스러워한다. 고난은 성취나 혹은 성공을 위해 수년 동안 축적해 왔던 것을 무너지게 할 수 있다. 또 평생에 걸쳐 만들어 놓았던 바로 이 일을 물거품처럼 허망하게 만들어버릴 수 있다. 몇 년 전 금융 위기가 왔을 때처럼 은퇴연금이 바닥나버리고 집이 은행에 차압당하게 되면 많은 사람들이 자신의 미래를 잃어버렸다고 생각하게 된다.

고난은 희망을 무너뜨리며 꿈을 산산조각 내어버린다. 이처럼 꿈과 희망이 사라질 때 우리는 낯선 자기 자신과 마주하게 된다. 제리 시첼 교수가 적절히 잘 지적했다. 고난으로 인해 우리는 이전에 전혀 알지 못했던 낯선 세계로 들어가게 되는 것이다.

고난은 외톨이 된 우리로 하여금 삶을 포기하게 만들며 동시에 배반감을 느끼는 상태로 내버려두게 된다. 성경의 표현을 빌리자면 "산이 흔들려 바다 가운데 빠지는"(시 46:2) 것을 우리는 느끼게 된다. 우리는 우리의 세계가 부서지는 것을 보게 되는 것이다.

고난 당하는 당사자가 아닐 때에도 고난 속에 있는 것으로 우리를 혼란하게 할 수 있다. 어떤 곳에서 겪고 있는 고난이 모든 곳에 고난이 있는 것으로 우리가 생각하기 때문이다. 나는 여러 해 동안 고난에 관한 강의를 해왔다. 그러나 이 고난의 주제에 대한 파일을 한 장도 가지고 있지 않고 한 장도 필요없다.

내가 필요한 모든 것은 아침 뉴스를 확인하기만 하면 된다. 아침 뉴스는 항상 고난에 대한 예들로 가득하기 때문이다. 「로스엔젤리스 타임즈」(*Los Angeles Times*) 일면 머리기사의 대략 90%가 고난과 관련이 있다. 멀리 떨어져 있는 세계의 한 구석에서 일어나는 일이든 아니면 바로 우리

동네에서 일어나는 일이든 고난은 어디에나 있다.

　우리들 대부분은 우리가 알고 있는 사람에게 닥쳤던 참사를 나열할 수 있다. 여러 해 전 나와 함께 학교를 다녔던 몇몇 친구를 떠올리는 것으로도 비극의 목록을 기억나게 한다.

　한 친구는 오토바이를 타고 가다 트럭에 치여 죽었다.

　또 한 친구는 공항에 남편을 마중하러 가다 교통사고로 죽었다.

　세 번째 친구는 실내난방기의 불이 청소 세재에 옮겨 붙어 타 죽었다.

　네 번째 친구는 어느 해 연말에 자살했다.

　다섯 번째 친구는 흉부 암으로 죽었다.

　다른 한 친구는 아들이 한 명 있는데 마약 거래가 잘 되지 않자 자기 고등학교의 같은 반 학생을 죽여 무기징역을 받게 되었다.

　나는 계속해서 얘기할 수 있다. 다른 사람들도 마찬가지로 얘기할 수 있을 것이다. 우리 모두는 우리 주변에서 큰 고난을 겪은 사람들을 알고 있다.

4. 고난과 삶의 의미

　여러분은 이렇게 질문할 것이다.

　만약 고난이 그렇게 일반적이라면 왜 우리는 고난에 대해 이렇게 많이 듣게 되는 것일까?

　왜 이렇게 일반적인 고난이 우리의 마음을 상하게 할까?

　고난이 만일 삶의 한부분이라면 왜 우리는 단순히 고난을 있는 그래도 받아들이고 일상의 생활을 계속 해나가지 못할까?

우리는 분명히 고난에 대해 큰 관심을 가지고 있다. "피가 나면 흐르게 되어있다"라고 신문 사설을 쓰는 분들은 말한다.

왜 그럴까?

무엇이 고난의 "충격적 가치"를 설명하고 있나?

우리는 왜 고난에 대해 몸서리치면서 반응하게 되는 것일까?

왜냐하면 고난은 우리가 가장 믿고 있는 확신의 일부를 위협하기 때문에 우리를 흔들어버린다. 우리가 이런 사실을 의식적으로 알고 있는지 여부와 상관없이 우리 모두는 세상이 질서 있고 삶이 의미 있음을 강하게 믿고 있다.

이런 믿음이 우리가 믿고 있는 다른 모든 것에 대한 기초를 형성하고 있고 우리가 하고 있는 모든 것에 대한 토대를 제공하는 "기본적인 믿음" 중에 일부분이다. 이런 믿음이 기본적인 실존적 신앙이라고 우리가 부를 수도 있는 것의 일부분으로 "우리의 삶을 가치 있게 해주는 우리의 기본적 확신"이라고 한 사상가는 기록하고 있다.[5]

고난은, 현실은 안전하며 삶은 목적이 있다고 우리가 믿는 이런 명백한 확신을 위협한다. 따라서 우리는 의미의 구조나 어떤 틀 내에서 고난에 적응하기 위한 방법을 찾도록 내몰리게 된다. 예를 들어 자연이 공백 상태를 혐오하는 것처럼 우리의 생각도 부조리를 몹시 싫어한다. 우리는 이해가 되는 고난이 필요한 것이다.

---

[5] Schubert M. Ogden, *The Reality of God and Other Essays* (New York: Harper & Row, 1966), 37.

고난을 이해하려는 이런 노력은 고난이라는 문제만큼이나 우리 의식 깊숙이 자리하고 있다. 사고 후에 응급차가 병원으로 가는 중에 어머니는 나에게 이렇게 말했다.

"사고는 목적이 있어서 일어나는 거야."

어머니는 이 끔찍한 차 사고로 극도의 고통 속에 있으면서 자기의 부상이 어느 정도인지 이 부상이 생명에 얼마나 영향을 미치게 될지 모르는 상태에서도 "왜?" "왜 이런 일이 일어난 거지?" "왜 이런 일이 나에게 일어난 걸까?"라는 고난이 가져오는 이런 계속되는 질문을 생각했다.

어머니는 고난에 대한 답을 원했던 것이다. 어머니는 자신이 겪고 있는 고난의 이유에 대한 설명이 있다고 생각함으로써 위안을 찾았다. 이 사고는 공허하며 의미 없이 우연히 일어난 사건이 아니었다. 고난 뒤에는 목적이 있었던 것이다.

만약 고난이 우리 삶의 가장 큰 도전이라면 이 고난을 극복하기 위한 방법을 찾는 것이 무엇보다 중요하다. 본서의 목적은 고난을 바르게 이해하는 것이다.

고난에 대해 창의적이며 지혜롭게 반응하기 위해 우리는 무엇을 할 수 있을까?

고난이 우리 삶의 의미에 제기하고 있는 이런 위협을 우리는 어떻게 저항할 수 있을까?

5. 신정론과 고난의 의미에 대한 탐구

고난에 대한 많은 기술적 논의와 상관없이 종종 등장하는 특별한 표현이 있는데 이 단어가 바로 신정론이다. 신정론이라는 단어는 17세기 독일 사상가 고트프리드 빌헬름 라이프니쯔(Gottfried Wilhelm Leibniz)가 처음 사용했다.

라이프니쯔는 과학, 수학, 형이상학과 더불어 악의 문제에 특별한 관심을 가졌다. 악의 주제에 대한 자신의 책에 제목을 달기위해 라이프니쯔는 "정당화하다"라는 헬라어 '디카이우'(dakaioo)와 "하나님"이라는 '데오스'(theos)를 합쳐서 신정론이라는 단어를 만들었다.

신정론은 악과 직면해서 하나님을 정당화하거나 방어하려는 시도다. 신정론의 철학적 강한 색채에도 불구하고 오늘날 사람들은 신정론이라는 이 단어를 고난에 대한 사려 깊은 해석을 언급할 때 일반적으로 사용하고 있다.

신정론은 철학적 훈련의 한 방법으로 최소한의 목적에 이바지하고 있다. 신정론은 구체적인 고난의 사건이 왜 일어나는지에 대한 이유는 설명하지 않는다. 신정론의 유일한 목적은 세상에 있는 악의 존재가 논리적으로 하나님의 존재와 모순되지 않는다는 것을 보여주는 것이다.

비록 신정론의 설명이 성공적이라 할지라도 우리들 대부분에게 있어 신정론이 많은 것을 성취하고 있지는 않다. 현실에서 고난을 겪고 있는 사람들은 신정론에서 얘기하고 있는 논리적 설명 이상을 원한다. 우리는 엄청난 고난을 겪고 난 후 생활을 다시 이어가기 위해 철학적 설명 이상이 분명히 필요하다. 적어도 이런 공감이 일반적이다. 우리는 종종

"고난 속에 있는 사람들은 설명이 필요하지 않다"는 말을 듣게 된다.

> 고난 속에 있는 사람들이 필요한 것은 자신의 고난을 이해해주는 마음이다.
> 철학적 이론으로 부담을 주는 것이 아니라 자신의 말에 귀 기울여 들어주며
> 공감의 포옹과 분명하며 실질적인 어떤 방법으로 도움을 받는 것이다.

고난 속에 있는 사람들은 아마도 고난에 대한 이론은 전혀 필요하지 않을 수 있고 이론 이상을 원할 수 있다. 사실 이론적 설명은 고난을 줄여주는 것이 아니라 고난을 더 힘들게 만들기도 한다. 역사에서 가장 유명한 고난을 겪었던 사람들에게 이런 부분은 사실이었다.

성경의 인물 욥이 재산과 자녀들과 마지막에는 자신의 건강까지 모든 것을 다 잃게 되었을 때 욥의 세 친구가 방문한다. 이 세 친구들은 칠일 동안 침묵 속에서 아파하며 욥과 함께 앉아 있었지만 이들이 말하기 시작하면서 이들의 위로하려는 부담이 명백히 바뀌어지게 된다.

번갈아가면서 이 세 명의 친구는 욥이 겪고 있는 고난을 설명했다. "죄가 없는 사람은 고난을 겪지 않아"라고 이들은 분명하게 욥에게 말했다.

> 죄가 있는 사람이 고난을 당하게 되는 거야.
> 너의 고난은 분명한 이유가 있는 거야.
> 너의 고난은 완벽하게 설명할 수 있어.
> 어떤 이유가 있어서 너 자신에게 이 고난이 오게 된 거야.
> 너는 지금 너에게 일어나고 있는 고난을 당해야 하는 거야.

이런 친구들에 대해 원수가 따로 없다는 질문을 하고 싶은 유혹을 떨치지 않을 수 없다. 이처럼 고난 중에 있는 사람들이 필요한 것은 자신이 겪고 있는 아픔을 이해해주는 마음이지 이론이 아니라는 부분을 사람들이 말하는 이유가 분명히 있는 것이다.

그러나 저 말은 전체 그림의 일부분에 지나지 않는다. 분명히 슬픔이나 상실 속에 있는 사람이 현실의 본질에 대한 추상적인 논의를 듣기 위해 앉아 있기를 원하는 사람은 아무도 없다. 하지만 고난 속에 있는 사람들이 설명을 원하지 않는다는 이 사실은 결코 설명을 원하지 않을 것이라는 의미는 아니다. 시간이 지나면서 큰 상실의 아픔을 겪었던 사람들은 종종 자신의 고난에 대한 의미를 심각하게 생각해보기를 간절히 원하게 된다.

우리는 고난이 우리 삶의 지형을 바꾼다는 것을 주목하게 된다. 고난으로 인한 심각한 지각 변동은 우리를 어리둥절하게 만들며 방향 감각을 잃어버리게 한다. 슬픔을 겪고 난 후 이 이상한 새로운 세계에서의 삶의 여정을 계속하기 위해 우리는 엄청난 장애물을 통과하며 우리의 삶을 살아가야 한다.

고난의 본성에 대해 조심스럽게 돌아보아야 하는 이 시점이 바로 신정론이 들어오게 되는 자리이다.

신정론은 일종의 지도다.

이 지도의 목적은 인생 여정에서 우리가 경험하는 고난의 위치를 발견하고 고난 속에서 벗어날 길을 발견하는 데 도움을 주게 된다.

당신이 만약 인생 여정의 길 어딘가에서 길을 잃었다는 것을 알게 되었다면 할 수 있는 최선의 방법은 멈추어서 당신의 현재 모습을 보는 것이다. 일단 당신이 처해있는 위치를 알게 되면 당신이 다음에 나아가야 할 길을 계획할 수 있다. 이 부분이 신정론이 할 수 있는 부분이다. 고난에 대한 깊은 성찰적 반응인 신정론은 현재 우리가 어디에 위치해 있는가를 이해하며 어디로 가는 것이 좋은 지 결정하는 데 있어 도움을 줄 수 있다.

신정론은 공중 높은 곳에서 우리의 위치에 대해 알려줌으로써 우리 삶의 인생 여정 내에서 우리의 고난이 현재 놓여있는 위치를 제공해 준다. 신정론은 지도에서 "당신은 여기에 있다"라고 표시되어 있는 도표의 한 점과 어느 정도 비슷하다.

다른 비교를 하자면 신정론은 응급 수술이 아니라 물리치료에 해당한다. 고난 중에 있는 사람에 대해 응급적인 도움을 주는 것이 아니라 장기적인 치료를 하는 것이다. 일반적으로 엄청난 상실의 고난으로 인해 감각이 마비되어 버린 사람은 이론적인 설명을 받아들일 준비가 되어있지 않다. 이런 사람들이 가장 필요로 하는 것은 도움의 손길이나 목 놓아 울 기댈 수 있는 어깨이다. 그러나 장기적 관점에서 보면 이런 사람들은 종종 다른 어떤 도움 이상의 것, 즉 자신의 현재 모습과 계속해서 살아가야 할 이유 같은 어떤 의미 이상이 필요하다. 이것이 바로 신정론이 도울 수 있는 부분이다.

몇 년 전 내 친구 아들이 탄 비행기가 대서양에 불시착하면서 비행기에 탄 모든 사람뿐만 아니라 아들도 목숨을 잃었다. 이 친구는 자기 아들의 죽음에 대해 여러 그룹의 사람들에게 말할 뿐만 아니라 어떻게 이 사고가 자신의 삶을 바꾸게 되었나를 종종 말했다.

시간이 지나면서 이 친구가 말하는 강조점이 바뀌었다. 이 친구는 초기에는 자기 아들에게 무슨 일이 일어났고 자기와 자기 가족이 어떻게 아들의 죽음에 대해 반응했는가 하는 부분에 대해 어느 정도 자세하게 설명했다. 시간이 좀 흘러 자기 아들의 죽음이 어떤 의미인지에 대해 몇 가지 생각들을 덧붙였다.

그러나 시간이 더 지나면서 이 친구는 아들의 사고와 사고 후에 깨닫게 된 생각에는 시간을 덜 보내게 되고 어떻게 자신의 종교적 견해가 바뀌게 되었나에 더 많은 시간을 보내게 되었다. 이제 이 친구는 잘 정리된 신학적 틀 내에서 아들의 죽음을 바라보고 있다.

이런 과정이 고난에 대한 중요한 어떤 부분을 시사하고 있다. 현실적 문제가 종종 이론적인 면을 지니고 있고 이러한 사실은 우리가 고난을 겪게 될 때 더 분명하게 된다. 비록 고난이 종종 엄청난 현실적 문제와 함께 우리를 엄습하지만 고난과 관련된 어려운 도전들은 여기에서 멈추지 않는다.

우리는 생각과 행동과 감정을 가지고 있기에 고난은 피할 수 없는 질문을 제기하게 된다. 고난은 삶의 본질적 의미를 위협하기 때문에 고난에 대한 효율적인 반응이 삶의 본질적 의미를 다시 발견하는 데 도움을 줄 수 있다. 신중하게 생각하는 것이 이 효율적인 반응에 있어서 필수적이다.

빅터 프랭클(Viktor Frankl)이 유대인 대학살의 현장에서 발견했던 것처럼 왜 살아야 하는지에 대한 이유를 가지고 있는 사람은 거의 어떤 방법으로든지 생존할 수 있다.[6] 그러므로 어떤 신정론의 요소나 어느 정도의

---

[6] Victor Flankl은 이 설명을 Friedrich Nietzche의 다음 책에서 인용하고 있다. *Man's Search for Meaning*, rev. ed. (New York: Washington Square, 1984), 97.

신정론의 도움 없이는 고난에 대한 현실적 반응은 결코 충분하지 않을 것이다.

이어지는 내용에서 우리의 목적은 고난에 대한 사려 깊은 반응들인 다른 많은 신정론을 조심스럽게 살펴보는 것이다. 우리가 앞으로 보게 되겠지만 각 각의 신정론은 이론적 측면과 실제적 측면을 모두 가지고 있다. 각 신정론은 고난에 대한 해석을 제공하며 특정한 태도와 실행을 우리가 선택해야 함을 암시한다.

우리는 각 신정론의 배경에 있는 사상들과 현실적인 적용 모두를 자세히 살펴보는 것이 중요하다. 고난에 대한 다른 이론들은 현실적인 결과를 다르게 가지며 예상할 수 있는 것처럼 사람들마다 특정한 신정론이 자신에게 도움이 더 된다는 사실을 알게 된다. 사실 신정론마다 고난에 대한 다른 해석이 있는 것에 대해 어떤 사람은 좋아하고 어떤 사람은 좋아하지 않을 수 있다. 어떤 사람에게는 도움이 되는 신정론의 해석이 다른 사람에게는 불쾌할 수 있을지 모른다.

신정론마다 장점이 다르기 때문에 고난에 대한 개인적이며 현실적인 이해를 발전시키기 위해 다양한 자료에 이끌리는 우리 자신을 발견할 수 있다. 고난 중에 있는 사람들에게 도움 되기를 원한다면 그리고 도움이 되는 것이 우리가 할 수 있는 가장 중요한 것이라면 각 신정론의 관점이 고난 속에 있는 모든 사람이 아니라 어떤 사람에게만 도움이 될 수 있다는 것을 기억해야 할 필요가 있다. 각 신정론은 모든 고난이 아니라 특정한 종류의 고난에만 도움이 될 수 있는 것을 또한 우리는 알게 된다.

본서에서 우리가 논의하는 것은 이론과 실제 그리고 신정론과 개인의 경험 사이에 중요한 관련이 있다는 확신에 근거하고 있다. 하지만 둘 사이의 이런 관련성이 딱 들어맞는 것은 아니라는 점을 기억하는 것이 중요하다. 각 신정론은 고난에 대한 특정한 반응에 어느 정도 직접적으로 표현하거나 혹은 관련될 수 있다. 하지만 이런 점은 정리된 '만약~라면, 따라서~'라는 논리적 연관성은 거의 아니다.

단지 몇몇 경우에 있어서만 우리의 정서와 경험이 분명하고 완벽하게 뚜렷한 생각을 나타낸다. 깊은 통찰이 우리의 생각과 태도에 영향력을 미치지만 깊은 통찰이 우리의 생각과 태도에 직접적으로 원인이 되거나 만들어내는 일은 거의 없다.

우리가 다른 신정론을 살펴보는 또 다른 이유가 있다. 고난에 대한 어떤 한 가지 해석도 고난에 대해 완벽하게 설명하지는 못한다는 점이다. 우리가 설명한 것처럼 만약 한 신정론이 고난의 경험을 지도에 표시하려고 설명을 시도한다면 이 신정론은 우리가 고난으로 인해 경험하는 다른 영역은 표시도 못한 채 내버려두게 된다는 점은 놀라운 것이 아니다.

분명한 것은 어떤 지도도 전체의 지형을 완벽하게 표현하지는 못한다. 고난이라는 이 경험을 해석하기 위해 우리가 아무리 많은 생각을 쏟아붓는다 할지라도 삶을 바꾸어버리는 상실감을 결코 완벽하게 이해할 수는 없다. 고난의 경험에는 우리의 머리로 이해하려는 데 있어서 설명할 수 없는 부분이 항상 있다.

고난의 경험에는 이해를 넘어서는 부분이 항상 있기 때문에 **고난은 문제가 아니라 신비**라고 정의하는 것이 좀 더 정확하다. 프랑스 철학자 가브리엘 마르쉘(Gabriel Marcel)이 설명한 것처럼 문제라고 하는 것은 지적인 도전으로 우리가 문제에 대해 더 오랫동안 생각할수록 좀 더 다루기 쉽게 되고 이해되어지는 것이다. 반면, 신비는 우리가 더 많이 생각하면

생각할수록 더 깊어지며 우리의 이해에 더 많은 의문을 제기하며 정리된 설명을 반박한다.[7]

분명히 고난이라는 이 경험은 문제가 아니라 신비라는 것을 우리에게 제시한다. 비록 고난에 대한 해석이 피할 수 없고 해석에 대한 필요성이 절실하기는 하지만 우리의 이론적 질문에 답하면서 모든 현실적 필요를 만족 시켜 줄 하나의 신정론을 기대할 수는 없다.

따라서 우리가 다른 신정론을 자세히 살펴볼 때 각 신정론이 제기하는 질문들 특히 각 신정론이 답하지 않고 남겨둔 질문들에 우리가 주목하는 것이 중요하다.

6. 앞에 놓여있는 길

우리가 여정을 시작할 때 여러 부분을 기억해야 할 필요가 있다.

첫째, 고난은 보편적이라는 부분이다.
다른 모습을 하고 있어도 고난은 우리 주변에 있으며 조만간 모든 사람에게 오게 된다.

---

[7] Gabriel Marcel을 인용하면 "문제는 내가 마주하게 되는 어떤 것으로 내 앞에 완전한 것을 발견하지 나는 문제를 포위할 수도 있고 줄일 수도 있다.... 그러나 신비는 내 자신이 관련되게 되는 어떤 것이다. 진정한 문제는 적절한 기술을 사용함으로써 의미가 밝혀지게 된다. 반면 신비는 가능한 모든 기술 너머에 있다." *The Mystery of Being*, vol. 1: *Reflection and Mystery*, trans. G. S. Fraser (Chicago: Henry Regnery, 1960), 260.

둘째, 고난을 이해하려는 노력 또한 보편적이다.

우리는 가슴 깊숙이 자리하고 있는 본능적인 욕망이 있다. 이 본능적 욕망은 고난을 받아들이거나 고난에 대한 설명을 제시하려고 한다. 인간 역사가 시작된 이래로 우리는 이런 욕망을 품어왔다.

셋째, 고난에 대해 반응하지 않는 것이 전적으로 적절하다.

고난에 대한 어떤 이론이나 설명도 완벽하게 고난을 설명하지 못하며 어떤 해석도 보편적으로 설득력 있지는 않기 때문이다.

모든 신정론은 매력이 있고 의문을 제기한다. 따라서 우리는 다양한 신정론을 살펴볼 필요가 있고 각 신정론의 이론적인 부분과 현실적인 부분, 부정적인 부분과 긍정적인 부분 즉 모든 부분을 살펴볼 필요가 있다.

다음 장에서부터 우리는 고난에 대한 일곱 가지 다른 대답들을 살펴보면서 각 신정론이 설명하고 있는 개별적인 장점뿐 아니라 각 신정론을 주장하는 사람들이 제공하는 합리적 근거에 주목할 것이다. 우리는 각 신정론의 분명한 한계에 관심을 가질 것이며 각 신정론이 제기하고 있는 질문이나 답하지 않고 의문으로 남겨진 것처럼 보이는 부분도 주목해서 볼 것이다.

각 신정론을 설명하는 데 있어 공정하려고 노력하지만 전체적인 모습이 아니라 대략적인 부분을 정리하는 데 만족해야 할 것이다. 신정론의 많은 입장들을 살펴보고 이들 입장들을 서로 비교해서 정리하기 원하기 때문에 우리의 질문 범위가 너무 광범위하여 각 신정론의 정당한 내용을 다 제시하지는 못한다.

어쨌든 우리는 철학자들과 신학자들이 수백 년에 걸쳐 연구되어 온 문제들을 다룰 것이다. 우리가 살펴보게 되는 신정론의 각 입장들은 여러 해 동안 분석되고, 비평되며, 엄격히 연구되어져 왔다. 이들 각 신정론의 부분에 대해 엄청나게 많은 책들과 글들이 축척되어져 왔다.

결과적으로 다음 장부터 소개되는 이 논의된 내용을 읽는 전문가들은 만약 이들 전문가들이 읽는다면 그리고 특별히 이들 전문가들이 우리가 논의하는 주제를 그들 자신의 폭 넓은 연구의 대상으로 하게 된다면 이들 논의가 상대적으로 원본에 충실하다는 점을 발견하게 될 것이다. 그럼에도 불구하고 우리가 다루고 있는 분야들에 대해 좀 더 접근해서 연구할 여지는 여전히 남아 있다.

고난이 제기하고 있는 주제들에 대해 모든 사람들은 관심을 가진다. 때때로 우리는 전쟁을 장군들에게만 맡겨 놓기에는 너무 중요하다고 말한다. 어느 정도 비슷한 맥락에서 신정론을 전문가들에게만 맡겨 놓기에는 너무 중요하다. 고난은 조만간 누구에게나 오는 것이기에 고난을 이해하려는 어려움에 우리 모두는 직면하게 된다.

고난에 대해 글을 쓰는 철학가와 신학자에게서 많은 것을 배울 수 있지만 이 고난에 대해 생각할 특권을 가진 유일한 사람들이라고 생각할 필요는 없다. 이 부분이 이론과 현실을 접목시키려고 하는 논의가 중요한 가치를 가질 수 있는 이유이기도 하다.

고난을 이해하려는 최종적인 목표는 개인적인 것이다. 마지막 장에서 고난에 대한 하나의 대안으로 실용적 신정론을 세우려는 방법과 노력을 통해 얻게 된 통찰력을 모을 것이다. 이 통찰력은 고난에 대한 사려 깊은 분석에 대응할 수 있는 것이며 좀 더 중요한 점은 우리 자신이 고난을 겪을 때 힘의 근원을 제공해 줄 수 있다는 것이다. 노력과 연구를 통해서 우리를 도와 줄 몇 가지 생각을 내놓게 되기를 소망한다. 또 피할 수 없는 상황이 우리의 삶을 침입해서 결코 사라지지 않는 고난에 대한 이 문제에 우리가 직면하게 될 때 고난 속에 있는 다른 사람들을 돕고 있는 우리에게 도움 주기를 희망한다.

제2장

실수가 없으신 하나님 완벽한 계획 신정론

몇 년 전 우리 집에서 차로 한 시간 거리에 있는 교회에서 말씀을 나눌 기회가 있었다. 강의 후 저녁 식사를 위해 한 친구 집으로 갔다. 친구의 집에는 이미 꽤 많은 사람이 모여 있었고 식사를 하는 동안 하나님이 우리의 삶에서 어떻게 역사하시는가에 대한 활발한 논의가 있었다. 신혼여행에서 돌아온 지 얼마 되지 않은 한 젊은 커플이 있었는데 새롭게 시작한 생활에 대한 기쁨으로 몹시 흥분에 차 있었다. 이 커플의 남편이 이렇게 말했다.

"지금 저는 너무 행복합니다. 하나님이 저의 삶의 한 걸음 한 걸음을 인도하고 계심을 분명히 알고 있습니다."

그는 자기가 경험했던 몇 가지 일을 우리에게 얘기해 주었다. 십대 때 마약을 시작해서 중독되어 마약을 팔기 시작했고 이 일로 법망에 걸리게 되었다. 그 후 약물 재활과정을 통해 마약을 끊은 후 직장에 취직이 되었고 꿈에 그리던 여자를 만나 그보다 더 이상 행복할 수 없는 상태 속에 있었다.

"저의 지난 시간을 되돌아 볼 때 저에게 일어났던 모든 일은 하나님께서 저의 삶을 위해 계획하셨던 부분임을 알고 있습니다."

함께 식사하던 다른 분이 이 젊은 남편이 경험했던 몇 가지 일은 하나님께서 정말로 의도하셨던 것이 아니라는 의견을 말하면서 하나님께서는 그가 겪었던 모든 일에도 불구하고 그를 축복하셨다는 말을 했다. 그러나 이 젊은 남편은 자기주장을 굽히지 않았다.

아니요. 하나님은 저의 삶 모든 과정을 인도하셨습니다.
제가 경험했던 모든 것은 바로 하나님이 원하셨던 것이었습니다.
하나님은 다른 어떤 과정을 통해서는 저를 지금 현재의 모습으로 인도할 수는 없었을 것입니다.

일어나는 모든 일에는 목적이 있다는 생각은 고난을 겪고 있는 많은 사람들에게 큰 힘의 근원이 된다. 자신에게 일어나는 모든 일들, 특히 고난이나 힘든 상황들이 하나님이 자신의 삶을 위해 계획하신 일부분이라고 생각함으로써 이 사람들은 위로를 받는다. 사실 이런 견해를 가장 강렬히 주장하는 분들은 엄청난 상실을 겪었던 분들이다.

1967년 고등학교를 막 졸업한 건강한 십대 소녀였던 조니 이어렉슨(Joni Eareckson)이 체스피크 만의 안개가 자욱한 물에 뛰어들었다. 순간 딱딱한 무엇인가에 머리가 부딪혔음을 느꼈고, 이어 이상한 느낌이 몸을 휘감았다.

몸을 제대로 가누지 못해 드러누워 있었는데 전기가 윙윙 거리는 시끄러운 소리를 들으면서, 만의 맨 끝에 있는 돌과 뒤섞인 모래더미 안에서 몸을 가누지 못하고 허우적거리고 있었다. 마침내 누군가가 그녀를 모래 사장 위로 끄집어내 주었지만 그녀는 가쁜 숨을 몰아쉬며 팔과 다리를 움직일 수 없다는 사실을 공포 속에서 깨달았다.

병원 응급차가 급히 그녀를 병원으로 실어갔다. 응급실에서 병원관계자들은 그녀를 집중 치료실로 옮겨 움직임이 없는 몸을 이동용 침대 위에 올린 후 미동도 하지 않는 그녀의 몸을 두 시간마다 위치를 바꾸어 주었다. 며칠이 지나면서 자신에게 어떤 일이 일어났고 앞으로 어떻게 될지 알게 되었다. 목 척추골의 네 번째와 다섯 번째 사이가 부러져 사지마비증 환자로 평생을 살아야 하게 된 것이다.

조니가 사고를 당한 후 여러 해가 지났다. 그녀의 이야기는 많은 사람들에게 알려지게 되었다. 전국에 있는 텔레비전 방송국에서 여러 번 그녀와 인터뷰를 가졌다. 조니는 연필을 이빨 사이에 물고 그림 그리는 법을 배워 성공적인 예술가가 되었고 고등학교에서 정치 과학을 가르치는 선생인 켄 타다(Ken Tada)와 결혼도 했다.

자신처럼 육체적 장애를 가진 사람들을 돕는 데 전력하는 조니와 친구들이라는 조직기구도 이끌고 있다. 또한 수십 권의 책을 썼고 자서전은 삼백만 권 이상이 팔렸으며 수없이 많은 상도 받았고 두 개의 박사 학위도 받았다. 요약하면 그녀의 삶은 선한 일을 위해 충만하고 강력하게 사용되어지고 있다.

조니 이야기의 핵심은 하나님과의 관계이다. 하나님과의 관계에 있어 중심은 하나님의 주권에 대해 그녀가 가지고 있는 강력한 생각이다. 사고가 있기 전 그녀는 이름만 기독교인이었다. 그러나 사고가 있은 후 몇 달이 지나면서 자신을 돌보아 주는 친구들의 영향을 받아 훨씬 깊은 경험을 하게 되었다. 수년의 세월이 흐르는 동안 조니는 자신의 삶의 모든 세세한 부분까지도 하나님의 완벽한 계획의 성취라는 강한 확신을 가지고 여러 어려움들을 마주하게 되었다.

"하나님이 저를 다루시는 모든 일에는 성숙한 목적이 있음을 저는 보기 시작 했어요"라고 그녀는 1976년에 기록했다.[1] 그녀는 자신의 고난이 하나님을 찬양하며 인격이 그리스도를 닮아가는 자질을 연마하고 다른 사람에게 평안을 주며 격려하기 위한 기회로 보고 있다. "저는 어떤 것과도 저의 삶을 바꾸고 싶지 않아요"[2]라고 단호하게 자서전에 밝히고 있다.

하나님의 계획에 대한 이런 이해는 『하나님이 우실 때』(*When God Weeps*)라는 조니가 스티븐 에스테즈(Steven Estes)와 공저한 책에서 좀 더 풍성하게 설명되어 있다. "하나님은 자신이 기뻐하는 일을 하시며"(단 4:35; 시 115:3)라는 표현을 하고 있는 여러 성경 본문을 인용하면서 이 두 저자는 성경에서 하나님이 어떤 일을 허락하실 때 한 발짝 뒤로 물러서서 그 일이 자연적으로 굴러가도록 내버려두는 것을 의미하는 것이 아니라고 결론 내리고 있다. 사실은 하나님의 의도를 구체적으로 언급하고 있는 것이다.

> 하나님이 어떤 일을 허락하실 때, 하나님은 목적을 가지고 행하셔요. 즉 하나님은 이 일을 명하고 계시는 것이에요."

---

[1] Joni Eareckson Tada, *Joni: An Unforgettable Story* (1976; repr., Grand Rapids: Zondervan, 2001), 173.
[2] Ibid., 188.

"성경이 잘못된 것이 아니라면 어떤 일도 하나님의 명령 밖에서 일어나는 일은 없어요"라고 이 두 저자는 기록하고 있다.

> 좋은 일이든 나쁜 일이든 기쁜 일이든 비극적인 일이든 어떤 일이든 말이에요…. 우리는 하나님이 하시는 일의 이유를 이해할 수는 없어요… 우리가 이해할 수 없음으로 인해 하나님을 사랑할 수도 있고 같은 이유로 하나님을 미워할 수도 있어요. 쉽게 말하자면, 하나님이 세상을 운영하고 계셔요.[3]

"우리의 비극에 동의 하시는 하나님이 냉정하게 보이나요?" 이 두 저자는 묻는다.

"결단코 아니요"라고 분명히 답하고 있다.

비극을 명하는 하나님이 아니라면 한 손이 등 뒤로 묶여있는 것이다. 만일 "당신의 특정한 슬픔에 대해 가장 작은 부분의 구체적인 내용과 우리의 어려움에 대해 목적을 가지고 허락하시며 살피시는" 하나님이 아니라면, 이 세상은 현재보다 훨씬 더 나쁜 상태에 있을 것이다.

"만일 하나님이 악을 통제하지 않으신다면, 그 결과는 악은 통제할 수 없게 되는 거에요."

만일 하나님이 의도적으로 어려운 일들을 계획 하신 게 아니고 고통스러운 일이 일어난 후 단순히 반응만 하거나 "일어난 일에 대해 적당히 마무리만 한다면" 우리가 겪는 고난에는 어떤 의미도 있을 수 없고 하나

---

3 Ibid., 76.

님은 "사탄의 뒤처리나 해주는 사환아이"에 지나지 않게 되는 것이다.[4]

이런 견해를 가지고 있는 사람들은 하나님이 인간 사건의 과정들을 세밀하게 지시하셔서 고난이 하나님의 목적을 성취하는 데 있어서 주요한 역할을 하고 있는 것이다.

남 캘리포니아에 사는 외과의사 데이빗 윌킨스와 그의 아내 자넷 윌킨스(David and Janet Wilkins)는 1998년 9월 2일 스위스 항공 111 여객기가 노바 스코티아 연안으로부터 떨어진 대서양에 추락해 탑승자 전원이 사망했을 때 부모가 경험할 수 있는 가장 끔찍한 악몽을 겪었다.

이 여객기의 탑승객 한 명이 이 부부의 네 자녀 중 막내였던 아들 몬테(Monte)였다. 이 아들은 프랑스에 있는 한 대학에서 일 년을 보내기 위해 가고 있는 중이었다. 이 외과의사 데이빗 윌킨스는 내 대학 동기 중 한 명이었고, 내 딸도 몇 년 전 프랑스에 있는 바로 이 대학에서 공부하기 위해 비행기를 타고 갔었기 때문에 이 참사가 더 충격적이었다.

아들 몬테를 잃은 것은 이 윌킨스 가족에게는 엄청난 시련의 경험이었다. 이 사고가 난 날은 윌킨스 가족 모두에게 힘들고 고통스러우며 이상하게 가치가 있는 삶의 여정을 제공했다. 데이빗 윌킨스는 여러 그룹에 자주 강연하며 이 비행기추락과 추락 이후의 일을 설명하는 책을 한 권 썼다.

심각히 이 일에 대해 많이 생각한 후 그는 마침내 『하나님이 우실 때』(When God Weeps)에서 설명하고 있는 비슷한 결론에 도달하게 되었다. 하나님은 일어나고 있는 모든 일을 분명히 지시하고 계신다는 흔들림 없는

---

4 Ibid., 83-84.

확신에 이르게 되었다. 그는 "우리는 세계 속에서 일어나는 모든 우연 같은 일들을 통제하시는 하나님을 섬기고 있습니다"[5]라고 표현하고 있다.

데이빗의 아내 자넷은 하나님께서 우리와 우리가 사랑하는 사람들에게 일어나는 모든 일에 대해 완벽하게 통제하고 있다는 것을 받아들이는 데 있어 처음부터 편안했다.

> 우리의 삶에 영향 주는 것이 무엇이든지 그것은 하나님의 궁극적인 계획이며 우리가 감당할 수 있는 수준을 결코 넘어서지 않는다고 한 점의 의혹도 없이 확신합니다.[6]

그러나 데이빗이 스스로 이러한 견해를 받아들이는 것은 쉽지 않았다.

> 하나님이 이런 비극적 상황이 일어나도록 허락한 것에 대해 분개하고 있는 저를 넘어서야만 했습니다. 저는 이 일에 대한 답을 요구하면서 하나님께 대항해 싸우기를 원했습니다. 하나님이 나의 삶과 우주 속에 있는 모든 것을 통제하고 있다는 것을 믿고 싶었습니다. 만약 하나님이 통제하고 있다면, 어떻게 이런 끔찍한 참사가 일어날 수 있을까?… 하나님이 이 세상에 있는 모든 것을 지시하는 분이라는 생각을 완전히 받아들이는 데는 오랜 시간이-아마도 2년 정도-걸렸습니다.[7]

---

5 David Wilkins with Cecil Murphey, *United by Tragedy: A Father's Story* (Nampa, ID: Pacific Press, 2003), 137.
6 Ibid., 118.
7 Ibid., 90.

데이빗이 자기 여정을 설명하면서 자신의 생각에 있어 한 중요한 전환점이 있었다. 그것은 공동 저자인 서실 머피(Cecil Murphey)와 책을 저술하면서 그가 이 질문을 했을 때였다.

"데이빗, 당신의 하나님은 얼마나 전능한 분입니까?"

데이빗은 이 질문에 대해 시간을 두고 생각하다가 자신이 하나님의 전능하심을 과소평가했다는 확신이 들게 되었다. 참으로 전능하신 하나님이라면 세계의 모든 것에 대해 전적으로 통치하시는 분이라는 것을 믿게 되었다. 그래서 우리는 삶의 세세한 부분이 아무리 고난스럽다 할지라도 하나님의 완벽한 계획을 신뢰할 수 있는 것이다.

데이빗이 이런 결론에 도달하게 된 다른 계기는 시간이 지나면서 발견하게 된 것으로 아들 몬테의 삶이 다른 사람들의 삶을 축복했다는 것을 알게 되면서부터였다. 몬테가 죽기 바로 전 해에 깊은 종교적 체험을 하게 되었다. 많은 젊은이들이 몬테가 자신들의 삶에 주었던 선하고 강한 영향력에 대해 이 윌킨스부부에게 말해 주었다. 몬테가 죽고 난 후에야 그에 대해 알게 된 사람들조차 몬테의 이야기에 감명을 받았다.

몬테의 삶이 다른 사람들의 삶을 축복했다는 것에 대한 증거들이 쌓여감에 따라 "비록 아들의 삶이 짧았지만 하나님을 기쁘시게 했고 이 일에 있어 조금의 실수도 없었다"[8]는 사실을 데이빗은 깨닫게 되었던 것이다. 몬테는 자기를 향한 하나님의 목적을 성취했던 것이다. 그의 죽음은 하나님의 목적에서 보면 일 분의 오차도 없이 일어난 일이었던 것이다.

---

8 Ibid., 127.

1. 완벽한 계획 신정론

모든 세부 사항에 있어 완벽하며 규모에 있어서는 보편적인 하나님의 계획이라는 개념은 사람들에게 큰 위안을 준다. 이 개념은 육체적, 정서적으로 엄청난 아픔을 겪고 있는 사람들에게 감당할 수 있는 힘을 주며 하나님의 돌봄과 지속적인 사랑에 대해 말로 표현할 수 없는 분명한 확신을 주며 하나님의 의지와 상관없이 일어나는 일은 아무것도 없음을 확신 이상으로 알게 한다.

조니 이어렉슨 타다와 데이빗 윌킨스와 같은 사람들의 증언은 그 증언의 능력만큼이나 설득력이 있다. 상상할 수 없는 깊은 아픔의 경험을 통해 말하는 사람들의 견해를 우리는 심각하게 받아들여야 하며 하나님은 선하시며 아픔을 겪은 이 사람들은 하나님 안에서 무한한 힘의 근원을 발견했다는 것을 선언해야 한다. 완벽한 계획 신정론을 매력 있게 만들고 있는 다음과 같은 몇 가지 요소들이 있다.

완벽한 계획 신정론을 매력 있게 하는 한 가지 요소는 엄청난 성경적 근거이다. 많은 성경 구절에서 하나님이 피조물의 사건들에 대한 과정을 위엄 있게 명하시는 것을 나타내고 있다. 성경의 첫 장보다 더 장엄한 것은 없다. 창세기 1장에 의하면 하나님은 말씀으로 온 세상을 창조하신다. 하늘과 땅과 삼라만상에 있는 모든 것들이 하나님의 창조적 능력 안에 자신들의 기원을 두고 있다. 시편의 많은 내용들이 이 주제를 나타내고 있고 시편 104편에서는 다음과 같이 선언하고 있다.

여호와여 주께서 하신 일이 어찌 그리 많은지요

주께서 지혜로 그들 모두를 다 지으셨으니

주께서 지혜로 지으신 것들이 땅에 가득하니이다(시 104:24).

이 주제는 예언서에서도 계속되고 있다. 예를 들어 이사야서는 하나님이 세상에서 일어나고 있는 모든 일을 주관하고 있다고 묘사하고 있다.

그는 둥근 땅 위에 앉으시나니

땅에 사는 사람들은 메뚜기 같으니라

그가 하늘을 차일 같이 펴셨으며

거주할 천막 같이 치셨고

귀인들을 폐하시며

세상의 사사들을 헛되게 하시나니(사 40:22-23).

그리고 하나님은 일어나기를 원하시는 것이면 무엇이든지 일어나게 할 수 있다.

나는 하나님이라 나 외에 다른 이가 없느니라

나는 하나님이라 나 같은 이가 없느니라

내가 시초부터 종말을 알리며

아직 이루지 아니한 일을 옛적부터 보이고

이르기를 나의 뜻이 설 것이니,

내가 나의 모든 기뻐하는 것을 이루리라…

> 내가 말하였은즉 반드시 이룰 것이요
> 계획하였은즉 반드시 시행하리라(사 46:9-11).

또한 우리 삶의 자세한 세부적인 내용에 대해 하나님의 관계를 설명하고 있는 성경 본문들이 있다. 성경에서 가장 유명한 구절은 아마도 시편 23:1일 것이다.

> 여호와는 나의 목자시니, 내가 부족함이 없으리로다(시 23:1).

이 구절은 하나님의 사람들이 어떤 환경 속에 처한다 할지라도 하나님이 공급하시는 분임을 분명히 알게 해주는 많은 성경 본문 중 하나이다. 우리들에게 일어나는 모든 것이 하나님의 계획에 포함되어 있다고 믿는 사람들이 가장 많이 인용하는 성경 구절은 로마서 8:28이다.

> 하나님을 사랑하는 자 곧 그의 뜻대로 부르심을 입은 자들에게는 모든 것이 합력하여 선을 이루느니라(롬 8:28).

가장 많이 인용되고 있는 또 다른 구절은 예수님이 분명하게 말씀해 주신 것이다.

> 참새 두 마리가 한 앗사리온에 팔리지 않느냐 그러나 너희 아버지께서 허락하지 아니하시면 그 하나도 땅에 떨어지지 아니하리라(마 10:29).

마태복음과 다른 성경구절에서의 이 선언으로부터 신학자 헨리 블로컬(Henry Blocher)은 다음과 같은 결론을 이끌어내고 있다.

> 하나님이 모든 사건에 대해 작정하신다는 말은 하나님이 일어나는 모든 일에 대해 하나님이 전체적으로 가장 작은 상세한 모든 일까지 결정하신다고 성경은 분명히 밝히고 있다. 하나님은 전적으로 근본적이고 완전하며 전능하신 분이다.

블로컬에 따르면, 성경은 "자연에서 일어나는 일과 역사의 전체 흐름 그리고 개인적인 사건들도" 하나님이 관여하시며… "하나님의 돌보심은 심지어 가장 세밀한 사건의 발생에까지 이르고 있다."[9]

이러한 생각은 또한 분명히 이해가 된다. 하나님이 무한한 능력과 지혜를 가지고 계신다는 논리적인 확신을 따르고 있는 것이다. 하나님은 항상 선택하는 모든 것을 할 수 있고 가장 최고의 것을 선택하기 때문이다. 따라서 이 세상에서 일어나는 것이 무엇이든지 가장 최상의 것이다. 하나님께서 어떤 일이 일어나기를 원하시기 때문에 일은 일어나는 것이다.

하나님이 완벽히 통제하시기에 또한 우리에게 일어나는 모든 일은 우리 삶을 위한 하나님의 완벽한 계획의 일부분이라는 생각은 중요한 개인적 매력을 가지고 있다. 이러한 생각은 '만약 ~라면?'이라는 성가신 질문들을 지워준다.

---

9 Henri Blocher, *Evil and the Cross: An Analytical Look at the Problem of Pain*, trans. David G. Preston (Grand Rapids: Kregel, 1994), 90–91.

만약 조니가 그날 다이빙하는 대신 점프해서 물속에 뛰어들었더라면?

만약 몬테가 원래 탔던 비행기가 지연되어 111비행기가 그를 태우지 않고 출발했더라면?

만약 단지 하나의 적은 요소만 바뀌었더라면 그렇게 많은 생명들이 얼마나 다를 것인가?

그러나 완벽한 계획 신정론에 있어서는 다시 생각해 볼 근거가 없으며 후회 혹은 자책할 이유도 없는 것이다. 사람들은 자신이 겪는 고난을 설명하는 것뿐만 아니라 훨씬 더 일반적으로 다른 사람들의 고난을 설명하는 데 있어서 완벽한 계획 신정론의 생각을 사용한다. 여러 해 전 신학대학원 학생 한 명이 하나님의 섭리에 대해 내가 쓴 책에 대해 몇 가지 질문을 가지고 내 사무실을 찾아왔다. 약 30분 쯤 지나 이 학생은 신학적 주제로부터 당면한 개인적 관심사로 주제를 돌렸다.

> 저는 이 주제에 관해 얘기하기를 원했던 가장 중요한 이유를 말하려고 합니다. 작년 아내와 저는 끔찍한 사고를 당했고 제 아내는 교통사고로 죽었습니다. 이 일이 있은 후 많은 사람들이 와서 제 아내의 삶이 그 순간에 끝나는 것이 하나님의 분명한 뜻임이 틀림없다는 말로 저를 위로했습니다. 많은 일들이 일어났었던 그대로 일어나야만 했고 그렇지 않았다면 그 교통사고는 일어나지 않았을 것이라고 그들은 말했습니다. '우연한 사고일 수는 없었을 것입니다'라고 사람들은 저에게 말했습니다. 이해 안 되는 부분이 너무 많았습니다. 이 일 뒤에는 목적이 있습니다. 이 일은 당신의 삶을 위한 하나님의 분명한 계획의 일부분임이 틀림없습니다.'

이 학생은 자기가 겪은 상실에서 얻게 된 자신의 해석을 말하지는 않았지만 자신이 들었던 이 설명을 통해 분명한 위안을 받았다.

모든 일은 바로 하나님이 원하시는 방법으로 일어나고 있다는 생각인 "완벽한 계획 신정론"은 질서에 대한 우리의 마음 속 깊은 갈망에 호소한다. 신정론은 삶이 예측 불가능하며 우리에게 끔찍한 일들이 일어날지 혹은 일어나지 않을지 하는 것은 단지 우연의 문제에 지나지 않는다고 생각하기 시작하는 불안을 제거한다.

만약 우연이라고 하는 것이 궁극적인 설명이라면 실질적으로는 설명이 없는 것이다. 즉 어떤 일에 대한 까닭도 이유도 없는 것이다. 많은 사람들이 우리가 겪는 고난을 완전한 우연으로 돌린다면 상처에 치욕을 더하는 것이라고 생각한다. 우리는 고난을 견뎌내기 위해 고난이 우리 삶의 의미와 목적을 분명히 해준다는 확신이 필요하다. 이런 확신은 고난이 우리 삶을 위한 하나님의 완전한 계획의 일부분이라는 생각을 제공해주고 있다.

2. 완벽한 계획 신정론에 대한 신학적 배경이야기

완벽한 계획 신정론은 우주의 모든 순간과 아주 세밀한 모든 내용이 하나님의 뜻의 정확한 표현이라는 생각과 함께 한다. 이에 대한 논리는 다음과 같다. 만약 하나님이 하나님이라면 하나님의 통치권은 절대적인 것이 틀림없다. 모든 세포에서부터 은하계에 이르기까지 만물의 모든 계획은 정확히 하나님이 원하시는 대로이다. 수백 년이 흐르면서 사람들은 이 결론에 대해 여러 가지 입장을 취하고 있지만 가장 알려져 있는 견해 중 하나가 16세기 프로테스탄트 종교개혁과 관련이 있다. 서구 교회에 있어 종교 개혁의 뒤에 있는 큰 이슈는 확신의 문제였다.

내가 구원받았다는 것을 나는 어떻게 알 수 있을까?

종교개혁에 있어 중심적 인물인 마틴 루터는 젊어서 수도원에 들어가 구원을 얻기 원했기에 수도원 생활의 엄격한 규율을 충실하게 지켰다. 그러나 그의 이런 노력은 마음에 평안을 가져다주지 못했다. 여러 해가 지나면서 하나님이 자신을 구원해 줄 것이라는 희망이 점점 줄어들게 되었다.

수도원의 상관 사제들이 그에게 가르칠 것을 명하였을 때, 루터는 성경을 연구하기 시작했고 마침내 말씀에서 그가 간절히 찾기를 원했던 확신을 발견하게 되었다. 열쇠는 믿음으로 의롭게 된다는 바울의 메시지였다. 바울의 표현인 "하나님의 의"가 하나님 자신의 의로움이 아니라 하나님이 죄인인 인간에게 주시는 의라는 것을 말하고 있음을 깨닫게 된 루터는 천국의 문이 열렸다고 말한다. 우리가 구원받는 것은 우리 자신의 노력이나 우리가 행하는 어떤 것에 의한 것이 아니라 전적으로 하나님의 은혜에 의한 것임을 그는 마침내 깨닫게 되었던 것이다.

우리는 전적으로 하나님의 은혜로 구원받았기 때문에 어떤 종류의 인간 행위도 구원의 경험에 아무런 도움이 되지 않는다고 루터와 다른 위대한 종교 개혁가들은 생각했다. 따라서 하나님에 대한 우리의 반응조차도 우리 자신의 것이 아니다. 신앙은 우리 자신이 결정하는 것이 아니라 하나님이 우리를 위해 결정하는 어떤 것이기 때문이다.

존 칼빈은 『기독교 강요』의 가장 잘 알려진 부분에서 하나님의 구원 행위는 취소할 수 없는 우선적 지위에 있다는 논리적 결론을 내리고 있다. 그는 "예정"을 "하나님의 영원한 작정"으로 정의하며 이렇게 말했다.

> 하나님의 작정으로 모든 인간과 관련해 일어나기를 원하는 것이면 무엇이
> 든지 하나님은 스스로 결정하였다.... 어떤 사람은 영원한 생명이 예정되어
> 있고 다른 사람은 영원한 형벌이 예정되어 있다.... 각 사람은 둘 중 하나의 이
> 런 결말로 끝나도록 창조되어져 있다."10

따라서 우리는 우리의 구원을 확신할 수 있다. 왜냐하면 하나님이 우리의 구원을 선언하셨고 우리가 하는 행위는 하나님의 결정에 어떤 영향도 줄 수 없기 때문이다. 여러 해 전 프린스턴신학교의 두 명의 학생이 이 예정교리에 대한 자신들의 감사를 이렇게 표현했다.

> 반어법적으로 들리겠지만 예정론을 우리의 삶에 받아들이는 것은 우리에게
> 지금까지 영적으로 일어났었던 일 중에 가장 자유롭게 하는 것이었습니다....
> 더 이상 우리는 창조주가 되려는 부담을 가지지 않게 되었습니다.11

개인 구원의 영역에서 예정론을 받아들이는 모든 사람들이 우주에서의 다른 모든 것에 이 생각을 적용하지는 않지만12 많은 사람들이 예정론

---

10 John Calvin, *Institutes of the Christian Religion* 3.21.5, Library of Christian Classics, vols. 20-21, ed. John T. MacNeill, trans. Ford Lewis Battles (Philadelphia: Westminster Press, 1960).
11 Jennifer L. Bayne and Sarah E. Hinlicky, "Free to Be Creatures Again," *Christianity Today*, October 23, 2000, 44.
12 칼빈주의 신학자들은 특히 하나님을 피조물의 죄의식과 관련시키려는 것을 피하기 위해 하나님의 의지와 관련해서 다양하게 구별하고 있다. 따라서 Millard J. Erickson의 "중도적인 칼빈주의 모델"은 "하나님의 일반의도," 혹은 하나님의 바람(즉, "하나님이 기뻐하는 이 가치들")을 "주어진 환경 속에서의 하나님의 구체적인 의도, 하나님이 결정하신 것은 실제로 일어나게 될 것이다"와 구별한다. 따라서 "시기들이 있다.... 하나님이 허락해서 일어나게 되었

을 적용하고 있다. 1646년 웨스트민스터 신앙고백 3조는 이런 말로 시작하고 있다.

> 스스로 가장 지혜롭고 거룩하신 영원무궁하신 하나님은 스스로의 경륜으로 어떤 것에도 구속 받음 없이 무슨 일이든지 동일하게 일어나게 될지를 정하셨다.

완벽한 계획 신정론은 하나님이 전 세계를 절대적으로 통제하시고 또한 전체를 지배하는 비전속에 자연스런 근거를 두고 있다. 기쁜 일이든 고통스러운 일이든 일어나고 있는 모든 일은 하나님이 의도하신 그대로이며 하나님은 결코 실수가 없으신 분이다.

3. 완벽한 계획 신정론에 관한 질문

앞으로 우리가 살펴보게 되겠지만 모든 신정론은 각 신정론을 지지하는 사람들과 비판하는 사람들이 있고 완벽한 계획 신정론도 예외가 아니다. 어떤 사람들은 고난이 하나님의 완벽한 계획 내에서 멋지게 들어맞는다는 생각 속에서 위로를 받는 사람들이 있는 반면 이런 생각을 받아들이기 힘들어하는 사람도 있고 심지어 이런 생각을 몹시 싫어하는 사람들도 있다.

던 때와 하나님이 정말로 일어나기를 원하지 않으시는 것. 이것이 죄의 경우이다." *Christian Theology* (Grand Rapids: Baker, 1983), 1:361.

우리는 이런 신정론이 상실이 크지 않거나 적어도 견딜만한 사람이 받아들이고 있다고 예상할 수 있다. 몇몇 형태의 고난은 다른 형태의 고난보다도 하나님의 목적의 틀 내에서 적응하는 것이 더 쉬울 수도 있다고 생각할 수도 있다. 그러나 우리가 보았던 것처럼 상실이 엄청났던 사람도 완벽한 계획 신정론을 수용하고 있다. 완벽한 계획 신정론이 넓은 범주의 고난 중에 있는 사람들에게 매력이 있음에도 불구하고 모든 것이 하나님으로부터 근거하고 있다는 생각은 엄청난 불안을 만들어내고 있다.

완벽한 신정론에 대한 가장 지속적인 도전은 세계가 이런 엄청난 양의 고난을 포함하고 있다는 사실로부터 일어나고 있다. 예를 들어 질병, 굶주림, 전쟁, 범죄, 자연재해를 포함한 세계의 고난을 줄이게 될 것들을 우리가 생각하는 것은 어렵지 않다. 그래서 우리는 왜 무한한 지혜와 사랑을 가진 하나님이 우리를 둘러싸고 있는 엄청난 악에 대해 더 많은 제약을 두시지 않는 이유를 궁금해 하지 않을 수 없다.

지혜와 능력에 있어서 무한하신 존재가 덜 고통스러운 방법으로 자신의 목적을 성취할 수는 없을까?

1980년대 초기에 발견된 에이즈와 관련된 질병으로 인해 삼천만 명이 넘는 사람들이 죽었다. 예를 들어 20세기 전체는 때때로 "죽음의 세기"로 언급되고 있다. 왜냐하면 이해할 수 없는 속도로 사람들이 서로를 죽이는 것을 목격했기 때문이다. 추정 사망자 수는 일억 이천만 명에 이른다. 특히 유태인 대학살(Holocaust)은 지속적인 난제의 근원이다. 몇몇 사람들에게 있어 이 유태인 대학살은 고난의 문제를 완전히 새로운 차원으로 바꾸어 버리고 있다.

어떤 종류의 신의 계획이 6백만 명이라는 사람을 조직적으로 말살하는 것을 포함할 수 있다는 말일까?

어떻게 이런 잔인함을 선한 어떤 것의 일부분으로 볼 수 있을까?

개인적 규모로 특정한 형태의 고난에 대해 같은 질문이 적용된다. 여러 해 전 어릴 때부터 알았던 한 젊은 여자가 그녀의 교육을 막 마치고 인생의 첫 발을 내딛자마자 강간당해 살해되었다. 그녀의 부모님은 자기 딸의 죽음을 그녀를 위한 하나님의 계획의 일부분이라고 묘사하는 것을 들어본 적이 없고 그렇게 묘사할 것이라고 상상할 수도 없다. 모든 젊은이의 죽음은 비극이다. 하지만 특별히 몇몇 젊은이의 죽음은 가슴을 메어지게 한다. 따라서 의도적으로 피할 수 없는 폭력을 완벽한 창조자의 계획으로 적용하는 것은 어렵다.

우리가 제1장에서 보았던 것처럼 고난에 대한 각각의 사려 깊은 반응은 지속적이고도 개별적 매력을 보여준다. 삶이 가져오게 되는 상실을 직면하는 데 있어 고난에 대한 사려 깊은 반응이 진정으로 도움이 되는 것을 발견하는 사람들이 있다. 동시에 부담이 없는 신정론은 없다. 각각의 이런 신정론과 더불어 우리는 지속되고 힘들게 하는 의문들을 보게 된다. 어떤 사람에게는 한 특정한 신정론의 매력이 너무나 강해 의문을 가진 채로 살아갈 수 있다. 어떤 사람에게는 이 의심들이 너무 많아 고난 중에 있는 세계에 대한 하나님의 관계를 생각하기 위해 다른 방법을 찾기도 한다.

만약 신정론이 단지 지적인 활동이라면 우리는 많은 해결되지 않은 문제들에 대해 하는 것처럼 반응할 수 있다. 전문가에게 문제를 맡길 수 있고 이들이 해결책을 찾도록 하고 해결책을 발견하면 전문가로부터 듣기 위해 기다릴 수 있다.

그러나 고난과 관련된 것이라면 우리가 제1장에서 관찰했던 것처럼 삶의 절박성은 이런 전문가의 처방을 기다릴 사치를 우리에게 허락하지 않는다. 신정론에 대한 추구는 학문적 유희가 아니기 때문이다. 절박한 개인의 필요가 신정론을 찾게 한다. 고난은 피할 수 없는 것이기 때문에 신정론도 불가피한 것이다.

우리의 삶이 이해가 된다는 생각이 없으면 우리는 살 수 없고 고난은 저 확신을 위협하기 때문에 우리는 확신을 회복하고 구출하거나 혹은 복원할 방법을 발견해야만 한다. 하지만 고난이 제기하는 모든 질문에 완벽하게 답해주는 신정론은 없다. 그러므로 우리가 다른 대안을 찾으려고 하는 것이 대안이 가장 필요할 시점에 고난에 반응하는 방법을 발견하는 데 도움을 줄 수 있을지 모른다.

우리가 바라보게 될 고난에 대한 반응 중에서 완벽한 계획 신정론이 가장 열렬한 지지나 혹은 강한 비판을 받고 있다. 완벽한 계획 신정론의 지속적인 매력은 이 신정론이 제공하는 확신으로 일어나는 어떤 일도 우리에 대한 하나님의 뜻을 망칠 수 없다는 점이다.

왜냐하면 어쨌든 일어나는 모든 일은 하나님의 뜻의 일부분이기 때문이다. 어떤 삶의 상황이 우리에게 닥친다 할지라도 그것은 우리를 위한 하나님의 목적에 있어 필수불가결한 것이라는 생각에서 우리는 평안을 찾을 수 있다. 이런 견해를 가진 사람이 완벽한 계획 신정론이 아주 매력적이라고 발견하게 되는 바로 이런 생각이 다른 사람에게는 심각한 의심을 불러일으킬 수 있다. 이런 의미에서 우리는 고난에 반응하는 다른 방법을 또한 바라볼 필요가 있는 것이다.

제3장

자유가 울려 퍼지게 하라
자유의지 변론

30대 중반의 한 이전 여자 동료인 샤론 해리스(Sharon Harris)는 두 번째 아기를 낳은 날 난소암이 있다는 것을 발견하게 되었다. 그녀는 즉시 치료를 받았고 몇 주 후에 자기 남편 짐과 함께 친구와 친척에게 자신의 근황이 어떻게 되고 있는지를 알리기 위해 나에게 보낸 편지 한 통을 받게 되었다.

이 편지에서 자신의 암에 대한 진행과정과 받고 있는 치료 방법을 적었다. 편지는 이들 부부의 삶이 어떻게 변화되었는 지도 설명했다. 이들 부부 두 사람과 아이들과 부모님들이 직면하고 있는 모든 도전들에 대해 어떻게 감당하고 있는지에 대해서도 말했다. 이 편지는 또한 샤론이 걸린 암에 대해 듣게 되었을 때 이들 부부에게 사람들이 말했던 몇 가지 내용도 적었다.

"모든 일은 목적이 있어서 일어나게 됩니다."
"하나님이 당신의 신앙을 시험하고 있는 겁니다."

"하나님은 우리가 감당할 수 없는 일은 결코 허락하지 않습니다."

사람들이 표현하고 있는 말들은 이 부부가 겪고 있는 상황이 하나님의 계획과 멋지게 맞아떨어지는 것이라는 확신을 반영하고 있다. 이렇게 표현하는 사람들의 의도는 아무리 좋은 의미에서 했다 할지라도 짐과 샤론은 그들의 이런 표현들이 조금도 도움이 되지 않는다고 생각했다. 사실 이 부부는 이런 표현들이 아주 문제가 있다고 표현하고 있다. 이 편지는 이런 문장으로 끝을 맺고 있다.

> 우리는 이런 경험이 하나님의 뜻이 아니라고 믿는다고 솔직히 말해야 함을 또한 느끼고 있다. 우리는 악이 가득한 세상에서 살고 있고 이런 사실을 인정해야 한다는 것을 이해한다. 그러나 하나님이 이런 고난에 어느 정도 책임이 있다거나 관련되어 있다고 제안하는 것은 하나님이 당신들 어느 누구보다도 더 가혹하다는 것을 암시하는 것이다.
>
> 예수님은 가던 길을 멈추고 고난을 덜어주지 않고서는 어떤 고난에 대해서도 그냥 지나치지 않으셨다고 성경은 제시하고 있다. 하나님은 우리보다 훨씬 더 사랑스러운 분이기 때문에 (우리는 이런 고난에 대한 경험이 우리의 가장 악한 적에게도 있기를 원하지 않기에) 하나님은 분명히 암으로 결과되는 과정 속에 있는 것이 아니라 암이 치유되는 과정 속에 역사하고 계심을 우리는 이해하고 있다.

짐과 샤론의 편지는 우리의 주제와 관련해서 사람들이 물을 수 있는 가장 중요한 질문 중 하나를 제기하고 있다.

고난은 하나님의 뜻 "내에서" 혹은 하나님의 뜻 "바깥에서" 일어날까?

고난은 하나님이 우리를 위해서 원하는 어떤 것일까?
아니면 하나님의 목적에 반대되는 것일까?

우리가 제2장에서 보았던 것처럼 완벽한 계획 신정론을 받아들이는 사람에게 있어서 하나님의 뜻은 삶의 가장 고통스러운 경험이 포함된 일어나고 있는 모든 일을 포함하고 있다. 하지만 다른 사람들은 고난은 하나님의 뜻 바깥에 있는 것이라고 생각한다.

사론과 짐은 그녀가 겪고 있는 암이 하나님이 이들 부부를 위해서 원하는 어떤 것이라는 생각에 대해 전혀 위안을 발견하지 못했다. 하나님이 어쨌든 이들 부부의 고난 뒤에 있다는 이런 제안은 상황을 더 안 좋게 만들뿐이었다. 이들 부부를 강력하게 했던 것은 사론의 생명을 위협하고 있는 암이 하나님이 원하시는 것이 정말로 전혀 아니며 이 암은 하나님의 뜻에 강력하게 반하는 것이라는 생각을 가지고 있었다.

사람들이 고난에 대해 이렇게 다른 방법으로 반응하며 어떤 한 신정론도 고난에 대한 이해에 있어서 보편적으로 매력적인 것이 될 수 없다는 사실은 신정론의 다양한 해석을 생각해 보는 것이 얼마나 중요한지를 보여준다. 하나님이 세상의 고난에 대해 책임이 없으시며 고난은 피조물에 대한 하나님의 뜻이 아니라는 이 기본적인 생각이 다른 많은 신정론에서 나타나고 있다. 이들 많은 다른 신정론 중에서 가장 영향력 있는 것 중에 하나가 "자유의지 변론"으로 일반적으로 알려져 있다.

1. 자유와 하나님의 책임

"고난이 하나님의 뜻 내에 있느냐 아니면 바깥에 있느냐"라고 물을 때, 정말로 일어나는 어떤 것이 하나님의 뜻에 반하여 일어날 수 있다면, 우리의 시선은 사람들이 고난을 당할 때 모든 사람들이 생각하는 하나님의 한 속성인 소위 하나님의 능력으로 즉시 쏠리게 된다. 고난 속에 있는 사람들은 궁금해하지 않을 수 없다.

"만약 하나님이 그렇게 강력한 분이라면, 왜 이런 일이 나에게 일어나고 있는 것일까?

만일 하나님이 나의 고난을 끝낼 수 있는 능력을 가지고 있다면 왜 하나님은 이 능력을 사용하지 않으실까?"

철학자들은 일반적으로 "악의 문제"라고 부르는 이 주제를 이런 방법으로 정리하고 있다. 선하심에 있어 완벽한 하나님은 악을 멸하기를 원하실 것이며 능력에 있어서 완벽한 하나님은 악을 멸할 수 있으실 것이다.

그러나 악은 존재하고 있다. 따라서 하나님은 선하심에 있어서 덜 완벽하거나 능력에 있어 덜 완전하시거나 선하심과 능력에 있어 덜 완벽하심이 분명하다. 때때로 사람들은 하나님의 선하심에 의문을 가지게 된다.[1] 몇 가지 해석에 있어서, 성경의 인물인 욥이 이런 의문을 한다.[2] 그러

---

1 예를 들어 다음을 보라. John K. Roth, "A Theodicy of Protest," in *Encountering Evil: Live Options in Theodicy*, ed. Stephen T. Davis (Atlanta: John Knox, 1981), 7–22, 30–37.
2 예를 들어 Harold Kushner에 의하면 욥의 의견은 하나님이 최고의 선은 아니시다. 하나님은 인간의 표준에 맞춰 책임지시기를 거부한다. "하나님은 너무나 강력한 분이어서 공정함이나 정의의 개념에 의해 제한되시는 분이 아니다." *When Bad Things Happen to Good People* (New York: Schocken Books, 1981), 40.

나 이것은 드문 예에 해당한다. 어쨌든 우리가 이 장에서 살펴보려고 하는 것과 이 장 이후에 나오는 대부분의 신정론은 하나님의 능력에 대한 의문에 초점을 맞추고 있다.

완벽한 능력이란 도대체 무엇을 포함할까?

이 세상에서 진행되고 있는 것 중에서 하나님은 얼마만큼 책임이 있으실까?

대부분의 철학자들이 설명하는 것처럼, 전능하심 혹은 무한한 능력은 하나님의 구별되는 속성 중 하나이다. 참으로 전능한 능력의 속성은 하나님이라는 단어의 바로 이 의미에 있어 필수적인 것으로 보인다. 이것은 모든 일을 하시는 하나님의 능력을 말하고 하나님이 원하시는 모든 일의 어떤 상태를 있게 하는 하나님의 능력을 언급하고 있다.[3] 이것은 고난을 하나님의 의지 바깥에 두는 사람들에게 분명한 질문을 제기한다.

만일 하나님이 최고로 강력한 분이라면, 왜 하나님은 창조하신 세계 속에 고난을 허락하실까?

만일 하나님이 선택하신 모든 것을 할 수 있고 고난이 하나님의 뜻에 반하는 것이라면 왜 하나님은 고난을 없애지 않으실까?

훨씬 더 분명한 것은 왜 하나님은 처음부터 고난을 막지 않으셨을까?

세월이 지나면서 많은 기독교 사상가들이 자유의지라는 간단한 답으

---

[3] 철학가 Richard Swinburne의 말에 의하면 "하나님은 전능하신 분이기에 하나님이 하려고 선택하신 일은 무엇이든 그 일에 성공한다." *The Christian God* (New York: Oxford University Press, 1994), p. 129. "유신론자들이 하나님에 관해 주장하는 것은 하나님은 크든 작든 어떤 것에 대해 창조하고, 보존하며, 혹은 완전히 없앨 능력을 가지고 있다.... 하나님은 자연법칙에 제한받지 않으시며 하나님이 하시기로 하면 자연법칙을 만드시고 바꾸거나 중지할 수도 있다. 전문적 용어를 쓴다면 하나님은 전지전능하시다. 하나님은 모든 일을 할 수 있다." *Is There a God?* (New York: Oxford University Press, 1996), 5-6.

로 이 문제를 대처해 왔다. 기독교 사상가들은 하나님께서 창조하신 몇몇 피조물들이 자신의 자유를 잘못 사용했기 때문에 세상에 고난이 있다고 말한다.

하나님은 특정한 피조물에게 하나님께 충성을 할 것인지 거역할 것인지 혹은 하나님의 명령에 순종할 것인지 불순종할 것인지 하는 특별한 선택, 즉 중요한 결정을 할 능력을 주었다. 슬프게도 이들 피조물들은 하나님의 명령을 거부하였고 세상의 악들이 결국에는 이들의 반란의 결과로 생기게 되었다. 따라서 고난은 죄의 결과이며 죄는 자유를 잘못 사용한 것[4]이다.

자유의 중요성을 강조하는 많은 성경 구절들이 있고 이 구절 중에서 많은 부분들이 고난을 하나님께 불순종한 의지적 결정과 연관짓고 있다.[5] 자유는 성경의 창조 부분에 있어 중요한 위치를 점하고 있다. 창세

---

4 여기서 설명한 종류의 자유는 때때로 "자유의지론자의 자유"라고 구분된다. 말하자면 자유는 그렇지 않다면 자유를 행하는 것이 아니다. Richard Swinburne은 자유를 이렇게 설명한다. "필자는 한 존재가 자유의지를 가지고 있다는 것은 자기가 의도를 가지고 행동하며 자기가 어떻게 행동하는가 하는 것이 세계의 이전 상태에 의해 전적으로 결정되는 것이 아니기에 어느 정도 자신의 선택은 자기에게 달려있다고 이해한다." *The Existence of God* (Oxford: Clarendon, 1979), 153.
물론 때때로 "조화론자의 자유"라고 불리는 다른 개념의 자유가 있다. 이 자유에 의하면 우리의 미래 행위가 특정되어 있음에도 불구하고 우리는 자유로울 수 있다. Antony Flew의 "Compatibilism, Free Will and God," *Philosophy* 48 (1973): 231–32를 참조하라. cited Millard J. Erickson, *Christian Theology* (Grand Rapids: Baker, 1985), 1:357.

5 예를 들면 여호수아는 이스라엘 백성들이 약속의 땅에 들어간 후에 이들에게 감동적인 호소를 했다. "오늘날 너희는 누구를 섬길지 선택하라…. 그러나 나와 나의 가족은 여호와를 섬길 것이라"(수 24:15).
수백 년 후에 에스겔 선지자는 이 메시지를 하나님의 백성들에게 전했다.
"너는 그들에게 말하라, 주 여호와의 말씀이니라, 나의 삶을 두고 맹세하노니 나는 악인이 죽는 것을 기뻐하지 아니하고, 악인이 그의 길에서 돌이켜 떠나 사는 것을 기뻐하노라; 이스라엘 족속아 돌이키고 돌이키라 너희 악한 길에서 떠나라, 왜 죽고자 하느냐"(겔 33:11).

기 2장에 따르면 하나님은 아담을 창조하신 후 에덴동산에 두셨다. 그런 후 하나님은 말씀하셨다.

> 동산 각종 나무의 열매는 네가 자유롭게 먹을 수 있다. 그러나 선악을 알게 하는 나무의 열매는 먹지 말라, 네가 먹는 날에는 반드시 죽으리라(창 2:16-17).

일반적으로 해석하면, 이 명령은 아담과 하와가 하나님의 명령에 순종하고 불순종하는 것은 자유라는 것을 의미한다. 다른 말로 하자면, 아담과 하와가 하나님께 충성스러운 모습으로 아니면 불 충성스러운 모습으로 남아 있을지를 결정하는 것은 그들에게 달려있었다는 말이다.

창세기 2장 이후 아담과 하와의 불순종의 행위와 이에 따른 결과가 기록되어 있다. 이들은 금지된 과일을 먹었고, 자신들의 에덴 집을 잃었고, 우리 모두가 너무나 익숙한 어려운 시련들이(육체적으로 힘든 일들[고난과 노동], 심정적 소용돌이[한 아들이 다른 아들을 죽인 일]와 결국에는 죽음도) 생겨나게 되었다.

많은 사람들에게 있어 이 이야기는 성경 전체에 울려 퍼지고 있는 한 악보 소리를 낸다. 즉, 고난의 근원이 하나님이 의도하신 것이 아니라 하나님이 우리에게 주셨던 자유를 잘못 사용해서 생기게 된 인간 범죄에 있다는 것이다. 고난은 우리가 자유를 잘못 사용한 것으로 결국에는 우리를 괴롭히는 악이 생겨나게 된 근거를 설명하고 있는 것이다.

이 관점에 따르면 하나님은 인간이 만든 잘못에 대해 책임이 없을 뿐만 아니라 이러한 잘못들이 가져오게 된 고난에 대해서도 책임이 없다. 왜냐하면 하나님은 이런 사건들의 과정을 있게 한 유일한 분이 아니기 때문이다. 이것이 구약학자인 테런스 프레타임(Terence Fretheim)이 이런 관계를 설명하는 방법이다.

> 하나님은 창조물이 창조되어졌던 대로 허락하시지 어떤 일이 잘못될 때 마다 간섭하시거나 아주 작은 부분까지 관여하고 철저하게 통제하지 않으신다.... 하나님의 창조는 부정적이거나 반 창조적인 피조물의 가능성을 배제하지 않으신다.[6]

일반적으로 불리고 있는 이 "자유의지 변론"은 고난에 대한 책임을 전적으로 피조물에 둠으로써 하나님이 고난에 대해 책임이 없다고 한다. 이 주장은 하나님이 이전에 자유를 부여한 존재를 창조하였기에 세상에서 일어나고 있는 모든 일에 대해 하나님은 더 이상 책임이 없다는 것이다.

하나님이 이렇게 창조하신 이래로, 피조물의 결정은 하나님이 아니라 전적으로 피조물 자신의 결정이었으며 피조물의 결정이 하나님을 기쁘시게 하는지의 여부와 상관없이 피조물은 자신에게 주어진 자유를 가지고 자신들이 선택한 것을 할 수 있었다.

따라서 피조물의 자유를 생각해 볼 때 사건들의 과정은 하나님의 뜻이 유일한 결과는 아닌 것이다. 하나님만 결정하신 것이 아니라 하나님과 피조물에 의해 결정되어지는 것이다. 철학가 앨빈 플랜틴가(Alvin Plantinga)는 공유된 책임의 이 개념을 자유의지 변론의 이렇게 자주 인용되는 요약에

---

[6] Terence E. Fretheim, *God and World in the Old Testament: A Relational Theology of Creation* (Nashville: Abingdon, 2005), 7.

있어서 악의 의문에 적용하고 있다.

> 모든 조건이 동일하다면 분명히 자유롭고 악한 행동보다는 더 많은 선한 행동을 자유롭게 행하는 피조물이 있는 세상이 전혀 자유롭지 못한 피조물이 있는 세상보다도 더 소중하다. 이제 하나님은 자유로운 피조물을 창조할 수는 있지만 이들 피조물이 옳은 것만을 행하도록 *하게 하거나 결정해서* 이들이 하게 할 수는 없다.
>
> 만약 하나님이 이렇게 하신다면, 피조물은 분명히 전혀 자유롭지 않은 것이며 옳은 것도 자유로움 속에서 하지 못한 것이다. 따라서 도덕적 선을 할 능력이 있는 피조물을 창조하기 위해 하나님은 도덕적 악을 할 능력이 있는 피조물을 창조해야한다. 하나님이 이들 피조물에게 악을 행할 자유를 주시면서 동시에 악을 행하는 것을 막을 수는 없다.
>
> 자유로운 피조물이 때때로 잘못을 하게 되는 사실은 하나님의 전능하심이나 선하심에 위배되는 것이 아니다. 왜냐하면 하나님은 도덕적 신의 가능성을 없앰으로써 도덕적 악이 일어나는 것도 막을 수 있었기 때문이다.[7]

이러한 설명은 자유의 본질과 중요성 모두를 강조하고 있다. 플랜틴가가 설명하는 것처럼, 도덕적 자유는 여러 가지 중요한 대안들 가운데에서 자유롭게 선택하는 능력이다. 다른 말로 하면, 도덕적 자유는 진실된 개인적 행위로 자신이 책임을 지는 행위인 것이다. 결과적으로 자유 행

---

[7] Alvin C. Plantinga, *God, Freedom, and Evil* (Grand Rapids: Eerdmans, 1974), 30, 이탤릭은 강조임.

위는 다른 누군가 혹은 다른 어떤 것이 가져오거나 원인되어질 수 있는 것이 아니다. 왜냐하면 이렇게 될 경우 이것은 행위자 자신이 선택한 것일 수 없기 때문이다.

따라서 자유의지 변론의 효과는 고난에 대한 책임을 하나님으로부터 한 걸음 떨어져 멈춘 것이다. 악은 하나님에게서 근원되어진 것이 아니라 피조물로부터 생겨난 것이다. 참으로 하나님은 피조물을 창조하시고 이들에게 개인적 자유를 주셨지만 이들 피조물이 자신의 자유를 가지고 행한 일들에 대한 책임은 없으시다.

다른 식으로 표현하자면, 하나님은 악의 **가능성**에 대해서는 책임이 있으시지만 악의 **현실성**에 대해서는 책임이 없으시다. 자신의 자유를 잘못 사용한 피조물이 악의 현실성에 대해 전적으로 비난받아야 하는 것이다.

그러나 왜 하나님은 피조물이 행하지 않기를 원하셨던 일들을 행할 수 있는 능력을 가진 존재로 창조하셨을까?

왜 하나님은 어떤 피조물에게는 이런 종류의 능력을 주셨을까?

이 질문에 대한 답은 하나님의 사랑의 본질에 근거하고 있다. 성경의 많은 중요한 선언에 따르면 사랑은 가장 근본적인 것으로 참으로 하나님의 명백한 속성이다. 신약성경에서 가장 유명한 구절은 "하나님이 세상을 이처럼 사랑하사"(요 3:16)라는 확인으로 시작한다. 성경에서 하나님은 누구 이신가라는 설명에 가장 가까이 가 있는 다른 구절은 "하나님은 사랑이시라"(요일 4:8)고 선언하고 있다.

하나님은 사랑으로 창조하셨고 사랑으로 특징되어지는 피조물과의 관계를 원하시기 때문에 단지 순종하는 것에 만족하지 않으신다. 하나님은 피조물이 자유롭게 선택해서 충성하는 관계를 원하신다. 왜냐하면 하나님의 본질이 사랑이시기 때문에 사랑받기를 원하신다. 따라서 피조물에 대한 하나님의 사랑으로 하나님을 사랑할 수 있는 피조물을 창조하셨다.

그러나 사랑은 자유를 요구한다. 하나님의 피조물은 하나님에 대해 '그래요'라고 자유롭게 말할 수 있는 만큼 '아니요'라고 자유롭게 말할 수 있다. 슬프게도 이러한 부분이 피조물의 일부가 했었던 것이다.

완벽한 계획 신정론은 하나님의 무한한 능력으로 모든 것이 하나님의 목적을 성취하게 되는 것이라고 보증했다. 말하자면 하나님은 결국에는 하나님의 목적을 성취할 수 있으시다. 어떤 것도 하나님의 계획을 성취하는 데 있어서 방해하지 못한다.

자유의지 변론에 있어서는 하나님의 목적은 피조물의 협력이 요구된다. 피조물은 자유롭기 때문에 협력하거나 협력하지 않기로 결정할 수 있다.

완벽한 계획 신정론의 견해로는 우리가 살고 있는 세상은 하나님이 지금 이 세상을 원하시는 방법으로 있는 것이지 이 세상이 시간이 흘러 되어지게 되는 방법으로 존재하는 것이 아니다.

상대적으로 자유의지 견해로는 우리가 현재 살고 있는 세상은 하나님이 원하시고 있는 세상이 아니다. 이 세상은 "타락한 세상"으로 하나님의 이상으로부터 완전히 떨어져 나간 세상이다.

창조에 대한 이런 견해들의 차이점은 고난에 대한 견해들에 있어서 뚜렷한 차이를 보이고 있다. 완벽한 계획 신정론의 견해로는 고난은 하나님의 전체적인 계획에 있어서 일부분이다.

자유의지 변론에 있어서 고난은 하나님의 목적과 충돌한다. 하나님이 피조물을 위해서 원하시는 것과 피조물이 스스로 선택한 것 사이에는 엄청난 차이가 있는 것이다. 자유롭게 하나님의 사랑으로 되돌아가는 대신에 피조물은 하나님의 사랑으로 되돌아가기를 거부했고 고난은 이런 엄청난 실수에 따른 결과인 것이다.

2. 자유의지 변론의 매력들

많은 사람들이 자유의지 변론을 매력적이라고 생각한다. 자유의지 변론이 고난에 대한 우리의 직관적 반응에 아주 잘 맞아 보이기 때문이다. 엄청난 어떤 일이 일어나게 될 때, 우리는 "이런 일은 결코 일어나서는 안 되었는데"라고 느낀다. "이 일은 정말 잘못된 거야"라고 생각한다.

내 여자 조카가 열아홉 밖에 되지 않았는데 전혀 예상하지 못하게 죽었다. 내 여동생과 남편은 위로하는 카드를 엄청 많이 받았다. 그러나 내 여동생이 특별히 기억하는 한 장의 카드는 딸의 한 친구로부터 온 것이었다. 이 딸의 친구는 단순하게 적었다.

"오, 안돼요!"

그리고 그 밑에 이름을 적었다.

"오, 안돼요!"

이 말은 엄청난 상실에 대해 가장 짧지만 가장 비통한 반응이다.

자유의지 변론은 우리가 이런 감정을 느낄 자격이 있다는 점을 분명히 하고 있다. 하나님은 결코 우리가 고난 당하는 것을 의도하지 않으셨다. 고난은 하나님이 우리를 위해 목적하셨던 어떤 것이 아니었다. 결과적으로 우리는 이런 일에 대해 분노하며 저항하며 고난을 덜고 이런 고난을 완전히 없애기 위해 노력할 모든 권리가 있다.

이런 관련성에서 자유의 다른 모습을 기억하는 것이 도움이 된다. 어떤 면에서 자유는 다양한 대안으로부터 선택하는 바로 이런 능력 이상의 것이다. 다른 말로 하면 자유는 단순히 선택하는 행위 이상을 포함하고 있다. 말하자면 자유는 우리가 선택함으로써 생겨나게 되는 결과를 가지게 되는 것을 포함한다.

중요한 선택은 중요한 결과를 가지게 된다. 우리는 삶이 원인과 결과의 미묘한 조직 속에 관련되어 있는 것을 발견하게 되며 이 조직의 구성요소는 하나님께 직접적으로 원인을 돌릴 수 없다. 분명히 하나님은 우리에게 일어나고 있는 모든 것에 대해 세밀히 알고 계시며 분명히 관심을 가지시며 세상에서 적극적일 수 있다. 그러나 하나님은 역사의 과정을 결정하거나 우리 삶의 형태를 형성하는 유일한 요소가 결코 아니다.

하나님의 사랑을 받아들일지 거부할지와 같은 특별히 중요한 결정을 하는 능력과 더불어 또한 하나님은 엄청나게 중요한 방법으로 서로에게 영향을 주며, 관계를 가지면서, 사랑할 능력을 피조물에게 허락하셨다. 이 점은 다른 사람의 삶에 공헌하며 다른 사람의 공헌을 우리의 삶에 받아들일 삶의 큰 특권 중 하나이다. 정말로 다른 사람들과의 협력 속에서만 우리가 깨달을 수 있는 가치들이 있다. 리처드 스윈번(Richard Swinburne)은 이렇게 말한다.

> 우리의 세계는 너무나 관련이 되어 있기 때문에 개별적으로 일하는 사람들이 아니라 함께 일하는 사람들이 목표 달성을 할 수 있다.[8]

그러나 이런 관련성은 지불해야 할 가격이 있다. 다른 사람들이 결정하고 행하는 것에 의해 사람들이 분명한 영향을 받는 세계는 또한 사람들이 서로에게 해를 줄 수 있는 세상인 것이다. 사람들이 더 큰 선을 성취하면 성취할수록 사람들은 해도 더 크게 줄 수 있다. 이런 부분에서도 사람들은 완전히 다른 일을 행하는 데 있어 자유를 행사할 수 있는 것이다.

다른 사람들의 결정과 행위에 의해 선한 것이든 해가 되는 것이든 우리는 실질적으로 영향 받게 되며 이러한 영향들이 하나님이 의도하신 어떤 것일 필요는 없고 사람들이 정말 스스로 한 선택임을 깨닫는 것이 다른 사람들이 우리를 위해 만들었을 수 있는 어려움에 대해 하나님을 비난하는 것으로부터 막아주게 된다.

나는 얼마 전 알고 지내는 한 자매와 형제가 자신들의 어린 시절을 회상하며 들려주는 이야기에 귀를 기울였다. 이 남매가 어렸을 때 집에 힘든 상황이 있었다. 이 남매의 아빠가 마약과 알코올 중독으로 인해 그 삶이 비틀거리고 있었는데 마침내 이 일로 엄마는 건강에 타격을 입게 되었다.

이 남매는 자신들을 소홀이 대하거나 버려진 상태를 결코 느끼지 않았기에 부모님이 자신들을 사랑한다는 것은 확신하고 있었다. 두 분 다 가능한 한 가정의 외관을 안정적으로 유지하기 위해 일은 하셨지만 결국에

---

[8] Swinburne, *Existence of God*, 187.

는 이혼을 하게 되었다.

어릴 때 이 남매가 견뎌야 했던 스트레스는 지속적인 영향을 남겼다. 동시에 시간이 지나면서 이들 남매의 부모님의 삶에 대한 남매의 생각도 또한 커지게 되었다. 지난날을 되돌아 보다 이 남매는 부모님 두 분 다 이상적인 가정에서 자라지 못했고 이러한 배경이 나중에 이들 부부가 겪게 되는 문제들에 영향을 미쳤음이 틀림없다는 사실을 깨닫게 되었다.

사람들이 하게 되는 중요한 결정들에는 중요한 결과가 따르게 되고 때때로 이러한 결과들은 세대를 거쳐 지속된다.[9] 개인적 자유의 현실은 좋은 쪽이든 나쁜 쪽이든 우리의 삶이 결국에는 다른 사람들 특히 우리와 가장 가까이에 있는 사람들의 결정과 행위에 의해 영향받게 되어질 것임을 의미한다.

따라서 인간에 대한 하나님의 가장 큰 선물 중 하나인 다른 사람의 삶에 영향을 주면서 우리의 운명을 선택하는 능력은 인간 삶의 가장 복잡한 요소들 중 하나이다. 이러한 점이 하나님의 뜻이 무엇이 일어나고 있는가를 설명하는 유일한 요소가 아니라는 점을 우리로 하여금 깨닫게 한다.

---

9 아마도 이러한 점이 하나님이 수천 대까지 한결같은 사랑을 유지하시지만 "악행이 있는 부모에게 대해서는 자손 삼사 대까지 보응하신다"고 얘기하는 성경 구절을 구성하고 있는 한 방법일 것이다(출 34:7).

3. 자유의지 변론에 대한 질문들

사람들이 자유에 대해 얘기할 때면 언제나 많은 질문들이 쏟아진다. 따라서 고난에 대한 이런 관점이 많은 토론을 만들어 내게 된다는 점은 놀랄 일이 아니다. 자유의지 변론은 고난에 대한 책임을 하나님에게서 피조물로 바꾸려고 하지만 어떤 사람들은 피조물이 자유로움에도 불구하고 하나님이 여전히 고난에 대해 책임이 있다고 주장한다.

이것이 철학자 맥키(J. L. Mackie)가 제기하는 주장이다.

> 만일 사람들이 자유 선택으로 때때로 무엇이 선한 것이며 때때로 무엇이 악한 것인지를 더 좋아하는 사람으로 하나님이 만드셨다면, 왜 사람들이 항상 자유롭게 선을 선택하는 사람으로 하나님은 만들 수 없었을까?
>
> 만일 한 경우 혹은 여러 경우에 있어 사람이 선을 자유롭게 선택하는 데 있어 논리적인 불가능성이 없다면, 모든 경우에 있어 자유롭게 선을 선택하는 데 있어 논리적인 불가능성은 없게 된다.... 자유롭게 행동할 그러나 항상 바르게 행동할 피조물을 만드는 가능성은... 열려 있다. 분명히, 이런 가능성을 이용하는 데 있어 하나님의 실패는 전능하시며 전적으로 선하신 하나님과는 일치하지 않는다.[10]

---

[10] J. L. Mackie, "Evil and Omnipotence," in *God and the Problem of Evil*, ed. William L. Rowe (Malden, MA: Blackwell, 2001), 86. Mackie의 에세이는 처음에 *Mind* 64, no. 254 (1955): 200-212에 나오며 아주 많이 인용되고 있다.

따라서 맥키에게 있어 전능하신 하나님은 항상 선을 선택해서 행하는 도덕적으로 자유로운 피조물을 창조하실 수 있었다. 그러나 하나님은 그렇게 창조하지 않으셨고 이렇게 창조하는 데 있어서의 실패가 하나님을 악과 고난에 대해 책임이 있게 만들고 있다.

자유의지 변론을 지지하는 사람들은 맥키의 이런 논리가 한 중요한 잘못에 근거하고 있다고 답한다. 도덕론자들이 모든 상황 속에서 선을 선택하는 것이 논리적으로는 가능하다는 것을 이들은 인정한다. 하지만 이 논리는 하나님의 행위만이 모든 상황 속에서 선을 선택할 수 있다는 점을 생각하지 못하고 있고 이러한 점이 맥키가 생각하는 것이다.

자유가 존재하면서 악은 존재하지 않는 세상은 하나님이 마침내 가져오실 수 있는 가능성이 아니다. 단지 하나님과 피조물만이 이것을 성취할 수 있다.

맥키의 도전은 "전능" 혹은 완전한 능력이 아주 조심스럽게[11] 정의될 필요가 있다는 사실을 강조하고 있나.

> 완벽한 능력은 "하나님은 ＿＿ 할 수 있다"(그리고 나서 우리는 단지 빈 칸을 채운다)처럼 단순하게 의미할 수는 없다.

---

11 전능의 주제만 전적으로 다루고 있는 글과 책들은 도서관 하나뿐만 아니라 아마도 여러 도서관을 채울 수 있을 것이다. 하나님의 개념을 다루는 논의들은 모두 전능하심이 제기하는 문제들을 다루고 있을 것이다. 예를 들어 다음의 책을 참조하라. Thomas V. Morris, *Our Idea of God: An Introduction to Philosophical Theology* (Downers Grove, IL: InterVarsity Press, 1991). 이 책은 "하나님은 모든 것을 할 수 있다"라는 계속되는 자격으로부터 신의 전능을 표현하는 적절한 방법으로서 "완벽한 존재만이 논리적으로 할 수 있는 모든 것을 하나님은 할 수 있다"로 전개하고 있다(pp. 66–68).

이렇게 생각하는 대신 대부분의 철학자들은 완벽한 능력이 "논리적으로 가능한 것을 하는 능력"[12]만을 의미할 수 있다는 점에 동의하고 있다. 그러나 이것도 또한 더 분명하게 할 필요가 있다. 전능은 "모든 논리적 가능성을 있게 하는 능력"만 의미하는 것이 아니다. 만일 하나님이 피조물에게 결정할 능력과 자기 결심의 능력을 부여했다면 우리는 "**피조물의 협조를 요구하지 않는** 논리적으로 가능한 모든 것을 하는 능력"이라고 정의를 고칠 필요가 있다. 만일 피조물의 협조를 요구하는 논리적인 가능성이 있다면 하나님은 홀로 행하심으로 논리적인 가능성을 실현할 수 없다.

자유의지 변론을 반대하는 다른 의견에 의하면 자유는 필연적으로 고난으로 이끌게 된다. 만일 자유로운 피조물들이 세상에 살고 있다면 조만간 누군가는 죄를 저지르게 된다. 이것은 통계학적으로 불가피하다. 자유의지 변론을 주장하는 사람들은 이 논리에서도 마찬가지로 결함을 발견하게 된다. 저항이 가능하기 때문에 저항이 필연적이라거나 혹은 심지어 저항이 일어날 것 같다는 의미는 아니다. 있을법하지 않은 일들이 때때로 일어나고 아마도 이것이 일어나지 않을 것 중에서 하나였을 것이다.

분명히 고난은 일상의 한 부분으로 너무 많이 있기에 고난 없는 세상을 우리는 상상할 수 없다. 그러나 가능한 것은 고난의 가능성이 희박했던 한 때도 있었는지 모른다. 물론 하나님은 하나님으로부터 돌아설 수 있는 피조물을 창조하셨다. 그러나 하나님은 하나님의 사랑으로 되돌아

---

12 Richard Swinburne에게 있어 "하나님은 전능하시기에 문자적으로 모든 것을 할 수 있다"라는 주장은 "전능하기 위해서 사람이 논리적으로 불가능한 것을 할 수 있어야 할 필요는 없다는 명백한 자격"이 필요하다. *The Coherence of Theism* (Oxford: Clarendon, 1977), 149.

올 본성적 경향을 가진 피조물을 창조하셨고 피조물의 자유를 존중하면서도 이들 피조물이 충성스럽게 남도록 가능한 모든 것을 다 하셨다고 생각해 보면 된다.

선과 악은 필연적으로 함께 한다고 주장함으로써 자유의지 변론에 반응하는 사람들이 또한 있다. 이렇게 반응하는 사람들은 악이 선과 더불어 존재하지 않는다면 도덕적 선이 무엇인지 우리는 알지 못했을 것이라고 주장한다.

한 초기 기독교 저술가는 그것을 이런 방법으로 설명 했다. 혀는 맛을 보는 수단을 통해서 달콤하고 쓴 경험을 갖게 된다. 눈은 시각이라는 수단을 통해서 흑과 백을 구분한다. 귀는 청각을 통해서 소리를 구별하게 된다. 이 주장에 의하면 비슷한 방법으로 마음은 선을 알게 된다. 왜냐하면 마음은 "반대되는 것"을 알고 있기 때문이다.

따라서 악에 대한 지식이 없다면 선에 대한 지식도 있을 수 없다.[13] 만약 피조물이 도덕적으로 자유롭다면 이들은 선과 악 사이를 선택할 수 있음이 틀림없다. 그리고 만약 악이 진정한 대안이라면 악은 선 바로 옆에 서 있어야만 한다. 따라서 악의 존재는 도덕적 자유에 있어서 필수적이다. 악이 없다면 우리는 선을 선택할 수 없거나 심지어 선을 인식할 수도 없을 것이다.

악이 선과 함께 하지 않는다면 도덕적 선은 불가능할 것이라는 생각은 많은 지지자들을 가지고 있다. 그러나 여기서도 다시 이 생각에 결점을

---

13 Irenaeus, *Against Heresies*, 4.39.1. Quoted in John Hick, *Evil and the God of Love* (New York: Harper & harper & Row, 1966), 214.

발견하는 사람들이 있다. 이들의 견해에 따르면, 선과 악은 서로 반대되는 것들이 전혀 아니다. 선과 악의 상태는 완전히 다르다. 선은 사물의 본성에 있어 필수적인 것 이지만 악은 필수적이지 않다. 사실 엄밀하게 말하자면 악은 실제로 "존재"하지 않는다.

이들의 사고를 이해하기 위해 여러분이 알고 있는 다양한 사과 종류를 생각해 보라.

여러분의 목록은 아마도 맛있는 황금종(Golden Delicious), 푸지(Fuji), 갈라(Gala), 핑크 레디(Pink Lady) 등과 같은 이름을 아마도 포함하고 있을 것이다.

이 목록에 "나쁜 사과"를 적어 보겠습니까?

물론 적지 않을 것이다.

그러나 왜 안 적을까?

우리 모두는 무엇이 나쁜 사과인지를 알고 있다. 우리 모두는 나쁜 사과를 보았기 때문이다. 그러나 나쁜 사과는 브래븐(Braeburn), 조나골드(Jonagold)와 같은 다양한 사과 품종이 아니다.

왜 아닐까?

나쁜 사과는 다른 종류의 사과가 아니기 때문이다. 사실 나쁜 사과는 한 종의 사과가 전혀 아니다. 나쁜 사과는 사과의 좋은 부분의 일부를 잃어버린 좋은 사과이기 때문이다.

우리는 이와 같은 내용을 위대한 교부였던 성 어거스틴(St. Augustine)의 글 중에서 발견하게 된다. 성 어거스틴에 의하면 악은 세상에서 다른 것들과 함께 있는 어떤 것 혹은 존재가 아니다. 에드워드 콘론(Edward Conlon)의 말을 인용하면, "성 어거스틴은 악이란 그 자체에 있어서 그리고 그 자체가 어떤 현상은 아니고 선이 없는 것으로 추위와 어둠이 빛과 열이 없는 상태를 넘어서는 물리적 실체를 가지지 않는 것과 아주 유사한 것"[14]이라고 말했다.

바르게 이해하자면 악은 그 자체의 실체를 가지지 못한다. 아주 분명한 것은 아무것도 악이 아니다. 어떤 것을 악이라고 부르는 것은 악의 필수적인 선의 일부가 떨어져 나갔거나 부패한 것이다. 따라서 악은 어거스틴의 말을 빌리면 원래는 선이었던 어떤 것에서 부패한 것 혹은 "결핍"에 지나지 않는 것이다.

악에 대한 이런 견해를 받아들이는 사람들은 도덕적 선택의 개념도 수정한다. 일반적으로 사람들은 도덕적 자유를 선과 악 사이를 선택하는 능력이라고 말하지만 악은 엄밀히 말하자면 존재하지 않는다고 생각하는 사람들에게 있어서 이런 언어는 잘못된 것이다.

만일 선과 악이 반대적인 실체를 나타내지 않는다면 하나님의 피조물이 직면하고 있는 실제 대안은 선이나 악을 향해 돌아서는 것이 아니다. 대신에 이 대안들은 선을 향하거나 혹은 선으로부터 돌아서는 것이다. 악과 관련해서는 아무것도, 문자 그대로, 그 어떤 것에도 돌아설 곳이 없다.

조심스럽게 분석하자면 악은 그 자체의 실체가 없다거나 혹은 철학적 언어를 사용하면 악은 긍정적 존재론적 신분을 가지지 못한다고 나타내

---

14 Edward Conlon, *Blue Blood* (New York: Riverhead Books, 2004), 121. 어거스틴을 정확하게 진술하고 있는 이 표현은 Conlon의 넓은 독자층을 형성하며 읽히고 있는 뉴욕 시 경찰국의 경찰로서의 삶을 표현한 글에 등장하고 있다. 어떤 책에서 이런 철학적 사유를 읽게 될지 아무도 모른다!

지만 이 말이 악은 단지 상상에 의한 것이라는 의미는 아니다. 악은 상상으로 만들어진 것이 전혀 아니다. 우리는 세계에서 분명하고 명백한 존재인 악을 경험한다. 하나님으로부터 돌아선 죄의 결과는 너무 실제적이고 조만간 이 죄의 결과는 우리 모두에게 이르게 될 것이다. 게다가 악은 선이 부패한 것이라는 이 견해는 선에 대한 우리의 능력이 크면 클수록 우리가 할 수 있는 악도 더 크다는 것을 또한 상기시킨다.

기독교 전통에 따른 가장 두드러진 예를 인용하자면, 악의 분신인 악마는 다름 아닌 타락한 천사로 자신의 엄청난 능력을 끔찍한 목적을 위해 몰두하는 피조물이다.

완벽한 계획 신정론과 더불어 자유의지 변론은 고난에 대해 가장 인기 있는 반응들 중 하나이다. 또한 이 둘은 많은 부분에 있어 공통점도 가지고 있다. 하나님은 능력에 있어 완전하시며 선하시다는 것을 인정하고 있다. 하나님이 세상을 창조하셨고 세상을 돌보시며 세상을 향한 중요한 계획들을 가지고 계시며 고난은 하나님이 정복하기 위해 역사하는 어떤 것이라는 점에 의견을 일치하고 있는 것이다.

그러나 이 둘은 세상에 대한 하나님의 관계의 본질에 대해서는 의견을 다르게 하고 있다. 또한 고난이 하나님의 전체적인 계획의 일부분인지 아니면 본질적으로 고난에 대해 반대하고 있는 어떤 것인지에 대해서도 다른 견해를 가지고 있다.

두 신정론이 보여주고 있는 것처럼, 고난은 다양한 반응을 일으키며 각 반응은 더 깊은 질문을 제기한다. 철학자와 신학자들은 엄청난 양의 시간을 고난과 관련된 반응과 질문에 쏟아왔고 이들의 논의는 재빨리 아주 전문적인 것이 될 수 있다. 비록 이들의 언어가 일상의 삶으로부터 벗어난 것처럼 보일지 몰라도 근원적인 문제들은 결코 보통의 삶에서 비껴 나있지 않다.

고난과 관련해 철학자들이 몰두하고 있는 질문들은 우리 모두에게 있어 중요한 질문들이다. 고난은 모든 사람이 직면하고 있는 어떤 실체이며 우리 모두는 이 실체에 대한 어떤 답을 원하고 있다. 다음 장에서 우리는 항상 있어 온 이 어려움에 대한 몇 가지 다른 반응들을 살펴보게 될 것이다.

제4장

고난이 없으면 얻는 것도 없다
영혼 형성 신정론

당신이 필요했던 것과 정확하게 맞아 떨어지는 고난스런 경험을 했던 적이 있을까?

몇 년 전 내가 일하기로 계약했던 한 회사의 사장이 내 미래를 의논하기 위해 내가 참석하고 있던 바로 그 학교에 왔었다. 이 사장은 몇 달 뒤 내가 졸업하면 주기로 결정했던 직책에 대해 말해 주었다. 그가 말해 주었던 것은 나를 정말 기쁘게 했다. 내가 기대했던 것보다 훨씬 더 좋은 직책이었으며 내가 상상할 수 있는 것 이상이었다.

사실 사장이 이 직책을 설명해 주기까지 나는 이 직책이 존재하는지도 심지어 몰랐다. 자연스럽게 나는 이 큰 행운에 대해 모든 사람들이 알아 줄 때까지 기다릴 수 없었다. 하지만 사장이 이 결정이 완전히 확정된 것은 아니라고 말했기에 나는 공식 서류가 회사로부터 올 때까지 이 일에 대해 어느 누구에게도 말을 해서는 안 되었다.

이와 같은 소식을 자신만 알고 있어야 하는 것은 쉽지 않았지만 나는 가까스로 지켜냈다. 내 가족이 얼마나 즐거워하며 친구들은 얼마나 부러워할지 알았기 때문이라고 생각한다. 여러 달이 흐르면서 이 긴장감은 거의 참을 수 없는 지경까지 이르게 되었다. 나는 매일 두근거리는 가슴을 안고 우체통으로 갔다.

이 공식편지가 와 있을까?

없었다.

실망했지만 또 하루를 기다려야 하는 기대감이 솟아났다.

마침내 내 삶을 바꾸어 줄 이 편지가 도착했다. 나는 마법 같은 이 편지를 손에 꼭 쥐고서 주소를 여러 번 읽었다. 단 한 가지 문제만 있었다. 이 순간을 함께 나눌 아내가 집에 없었다는 부분이었다. 이 모든 시간을 기다려 왔기에 아내가 병원에서 일을 끝내고 집에 올 때까지의 몇 시간을 기다리자고 마음먹었다. 마침내 아내가 집에 돌아왔고 우리 두 사람은 작은 아파트에 나란히 앉았다. 나는 축제의 들뜬 기분으로 봉투를 열어 읽기 시작했다.

그러나 나의 목소리는 재빨리 잦아들게 되었다. 편지의 내용에 의하면 내가 받기로 약속되었던 직책에 훨씬 못 미치는 직무로 바뀌어 있었다. 사장은 편지에서 깊이 생각한 후에 글을 쓴다는 말과 함께 이사회에서 이 직책과 관련해 내가 상대적으로 경험이 적어 필요한 자격요건을 갖추지 못하고 있다고 결정 내렸다는 것이었다. 따라서 회사는 더 나은 자격을 갖춘 사람을 찾았으므로 나에게는 다른 직책을 준다는 내용이었다.

내가 실망했을까?

나는 실망 이상으로 배신감을 느꼈다.

왜 이들은 나를 이런 식으로 대했을까?

왜 처음부터 내게 기회가 주어지지도 않을 꿈의 직책을 말했던 것일까? 무엇보다 이 모든 과정에서 하나님은 어디에 계셨을까 저는 궁금했다. 왜 하나님은 누군가가 저의 삶을 게임하듯 가지고 놀게 허락하셨을까? 무거운 마음으로 나는 저의 새로운 책임감으로 시선을 돌렸다.

하지만 이런 나의 견해가 완전히 바뀌는 데에는 오랜 시간이 걸리지 않았다. 몇 주도 지나지 않아 애당초 나에게 약속되었던 직책에 오게 된 담당자가 나보다 훨씬 더 그 직책에 맞는 사람임을 깨닫게 되었던 것이다.

그는 내가 가지고 있지 않던 재능을 가지고 있었다. 그가 직면해야 하는 도전은 내가 이전에 알 고 있었던 것보다 훨씬 복잡하고 까다로운 것이었다. 내가 그토록 원했던 이 직책을 내가 맡았더라면 나는 얼마 지나지 않아 비참해지리라는 것을 깨닫게 되었다. 게다가 내가 맡게 된 일들은 내 능력에 더 적절한 일들이었을 뿐만 아니라 결국에는 나에게 더 혜택이 되는 일들을 계속해서 하는 것이 가능하게 만들었다.

내가 경험했던 실망감 속에서 하나님은 어디에 계셨을까?

답은 분명했다.

하나님은 나에게 왔던 좌절과 패배감을 통해 자라고 성장하도록 돕고 계셨던 것이다. 매일 우리가 뉴스에서 듣게 되는 마음을 쥐어뜯는 비극과는 비교할 수 없는 나의 일시적인 실망감이 고난의 한 예로 그렇게 적절하지는 않겠지만, 내가 경험했던 이 과정은 삶에서 겪게 되는 상실에 대해 다른 영향을 미치게 되는 반응의 과정을 따르고 있다.

많은 사람들은 고난이 우리에게 가르치는 것이 많다는 것을 발견하고 있다. 심지어 우리의 가장 고통스러운 경험들도 성장과 발전을 위한 경우들이 될 수 있다.

의로운 사람들이 겪는 고난에 대해 많은 성경구절이 언급하고 있고 성경의 많은 다른 구절들은 고난을 다른 시각으로 바라보고 있다. 성경의 많은 구절들이 고난이 필연적이지는 않다 하더라도 하나님의 백성들 사이에 널리 퍼져있다는 것을 인정하고 있다. 바울서신서는 자신의 고난에 대해 생생한 기록을 하고 있다. 그의 시련을 요약한 내용은 다음과 같다.

환난, 궁핍, 고난, 매 맞음, 갇힘, 난동, 수고로움, 자지 못함, 굶주림(고후 6:4-5).

그의 시련에 대한 좀 더 긴 기록은 "셀 수 없는 채찍질," "여러 번의 파선," "온갖 종류의 사람들로 부터의 위험(강도, 동족, 이방인, 거짓 남자와 여자 형제)과 온갖 종류의 장소들(도시에서, 광야에서, 바다에서)," 그리고 "여러 번 굶고 춥고 헐벗은" 상태 속에 있었고 "염려하며 날마다 내 속에 눌리는 일"이 있다(고후 11:23-28)라고 설명하고 있다.

바울이 가장 긴 서신의 정점에 이르고 있는 한 구절에 의하면 고난은 사도들이 직면해야 하는 용기 있는 어떤 일일 뿐만 아니라 "하나님의 상속자요 그리스도와 함께 한 상속자," "그와 함께 영광을 받기 위하여 고난도 함께 받아야 할"(롬 8:17) 하나님의 자녀인 우리 모두가 직면하게 되는 도전이다.

고난은 일반적으로 널리 겪게 되는 것임에도 불구하고 또한 아주 큰 혼돈의 근원이기도 한다. 만일 우리가 도덕적으로 질서가 있는 세상에서 살고 있다면 논리적으로는 선한 사람들은 결코 고난을 당해서는 안 되는 것이다. 참으로 구약 지혜서 문학의 반복되는 주제는 하나님의 방법이 가장 좋은 것으로 복된 삶의 확실한 길이 되고 있다. 의로운 사람은 번영과 장수를 누리게 될 것이고 반면에 하나님의 말씀을 무시하는 악한 사람들은 "바람에 날리는 겨와 같이"(시 1:4) 될 것이다. 이와 같은 생각은 명백하며 고무적이지만 삶은 지혜서의 전통 안에 있는 다른 말씀에서도 인정하고 있는 것처럼 훨씬 더 복잡하다.

전도서의 저자에 의하면 "같은 운명이 모든 사람에게 임하게 되는데 의로운 자와 사악한 자, 선한 자와 악한 자"(전 9:2), 이 두 그룹의 사람들 사이에 최종적인 차이는 없는 것이다. 성경에서 가장 오래된 책인 욥기의 경우에서처럼, 현저하게 의로운 사람인 자신이 주위에 있는 모든 사람보다 더 엄청난 고난을 당하는 것이 이해하기 힘들고 어려웠다.

하나님의 세상에 왜 고난이 있어야 하며, 왜 고난은 누군가에게는 오지만 명백히 다른 사람에겐 오지 않으며, 가장 비통하게 왜 하나님은 내가 고난 당하는 것을 허락하실까?

우리는 이 모든 질문, 즉 시편 22편의 신음의 질문인 "내 하나님이여 내 하나님이여 어찌 나를 버리시고 어찌 나를 멀리하여 돕지 아니하시며 내 신음 소리를 듣지 아니하십니까?"라고 하는 시편 73편에서 왜 악인은 번성하며 의인은 고난 중에 있는지에 대한 혼돈에 대한 질문, 그리고 이해하기 힘들어서 제자들이 예수님께 왜 어떤 사람은 나면서부터 소경으로 태어나야 하는지(요 9:2)를 물었던 질문을 성경에서 발견하게 된다.

그런데 고난을 긍정적인 면으로 설명하는 내용들이 성경에는 있다. 고난이 어려움의 근원이 아니라 기뻐해야 할 이유라고 하고 있다. 베드로전서에서 베드로 사도는 이렇게 말한다.

사랑하는 자들아 너희를 연단하려고 오는 불 시험을 이상한 일 당하는 것 같이 이상히 여기지 말고 오히려 너희가 그리스도의 고난에 참여하는 것으로 즐거워하라. 이는 그의 영광을 나타내실 때에 너희로 즐거워하고 기뻐하게 하려 함이라. 너희가 그리스도의 이름으로 치욕을 당하면 복 있는 자로다. 영광의 영 곧 하나님의 영이 너희 위에 계심이라(벧전 4:12-14).

고난은 우리를 위축하게 하는 것이 아니라 성장하게 도움을 준다. 심지어 예수님도 "받으신 고난을 통해서"(히 5:8) 배우셨다. 고난의 혜택은 중요하다. 바울은 고난에 대해 "고난은 인내를, 인내는 연단을, 연단은 소망을 이루게 된다"(롬 5:3-4)고 설명하고 있다. 히브리서에 의하면 고난은 우리를 위한 하나님의 돌보심의 표현이다.

너희가 참음은 징계를 받기 위함이라 하나님이 아들과 같이 너희를 대우하시나니 어찌 아버지가 징계하지 않는 아들이 있으리요 징계는 다 받는 것이거늘 너희에게 없으면 사생자요 친아들이 아니니라 또 우리 육신의 아버지가 우리를 징계하여도 공경하였거든 하물며 영의 아버지께 더욱 복종하며 살아야 하지 않겠느냐 그들은 잠시 자기의 뜻대로 우리를 징계하였거니와 오직 하나님은 우리의 유익을 위하여 그의 거룩하심에 참여하게 하시느니라 무릇 징계가 당시에는 즐거워 보이지 않고 슬퍼 보이나 후에 그로 말미암아 연단 받은 자들은 의의 평강의 열매를 맺느니라(히 12:7-11).

사도 바울은 한 서신서에서 "몸에 있는 한 가시"[1]라고 표현한 자신이 겪었던 역경을 통해 배웠던 것을 자세히 말하고 있다. 바울은 "저는 이 가시가 제 몸에서 없어지도록 세 번이나 주님께 간청했다"라고 표현하고 있다. 하지만 주님은 바울에게 "내 은혜가 너에게 족하도다. 내 능력은 약함에서 완전하여 진다"라고 말씀하셨다.

> 내 능력이 약한 데서 온전하여짐이라 하신지라 그러므로 도리어 크게 기뻐함으로 나의 여러 약한 것들에 대하여 자랑하리니 이는 그리스도의 능력이 내게 머물게 하려 함이라. 그러므로 내가 그리스도를 위하여 약한 것들과 능욕과 궁핍과 박해와 곤고를 기뻐하노니 이는 내가 약한 그 때에 강함이라
>
> (고후 12:8-10).

고난이 유익한 것이 될 수 있다는 것을 이해하는 데에 특별히 종교적인 관점이 필요한 것이 아니다. 이러한 점은 널리 퍼져있는 확신이다. 사실 어떤 사람들은 우리에게 오게 되는 다른 어떤 경험보다 역경과 좌절을 통해 더 많은 것을 배울 수 있다고 믿는다.

『나의 상실의 계절』(My Loving Season)에서 팻 콘로이(Pat Conroy)는 사우스캐롤라이나 주의 찰스톤 시에 있는 그 유명한 육군사관학교의 시타델에 있는 대학농구팀의 실망스러운 마지막 해에 대해 설명하고 있다. 머리말을 이와 같은 말로 결론 내리고 있다.

---

[1] 학자들은 지금까지 이 "가시"가 실제적으로 무엇이었는지에 대해 알지 못하고 있다.

스포츠 책은 항상 이기는 것에 관한 것이다. 왜냐하면 승리가 패배보다 훨씬 즐겁고 신나기 때문이다.... 패배는 인생이 쉽게 통과하는 게임이기보다는 많은 시련이 있는 우여 곡절의 장이라는 것을 이해하는 차가운 심장과 통찰력 있는 눈을 가진 더 치열하며 타협하기를 완강히 거부하는 선생이다. 패배에 대한 경험이 폭풍우를 지나던 내 삶의 여정을 지탱시켜 주었다.... 졸업하던 그 해에 우리가 승리했던 그 경기를 통해서 어떤 것을 배울 수 있었음에도 불구하고 나는 훨씬 더 많은 것을 패배로부터 배우게 되었다.[2]

삶의 가장 안 좋았던 몇 가지 경험조차 긍정적인 결과로 이끌릴 수 있다. 위대한 스페인의 화가 프란시스코 고야(Francisco Goya)의 극찬 받던 자서전에서 표현하고 있는 감사의 부분에서 로버트 휴(Robert Hughes)는 서 호주에서 거의 죽음의 사고 후 그에게 도움을 주었던 긴 목록에 적혀 있는 사람들에게 고마움을 표한다.

그는 열두 번의 수술을 받았고 호주 퍼스에서부터 미국 뉴욕 시까지 여러 병원에서 육 개월을 지내야 했다. "저를 보살펴 주셨던 이 분들 한 분 한 분이 없었더라면... 이 책을 쓰는 것은 결코 가능할 수 없었을 겁니다"라고 그는 결론 내리고 있다. 그는 이런 소회를 덧붙이고 있다.

> 만일 삶이 완전히 경험되어질 수 있다면 삶이 허비하는 일은 없을 것이다. 저는 이 사고를 통해서 극심한 고난, 두려움 그리고 절망을 알게 되었다. 두려움, 절망, 그리고 고난을 모르는 작가는 결코 완전히 고야를 완전히 알 수

---

2 Pat Conroy, *My Losing Season: A Memoir* (New York: Doubleday, 2002), 14.

없을지 모른다.[3]

만약 이런 사고를 당하지 않았더라면 알 수 없었을 고야의 작품에 대한 통찰력을 작가 휴는 자신의 깊은 경험을 통해서 받았던 것이다.

말로 표현할 수 없는 고난, 돌이킬 수 없는 상실, 그리고 거의 죽음에 이르는 부상의 엄청난 비극을 통해, 사람들은 다른 어떤 방법으로는 배울 수 없는 인생과 다른 사람들과 자신들에 관한 것을 확실하게 배우게 된다.

가장 최악의 경험이 결국에는 우리의 삶을 풍성하게 할 수 있다는 이런 발견은 종종 놀라움으로 다가온다. 데런 윌킨스(Darren Wilkins)가 자기 형의 죽음 후 아버지 데이빗(David)에게 말했던 것처럼 "아버지, 이것은 제가 지금껏 경험했던 것 중에서 가장 힘듭니다. 하지만 또한 가장 풍성한 것이기도 합니다."

이 이름으로 종종 불리는 것처럼 영혼 형성 신정론에 의하면 도덕적 성장 혹은 인격 발전의 가치는 세상에 존재하는 고난에 대해 최고의 설명을 우리에게 제공해 주고 있다. 이 관점에서 보자면, 우리는 고난을 통해 성장할 수 있을 뿐만 아니라 고난은 우리의 성장에 절대적으로 필수적인 것이다.

고난이 없다면 우리가 되어져야 할 모든 모습이 우리는 결코 될 수 없는 것이다. 우리가 가장 배울 필요가 있는 교훈, 우리가 가장 습득할 필요가 있는 인격의 자질은 우리가 힘들고 어려운 일을 경험한 후에야 가

---

3 Robert Hughes, *Goya* (New York: Knopf, 2003), x.

능하게 된다는 것이다.

따라서 우리의 잠재력을 성취하기 위해 우리는 장애물과 도전이 포함되어 있는 일종의 환경이 필요하게 된다. 이런 이유 때문에 비록 위험하고 위협이 되고 있는 현재에 존재하는 세계가 개인의 성장을 위해서는 이상적인 장소로 나타나고 있다. 인격 발전을 위해서는 완벽한 환경인 것이다.

1. 영혼 형성 신정론의 매력

고난에 대한 이 접근법은 고난과 관련된 의미의 틀을 세우기 위해 우리 내부에 깊이 자리하고 있는 욕망에 연결되어 있다. 우리가 이 책에서 관심을 가지고 있는 고난인 "영혼의 쓰나미"는 상실의 정도가 너무 커서 결코 무시하거나 부정하거나 되돌릴 수 없는 심각하며 삶을 바꾸어 버리는 상실을 포함하고 있다.

이 상실은 이전에 우리가 살았던 세계로 되돌아가는 것을 막아버린다. 이 상실은 너무나 깊어 바로 우리 자신의 일부가 되어져버린다. 우리가 이런 엄청난 상실을 경험할 때 우리의 삶의 어떤 의미가 있는 것인지에 대한 피할 수 없는 질문이 제기 된다.

이런 상실은 우리 삶의 모든 중요성을 텅 비워 버리는 것인가?

상실로 인해 부인할 수 없는 엄청난 파장에도 불구하고 우리의 내면에는 고난에 굴복하기를 거부하는 어떤 것이 있다. 우리를 무기력한 피해자로 전락시키려는 것을 허락하지 않는다. 고난은 우리를 변화시킬지는 모르지만 파멸시킬 필요는 없는 것 같다고 말하는 것처럼 보인다. 우리는 고난의 엄청난 힘 앞에 굴복하거나 우리 삶의 중요성을 빼앗아가도록 허락할 필요는 없다. 우리는 고난 "위로 넘어서려는" 고난이 결정적인 내용이 되는 것을 거부하는 본능적인 욕망을 가지고 있다. 영혼 형성 신정론은 이 반응을 지지한다. 삶의 의미를 파멸시키는 것이 아니라 이 신정론은 고난이 사실은 인생의 의미를 발견하는 데에 도움을 줄 수 있다고 우리에게 확신 시키고 있다.

2013년 보스톤마라톤대회의 마지막을 망쳐버렸던 폭발 사고가 있고 나서 얼마 지나지 않아 용기와 재기의 표현들이 동시에 나타나게 되었다. 이 폭발 사고가 있었던 장소에서 얼마 떨어지지 않은 코플리광장(Copley Square)의 한쪽 구석에는 미래를 확신으로 맞으려는 보스톤 시의 단호한 결심을 표현하고 이 폭발로 가장 고난받았던 사람들에게 최고의 찬사를 보내려는 수많은 조깅화와 꽃다발과 개인의 쪽지들이 쇄도하게 되었다.

"보스톤을 강력하게"(Boston Strong)라는 슬로건이 가는 곳마다 상점의 깃발과 티셔츠에 등장하게 되었다. 고난은 영원한 라이벌 관계의 차이도 아무것도 아닌 것으로 만들 수 있는 감동적인 내용이 담긴 "뉴욕 시는 보스톤 시를 사랑합니다"라는 깃발까지도 있었다.

고난에 굴복하기를 거부하는 우리의 본능은 왜 많은 사람들이 엄청난 손실에 긍정적인 행동을 취하는 반응을 하는가를 설명해줄 수 있다. 사람들은 종종 자신의 가장 암울했던 경험들에 대해 책을 쓰거나 공중파 방송이나 인터넷에 자신의 사연을 올린다. 적어도 이 분들이 경험했던 것의 기록은 자신들의 경험을 기념하고 있는 것이다.

이 기록은 "자신들의 경험이 중요하다" 혹은 "내가 중요하다"라고 말하는 한 방법이다. 이들은 자신들이 겪었던 비슷한 경험에 직면하고 있는 사람들이 전적으로 혼자가 아니라는 생각을 함으로써 위로가 되기를 또한 희망하고 있는 것이다.

사람들은 자신들이 경험해야 했던 것을 다른 사람들은 피하는 데 도움을 주기 위해 고난에 대해 반응한다. 내가 어렸을 때 친구와 함께 집 앞마당의 나무에 걸려있는 한 긴 줄기 위에 타서 교대로 그네를 탄 적이 있었다. 제이슨(Jason)이 미끄러져 다리를 부러뜨리기까지는 아주 재미있었다. 제이슨이 병원으로 옮겨지기 전 그는 자기 주머니 칼을 꺼내 이웃에 있는 한 남자 아이에게 주며 어느 누구도 앞으로 다치지 않게 이 줄기를 끊어버려 달라고 했다.

상실이 크면 클수록 건설적인 어떤 것을 하려는 사람들의 욕망도 커지는 것처럼 보인다. 비극적 상황 아래에서 아이들이 죽게 된 경험을 한 사람들에게는 이러한 것이 종종 사실이다.

어느 날 한 친구와 집으로 걸어오다 술 취한 운전자에 의해 캔디 라이트너(Candy Lightner)의 십대 딸이 죽게 되었다. 이 엄마는 **술 취해서 운전하는 것에 반대하는 엄마들**(Mother Against drunk Driving), 즉 MADD라는 기관을 설립하는 것으로 반응했다. 이 영향력 있는 기관은 음주운전에 대해 더 엄격한 법을 요구하고 있고 음주운전의 위험에 대해 특히 젊은 사람들을 교육하는 데 집중하고 있다.

존 왈쉬(John Walsh)의 아들은 백주 대낮에 한 쇼핑센터에서 유괴를 당하게 되었다. 아들을 찾으려는 필사적인 노력을 하는 가운데 왈쉬는 도움을 요청했던 경찰부서 간에 의사소통이 아주 비효율적이라는 것을 알게 되었다. 아들의 죽음 후 왈쉬는 아담 왈쉬 아동전담센터를 설립했고 실종된 아이들과 착취당하고 있는 아동을 위한 국립센터의 이사로 봉사하고 있다.

에이미 비엘(Amy Biehl)은 스탠포드대학교 졸업생이자 풀브라이트 장학생으로 세계적인 다이버였는데 인종차별정책으로 어려움에 있는 피해자들 사이에서 일하기 위해 남아프리카로 갔다. 그녀는 도움을 주려고 갔던 바로 이 젊은이들 중 한 명에 의해 1993년 칼에 찔려 죽었다.

에이미의 부모님들은 딸의 죽음이 결코 헛된 것이 아님을 보여주기로 결심했다. 이때부터 피터와 린다 비엘은 캘리포니아 뉴포트 해변의 집과 딸 에이미가 살다 죽었던 남아프리카의 마을 사이를 오가며 자신들의 시간을 나누어 보내게 있다.

이들은 에이미비엘재단(Amy Biehl Foundation)을 설립하고 딸 에이미가 관심 있었던 학교 연령의 아이들을 위한 개인교습 프로그램과 빵 집과 벽돌을 만드는 공장 같은 사업 프로젝트에 자신들의 많은 돈을 사용했다. 비엘의 부모님은 딸의 목표에 자신들이 헌신하며 딸의 일을 계속함으로써 딸 에이미를 기념하고 있다.[4]

2002년 『월 스트리트 저널』(Wall Street Journal)기자인 다니엘 펄(Daniel Pearl)은 파키스탄에서 테러리스트에게 살해당했다. 그는 죽기 바로 전 "저의 아버지는 유대인, 저의 어머니도 유대인, 저도 유대인"이라는 말을 하는 비디오 테입을 만들었다. 2년 뒤 그의 아버지와 어머니는 아들을 기억하는 한 책을 출판했다. 『저는 유대인입니다: 다니엘 펄의 마지

---

4 Sandy Banks, "Out of Tragedy, a Legacy of Forgiveness," *Los Angeles Times*, April 9, 2002.

막 이 말에 감명 받은 개인적 회고』(*I Am Jewish: Personal Reflections Inspired by the Last Words of Daniel Pearl*)라는 이 책은 유대인이라는 말은 무엇을 의미하는가에 대한 150명의 생각을 담고 있다. 그의 부모님은 또한 다니엘 펄 재단을 설립해 반유대인 정서가 널리 퍼져있는 세계 여러 곳에서 일하고 있는 기자들에게 장학금을 제공하고 있다.[5]

엄청난 고난의 결과에 대해 우리는 결코 되돌릴 수 없지만 본능적으로 이 고난에 대해 창조적으로 그리고 지혜롭게 반응하는 방법들을 추구한다. 사람들은 자신들의 고난에 대해 의미를 가져오기로 결심하는 것이다.

2. 영혼 형성 신정론에 대한 철학적 배경

고난이 긍정적인 목적으로 이끌며 고난의 목표가 우리들이 도덕적 영적 성숙으로 이르도록 돕는다는 생각은 오랫동안 우리 주변에 있어왔다. 우리가 보았던 것처럼 이러한 생각은 성경에 있는 익숙한 주제이다. 이러한 생각은 사람들이 인생의 심각한 어려움, 예를 들어 심각한 질병, 사랑하던 사람의 죽음, 결혼의 파경 혹은 다른 끔찍한 경험과 같은 도전을 극복하는 데 도움을 주려는 의도로 쓴 많은 책에서도 훌륭하게 표현되어 있다.

예를 들어 『아파할 때 하나님은 어디 계시는가요』(*Where Is God When It*

---

5 Patricia Ward Biederman, "New Book Explores the Meaning of Being Jewish," *Los Angeles Times*, March 6, 2004.

Hurts?)라는 책에서 베스트셀링 작가인 필립 얀시(Philip Yancey)는 고난을 "아무도 원하지 않는 선물"이라고 이름 붙이고 어려움이 우리의 삶에 공헌하고 있는 많은 긍정적인 내용을 계속해서 설명하고 있다.[6]

철학적인 수준에서 고난에 대한 이러한 관점을 영향력 있는 종교 철학자 존 힉(John Hick)보다 더 광범위하게 발전시킨 사람은 없을 것이다. 사실 그는 "영혼 형성"이라는 표현을 광범위하게 사용할 수 있게 한 장본인이기도 하다. 비록 우리가 살고 있는 세계가 고난으로 가득 차있어도 우리는 이 고난을 필연적인 부정적인 어떤 것으로 생각할 필요가 없다고 힉은 주장한다.

오히려 고난이 있는 세상이 인격 발전에 있어 이상적인 환경이다. 왜냐하면 우리 존재가 지향하는 목표는 편안함과 즐거움을 누리는 것에 있는 것이 아니라 성숙하고 잘 발달된 도덕적 존재가 되는 것에 있기에 역경과 어려움을 경험하지 않고는 이런 상태에 이를 수 있는 방법이 없다는 것이다.

바디빌딩을 하는 모든 사람들이 이해하고 있는 것처럼 우리가 근육을 키우려고 하면 저항이 있게 된다. 마찬가지로 이 주장은 우리의 영혼이 성숙하는 데 있어 저항이 있다고 말한다. 어려움에 직면해서 장애물을 극복함으로써 우리는 인격의 긍정적인 특징들을 발전시킬 수 있다. 어떤 형태의 고난에 직면하더라도 여러 미덕을 생각하는 것은 어렵지 않다.

동정심이 분명한 예이다. 고난을 경험해보지 않은 사람이라면 동정심을 표현할 기회가 없었을 것이고 필요도 없었을 것이다. 다른 예는 용기

---

6 Philip Yancey, *Where is God When It Hurts?* (Grand Rapids: Zondervan, 1990), 25.

이다. 용기는 위험을 전제로 한다. 만일 우리가 위험이 없는 세계에서 산다면 우리는 결코 용기 있는 사람이 될 수 없다. 비슷한 의미에서 모든 것이 우리에게 쉽게 오는 세계에서는 무엇이라고 부르더라도 인내, 결단, 지구력을 결코 발전시킬 수 없다.

계속해서 예를 들 수 있지만 결론은 분명하다. 우리가 현재 온갖 종류의 위험과 함정과 함께 살고 있는 이 세계는 영적이며 도덕적 성숙을 발전시키기 위해 우리가 필요한 바로 이런 종류의 환경을 제공해 주고 있는 것처럼 보인다.

힉은 그의 신정론에 대한 전례를 2세기 교부(church father)였던 리옹의 이레니우스(Irenaeus of Lyons)의 글에서 발견하고 있다.[7] 인간은 원래 완벽한 존재였다고 믿었던 어거스틴(Augustine)과 달리 이레니우스는 완벽함은 인간 존재의 시작이 아니라 끝이라고 주장한다. 인간의 삶이 시작되었을 때 인간은 불완전하며 미성숙했다. 완벽함에 도달하기 위해 인간은 발전의 긴 기간을 경험하는 것이 필요했고 고난은 이 과정에서 중요한 역할을 하는 것이었다.

아이들은 걷기를 배울 때 많이 넘어지고 이것이 왜 우리가 이런 연령의 아이들을 "걸음마를 배우는 아기"(toddlers)라고 부르는가 하는 이유인 것이다. 넘어지고 일어서는 것이 육체적 성장의 자연스런 한 과정인 것처럼 어려움과 뒤로 물러서는 것을 경험하며 실수를 하고 실수를 통해서 배우는 것은 영적 성숙의 자연스러운 한 부분을 형성하고 있다.

힉의 영혼 형성 신정론은 몇 가지 점에서 완벽한 계획 신정론을 닮았

---

7 John Hick, *Evil and the God of Love*, rev. ed. (New York: Harper & Row, 1978), 211-25.

고 다른 부분에서는 자유 의지 변론과 유사하다. 완벽한 계획 신정론처럼 영혼 형성은 고난을 세계에 대한 하나님의 전반적 디자인의 한 부분으로 보고 있다. 고난은 이해할 수 없는 것이 아니다. 고난은 삶의 과정에서 입을 벌리고 있는 검은 구멍이 아니다. 고난은 일에 대한 계획 속에서 중요한 역할을 하고 있는 것이다.

영혼 형성과 자유 의지 신정론은 인간이 자유롭다고 선언하지만 이 두 신정론 사이에는 중요한 차이점이 있다. 자유의지 변론의 전형적인 표현에 의하면 하나님은 피조물이 하나님께 충성스러운 상태로 남기(remain)를 원했다.

그러나 영혼 형성 신정론에 있어서 하나님은 피조물이 하나님께 충성스럽게 되기(become)를 원했다. 하나님이 피조물에게 중요한 개인적 자유를 주기로 결정했을 때 이들 피조물이 실수를 해서 많은 아픈 결과로 고난받게 될 것을 하나님은 아셨다. 그러나 하나님은 또한 이 피조물이 이런 실수로부터 배울 수 있다는 것을 알았고 이들이 마침내 하나님의 사랑을 알게 되어 하나님의 사랑으로 돌아와 자신의 인생을 위한 하나님의 목적을 받아들이도록 의도하셨다.

하나님이 피조물에게 자유를 주셨고 이 결과로 피조물들이 실수를 하게 될 것이라는 것을 하나님이 알고 계셨다는 사실은 하나님이 이들의 실수를 허락한다는 의미는 아니다. 하나님은 이 세상이 고난을 포함하게 될 것이라는 것을 아셨음에도 불구하고 이 말은 하나님이 이 세상의 일이 이렇게 나쁘게 되어질 것을 원했다는 것을 의미하지는 않는다. 또한 이 말은 우리에게 오는 모든 고난의 뒤에 하나님이 계시다는 것을 의미하지도 않는다. 사람에게 진정한 자유를 주기로 결심하실 때 하나님은 심지어 우리의 결정이 처참한 결과로 나아가게 될 때에도 우리의 선택을 존중하기로 하셨던 것이다.

이러한 이유로, 영혼 형성 신정론은 고난에 대한 반응에 있어 완벽한 계획 신정론과 자유 의지 신정론에 대해 중요한 부분들에서 다르다. 한편으로는 영혼 형성 신정론은 일의 계획에 있어 한 부분을 고난에 주고 있지만 자유의지 변론을 주장하는 사람들은 종종 고난에 이 자리를 주는 것을 거부한다. 고난을 자유의 자연적인 공존으로 본다.

완벽한 계획 신정론과 달리 영혼 형성 신정론은 고난이 있는 모든 사건의 뒤에 하나님의 뜻이 있다고 보지는 않는다. 만약 우리가 영혼 형성론이 고난을 하나님의 뜻 안에 혹은 하나님의 뜻 바깥에 두는지를 묻는다면 답은 둘 다인 것으로 보인다. 사람은 자유롭고 자유가 필연적으로 이끌게 되는 고난으로부터 사람이 배우는 것이 하나님의 뜻이기 때문이다. 그러나 하나님은 우리의 실수로부터 생겨나는 모든 고난을 원하지는 않으신다.

3. 영혼 형성 신정론에 관한 질문들

고난에 관한 다른 견해들처럼 영혼 형성 신정론은 두 가지 질문을 제기하고 있다.

첫째, 이 신정론의 과정이 목적에 도달하게 될지 아니면 도달하지 못할지하는 부분이다.

세계의 고난의 목적이 우리의 인격을 완벽하게 하는 것이라면 그 완벽한 인격은 어디에 있는 것인가라고 우리는 물을 수 있다.

우리 중 어느 누군가가 도덕적 영적 완벽에 실제로 이른 사람이 있을까?

대충 살펴본다 할지라도 이런 완벽에 도달한 사람은 없는 것처럼 보인다. 아주 드물게 숭고한 도덕적 이상을 명백하게 구현하고 있는 테레사 수녀(Mother Teresa)가 나타난다. 그러나 이런 사람은 너무나 드물다. 수십 년의 시간 속에서도 엄청난 대다수 우리들의 삶은 결코 완벽에 가깝게 갈 수 없다.

둘째, 고난으로부터 오는 혜택이 고난에 대한 가치가 있는가 하는 부분이다.

다른 말로 하면 이 신정론은 희생대비 효율적일까?

비록 고난이 도덕적 영적 향상을 가져온다 하더라도 이런 향상이 세계에서 겪게 되는 엄청난 고난의 부분을 정당화한다고 생각하기는 쉽지 않다.

이 점은 몇몇 철학자들이 "끔찍한 악들"이라고 부르는 것의 예에 있어서 특별히 사실이다. 인생의 많은 도전과 불편이 희생보다 훨씬 더 무게가 나가는 혜택으로 이끌게 된다. 나에게 약속되었던 직책에서 내가 일하지 못하게 되었을 때 느꼈던 실망감은 나에게 훨씬 좋게 되어진 어떤 일을 하게 되는 기회를 받게 되는 것으로 인해 더 많이 보상되어졌다.

무리해서 운동하는 사람들은 종종 근육이 아프게 된다. 그러나 균형 잡힌 몸매를 갖는 다는 것은 이런 통증과 같은 불편함을 참을 가치가 있다. 의과대학원생들은 자신들이 완전히 습득해야 하는 모든 정보들에 대해 때때로 불평한다. 그러나 대부분의 의사들은 전문직업인으로서의 보상이 의사가 되는 훈련과정에서의 힘든 점들보다 더 크다고 한다.

그러나 다른 종류의 고난은 이런 패턴에 적용되어지는 것을 거부한다. 어떤 형태의 고난은 너무나 끔찍하고 엄청나서 고난에서 혜택적인 목적을 발견하려는 시도조차 허용하지 않는다. 심각하게 학대를 받은 아동들은 대부분 그 피해가 평생 가게 된다. 아이들이 겪은 정신적 상처는 아무리 시간이 지나도 극복되지 않고 보상할 수 있는 방법이 없다. 중동의 전쟁에서 복무하고 돌아오고 있는 수많은 미군 참전 용사들이 외상후스트레스장애는 결코 완전히 치료될 수는 없을 것이다.

어떤 혜택이 수 없는 조직적 고문의 공포나 의도적인 성기 절제나 계획적 대량학살을 아주 조금이라도 인정할 수 있는 것으로 만들 수 있을까?

말할 것도 없이 유대인 대학살은 어떤 설명도 거부한다.

어떤 설명으로 이 학살을 이해되게 할 수 있겠는가?

존 힉은 영혼 형성이 설명하지 못하고 있는 것으로 보이는 이런 견해에 대해 상상하는 반응을 하고 있다. 그는 인간 역사에 있어서 감탄할 만한 영혼을 가진 사람이 거의 없었다는 점을 인정한다. 그래서 자신의 신정론에 두 가지 부가적인 내용을 포함시키고 있다.

(1) 이 세계에서의 삶으로 시작된 영혼 형성은 긴 과정의 시작에 불과하다는 점을 제시한다. 이 삶은 우주의 여러 장소에서 살게 될 연속되는 삶에서의 첫 번째에 지나지 않는 것이다. 그래서 우리는 자신의 구별되는 필요와 가능성에 대한 적절한 속도로 미래를 향한 영

적 발전을 계속해서 경험하게 되어 질 것이다. 아주 자연스럽게 성숙에 이르는 데 있어 어떤 영혼은 다른 영혼보다 훨씬 더 오랜 시간이 걸리게 되는 것이다.

(2) 이어지는 수명들과 지속되는 성숙의 과정 후에 모든 영혼은 마지막 운명, 즉 힉이 다양하게 표현하고 있는 신, 하나님 혹은 "진정한 분"(the Real)과의 연합에 이르게 된다. 다른 말로 하면 조만간에 모든 영혼은 "구원"을 이루게 된다. 만일 영혼 형성 개념이 이해가 된다면, 이 과정은 효율적인 것이 틀림없고, 만일 이 과정이 정말 효율적이라면 이 영혼 형성과정은 모든 사람에게 효율적인 것이 틀림없다고 힉은 주장하고 있다.

따라서 힉의 신정론에 의하면 각 개인은 마침내 종국적인 영적 성취를 즐기게 되어질 것이다. 만약 정말 종국적인 현실이 무한한 사랑으로 구성된다면 모든 사람은 마침내 이 현실을 수용하게 되어질 것이다. 힉이 설명하고 있는 것처럼 그렇게 되면 보편적인 구원이 영혼 형성 신정론의 필요한 결론이 되는 것이다.[8]

"끔찍한 악들"과 관련해서 다른 사상가들은 힉의 견해와 유사한 입장을 담고 있는 방법을 취하고 있다. 우리는 이런 고난이 어떻게 지금의 혹은 앞으로의 긍정적 목적을 성취하는 데 이바지할 수 있게 될지 생각이나 상상을 할 수 없을지 모른다. 그러나 할 수 없다고 할지라도 우리는

---

8 Hick은 종국적인 인간 운명에 대한 생각을 다음의 책에서 발전시키고 있다. *Death and Eternal Life* (Louisville, KY: Westminster John Knox, 1994).

여전히 하나님의 사랑과 자비하심의 근원이 너무나 광대하기에 이런 악으로부터 우리의 경험에 긍정적인 공헌을 가져올 수 있다고 여전히 확신할 수 있다.

하나님의 사랑은 이 세상의 악을 이긴다. 하나님의 사랑은 심지어 특별히 가장 끔찍한 고난이라도 우리가 이해할 수 없는 방법으로 마침내 우리 삶의 과정 중 어떤 때에 우리에게 유익이 되는 것을 증명해 줄 것을 (만약 이 삶이 아니라면 미래의 삶에서라도) 보증해 주고 계신다. 우리는 어떻게 이런 일이 일어나게 될지 설명할 수 없을지 모르지만 그럼에도 불구하고 이 일이 그렇게 되어 지게 될 것을 확신할 수 있다.

엘리노어 스텀프(Eleonore Stump)가 "욕아 원리"라고 말하는 것이 우리가 이 생각을 이해하는 데 도움이 될 수 있다. 스텀프는 좋은 엄마는 아이가 고난 당하는 것을 두 가지 조건에서만 허락한다. 결국에는 혜택이 아픔보다 더 커야 하며 이러한 혜택을 성취할 다른 방법이 없어야 한다.

신앙에 의하면 하나님은 우리 육신의 부모가 사랑하는 것 보다 우리를 더 사랑하시기에 분명히 우리가 고난 당하는 것을 허락하신다. 따라서 우리는 무한한 지혜의 하나님이 우리가 마지막에는 우리의 고난으로부터 혜택 받게 될 것이며 고난 없이는 우리가 이런 혜택을 즐길 수 없다는 것을 알고 계신다고 결론 내리게 되는 것이다. 하나님의 사랑과 지혜에 대한 우리의 신뢰가 이렇게 되어질 것임을 확신하게 한다.[9]

마릴린 맥코드 아담스(Marilyn McCord Adams)는 "끔찍한 악들과 하나

---

9 Eleonore Stump, personal communication, 2000.

님의 선하심"¹⁰이라는 부분의 논의에서 비슷한 제안을 하고 있다. 그녀는 끔찍한 악들을 한 사람의 인생에서 모든 선을 "삼켜버릴 만큼" 위협적이며 이 사람이 자신의 삶이 살 가치가 없다고 믿게 되는 상태의 악이라고 정의하고 있다.

이 피해자가 자신이 겪은 공포에도 불구하고 하나님의 선하심을 경험하는 것이 가능하며 이 피해자들은 이렇게 함으로서 이런 경험의 특별한 가치가 자신들이 경험하고 있는 것과 해결할 수 없을 정도로 관련이 있다고 저자는 제안하고 있다.

어떻게 이런 일이 일어날 수 있을까?

> 끔찍한 악들에 관련되어진 일을 하나님과의 개인적 관계를 결합함으로 가능할 수 있다.¹¹

이것은 하나님 자신에 대한 고난의 의미를 깨달으며 죽음 후 하나님과 얼굴을 마주하는 친교를 포함한 여러 가지가 관련될 수 있다. 그러나 결과적으로 만약 이들이 겪는 공포가 특별히 하나님의 선하심의 표현을 상실하는 것을 의미한다면 고난 당하는 이들은 이 공포를 피하려는 것을 선택하지는 않을 것이다. 따라서 끔찍한 악들이 특별한 방법으로 하나님이 함께 하시는 친밀한 경험과 관련되어 있는 것이라면 선은 이런 끔

---

10 이것은 한 논문과 책의 제목이다. 이 논문은 아래의 책에 나오고 있다. *The Problem of Evil*, ed. Marilyn McCord Adams and Robert Merrihew Adams (New York: Oxford University Press, 1990), 209-21; Narilyn McCord Adams, *Horrendous Evils and the Goodness of God* (Ithaca, NY: Cornell University Press, 1999).

11 Adams, "Horrendous Evils," 218.

찍한 악들을 "제압할"뿐만 아니라 "승리하게 되어진다"라고 아담스는 주장한다. 왜냐하면 "어느 누구도 이 세상에서의 개인 인생사로부터 하나님과의 친밀한 만남을 바라기만 하고 놓쳐 버릴 사람은 아무도 없을 것이기 때문이다."[12]

스텀프의 양육 원리에서처럼 아담스의 견해는 하나님의 선과 사랑에 대한 깊은 확신을 표현하고 있다. 힉의 영혼 형성 신정론처럼 아담스의 견해는 죽음 후의 미래에 있어서의 현실에 강한 믿음을 받아들이고 있다. 정말로 그녀의 견해는 개인적 불멸성의 강한 교리에 의지하고 있고 물론 이 부분에 대해서는 많은 사람들이 의문을 제기하고 있다.

선이 끔찍한 악의 과정에 대한 경험을 어쨌든 제어하고 승리할 수 있다고 제안하는 아담스의 견해에 대한 논리를 지지하는 어떤 것이 개인의 경험에 있을 수 있을까?

아마 있을지 모른다.

내 친구 중 하나가 암으로 오랫동안 힘들고 치열하게 견뎌내다 얼마 전에 죽었다. 그가 죽고 난 후 한번은 그의 아내가 그의 마지막 고난으로 가득했던 몇 달 이전에 결코 없었던 친밀함으로 두 사람을 가깝게 했었다는 말을 나에게 해 주었다. 그녀는 함께 고난 속에 있었지만 이 두 사람은 결혼 전체를 통해서 가장 친밀함을 경험했었다고 강조해서 말했

---

[12] Ibid., 219. 그녀의 책에서 이 문장을 비교해 보라.
"모든 사람은 마침내 하나님과의 친밀함의 다른 순간들처럼 죽기 직전의 끔찍함에 들어가는 것을 인식할 수 있게 되어 지게 될 것이다. 그리고 이 끔찍함은 하나님과의 관계로 통합되어져 자신들의 삶이 목적 있는 삶과 인식된 그리고 승인된 긍정적 의미가 흘러넘치게 된다."
따라서 현재에서의 삶의 고난은 하나님과의 기쁨에 넘친 친밀함으로 명확하게 균형을 이루게 된다(Adams, *Horrendous Evils*, 162).

다. 아마도 하나님은 우리가 끔찍한 고난을 당하고 있을 때 특별히 우리에게 가까이 계실는 지 모르며 이 친밀함의 가치는 우리가 당하는 고난의 희생을 뛰어넘는 것이다.

  이 신정론은 이런 가치에 대한 완전한 인식을 다가올 삶에 양보하고 있음에도 불구하고 많은 사람에게 위안과 용기를 주고 있는 생각이다. 우리는 우리 자신의 신정론을 발전시키기를 기대하기 때문에 영혼 형성 견해가 하나님의 무한한 사랑과 끝없는 풍성하심에 대해 강하며 지속적인 확신을 두고 있는 강조점에 대해 기억하는 것이 도움이 될 것이다.

제5장

원수가 이를 행했다
우주 갈등 신정론

내가 대학 때 가장 좋아했던 교수님 중 한 분이 성서학 연구 교수님이었다. 목회학과정 학생이었던 나는 이 교수님으로부터 많은 강의를 들었고 사실 다른 어떤 교수님보다 더 많은 강의를 이 분에게서 들었다. 이 교수님은 헬라어와 히브리어뿐만 아니라 이들 성경 언어의 지식에서 요구되어지는 다른 많은 강의도 가르치셨다.

교수님은 강의하시는 주제들을 사랑하셨고 훌륭한 의사 전달자이셨고 학생들과 함께 하는 것을 즐거워하셨으며 유머 감각도 뛰어나신 분이었다. 가장 중요한 것은 이 교수님은 훌륭한 학자였다는 점이다. 내가 이 분의 학생이었던 기간에 교수님은 박사과정을 지도하셨고 박사 논문만 제외하고 모든 과정을 마무리해주셨다.

졸업하고 몇 년 뒤 나는 이 교수님이 건강 문제가 있으시다는 얘기를 들었다. 이 교수님은 비록 한 개인임에도 불구하고 그의 병명이 곧 알려지게 되었다. 그의 병명은 다발성 경화증이었다. 내가 멀지 않은 곳에 살았기 때문에 학교는 나에게 교수님이 무엇을 해야 할지 결정하는 동안 몇 주간 그의 강의를 해달라고 요청해 왔다. 그는 가까스로 강의실로 돌아와 휠체어를 타고 몇 년간 가르치셨지만 병이 악화되어 휠체어를 타고 강의하시는 것이 불가능하게 되었다. 그는 의학적 이유로 은퇴하셨고 교수님의 가족이 이후로 오랫동안 돌보고 계셨던 지역 사회에서 생활하셨다. 교회 목사님이 방문하고 있던 어느 날 교수님은 자신의 고통스러운 상태를 다음과 같이 회고하셨다.

"모든 전쟁은 희생자가 있게 마련입니다."

교수님은 말씀하셨다.

"이 세계에는 선과 악의 큰 전쟁이 진행되고 있는데, 저는 이 전쟁의 많은 사상자 중 한 명입니다."

다른 영향력 있는 신정론은 인간이 초인적 힘의 선과 악 사이의 갈등 속에 관련되어 있다는 견해에 근거하고 있다. 이 갈등의 중심에 하나님이 창조하신 세계에서 잘못되고 고통스러운 모든 것에 대해 책임이 있는 하나님의 대적인 한 엄청난 인물이 나온다. 이 존재는 성경 본문의 이곳저곳에 많이 등장하고 있다. 잘 알려진 한 예가 욥기의 시작 부분이다 (욥 1-2장).

하나님은 사탄이라는 이름의 한 인물을 욥을 시험하기 위해 보냈다. 그 후 욥은 자기 재산과 아이들을 잃었고 형용할 수 없이 심한 육체적 질병을 겪게 되지만 이 모든 고난 속에서도 하나님에 대한 신앙을 한 결 같이 지켰다. 이어서 욥의 친구들과 욥의 대화가 나오며 마침내 회오리바람으로부터 하나님이 말씀하시고 이 모든 일들이 욥의 곤궁에 대한 여러

가지 견해를 제시하고 있다.[1]

마귀는 복음서에서 예수님의 강력한 적으로 나타나고 예를 들어(마 4:1-11; 눅 4:1-13) 광야에서 예수님을 시험한다. 베드로전서는 읽는 독자들에게 "너희 대적 마귀가 우는 사자 같이 두루 다니며 삼킬 자를 찾나니"(벧전 5:8)라고 경고하고 있다.

비슷한 맥락으로 에베소서에서 바울은 교인들에게 "하나님의 전신갑주를 입으라"(엡 6:11)고 권한다. 왜냐하면 신자는 "이 현재 어둠의 세상 권세 자들"과 "하늘에 있는 악의 영들"(엡 6:12-13)을 상대하고 있기 때문이다. 인간보다 더 강력한 힘을 가진 자들의 전투가 요한계시록에서 보다 더 분명하게 묘사되는 곳은 없다.

> 하늘에 전쟁이 있으니 미가엘과 그의 사자들이 용과 더불어 싸웠고 용과 그의 사자들도 싸웠으나 이기지 못하여 다시 하늘에서 그들이 있을 곳을 얻지 못한지라(계 12:7-8).

나중에 요한계시록에서 바로 이 용은 또한 "저 옛 뱀으로 마귀요 사탄이라"(계 20:2)고 말씀한다. 내가 존경하던 교수님처럼 고난을 당하고 있는 많은 사람들에게 세상에서 갈등에 대한 이런 견해는 도움이 된다. 고난 중에 있는 사람들은 자신들의 고난이 하나님으로부터 온 것이 아니라

---

[1] 욥에 대한 일반적 해석에 의하면 사탄의 모습은 욥기의 처음 두 장 이후에는 사라지고 왜 하나님이 욥에게 이런 힘든 일을 겪게 하는지에 대해 의아해하는 욥을 내버려둔다. 그러나 몇몇 해석가들은 하나님께 강력히 저항하는 자에 대한 베일에 가려진 설명을 욥기의 나중 부분인 41장에서 "리워야단"이라는 극적인 설명을 발견한다.

하나님께 전적으로 대적하는 어떤 세력으로부터 온 것이라고 믿는다. 우리를 향한 하나님의 뜻을 훼방하며 우리의 삶을 비참하게 만들기 위해 할 수 있는 모든 것을 하고 있는 악마의 능력이 고난을 만들고 있는 원인인 것이다. 따라서 왜 하나님이 이들에게 고난을 사용하려고 하는지 혹은 허락하시는지 혹은 보내는가에 대한 이유를 궁금해 하는 대신 "원수가 이렇게 하였다"(마 13:28)라고 반응하면서 마귀를 비난한다.

성경을 읽는 사람들은 익숙함에도 불구하고 악에 대한 학문적 논의에 마귀는 아주 가끔씩 등장하고 있다. 앨빈 플랜틴가(Alvin Plantinga)[2]와 그와 생각을 같이 하는 스티븐 데이비스(Stephen T. Davis)[3]는 사탄의 존재를 타락한 천사 루시퍼로 자연세계의 악에 대한 가능성 있는 설명으로 묘사하고 있다(luciferous라는 표현은 스티븐 데이비스의 표현이다).

하지만 이들이 루시퍼의 활동에 대해 묘사하고 있는 것은 아주 간단하며 전개하고 있는 내용도 전체적인 입장에 있어서 얼마 되지 않는다. 그러나 악마의 존재가 고난에 대한 충분한 접근법으로 필수적인 것으로 보는 사람들이 있다. 그레고리 A. 보이드(Gregory A. Boyd)가 이런 사람들 중 한 사람으로 그의 "삼위 일체적 전쟁 세계관"은 세계의 고난에 대한 책임을 전적으로 마귀에게 돌린다.[4]

---

2 Alvin Plantinga, *God, Freedom, and Evil* (New York: Harper & Row, 1974), 58.
3 Stephen T. Davis, "Free Will and Evil," in *Encountering Evil: Live Options in Theodicy*, ed. Stephen T. Davis (Louisville, KY: John Knox Press, 1981), 74–75.
4 Gregory A. Boyd, *God at War: The Bible and Spiritual Conflict* (Downers Grove, IL: InterVarsity Press, 1997); Gregory A. Boyd, *Satan and the Problem of Evil: Constructing a Trinitarian Warfare Theodicy* (Downers Grove, IL: InterVarsity Press, 2001). Boyd는 설명하기를 이 두 권의 책의 목적은 "현대 신정론에 있어서 사탄의 성경적 묘사의 중요성을 살펴보는 것이다." *God at War*의 목적은 성경의 저자들이 전쟁 세계관을 가졌다는 것을 보여주는 것이다. *Satan and the Problem of Evil*의 목적은 어떻게 초대교회가 전쟁 세계관의 견해를 상

"하나님이 책임이 있는가?"라는 질문에 대해 보이드는 단연코 아니요[5]라고 답한다. 다른 여러 책에서 그는 설명하기를 하나님의 책임이 아닌 이유는 하나님의 대적들 때문으로, 이 대적들이 강력한 힘을 가지고 있기 때문이다.

따라서 세계의 슬픔과 고난에 대한 책임은 이 대적들에게 있는 것이다. 사탄과 이전에는 천사였지만 이제는 사탄의 추종자인 이들 대적들은 인간 역사를 물들이고 있는 전쟁과 피 흘림의 뒤에 있는 세력들이다. 이들 세력들이 자연 과정에 간섭함으로써 하나님이 의도하셨던 완전한 안식처였던 세계를 고난과 질병과 죽음으로 선명한 불길하며 위협적인 환경으로 바꾸어 버렸다.[6]

보이드는 전쟁 세계관과 대부분의 기독교 역사를 지배했던 하나님의 묘사 사이에 분명한 구별을 한다. "전통적인 철학적 자화상"에서 하나님은 우주에서 유일한 전능자로서 하나님의 주권의지는 창조 전체를 통해서 완벽하게 성취되어지고 있다.[7] 하나님이 일어나고 있는 모든 것에 대해 직접적으로 책임이 있다는 이런 "신의 설계도적 견해"는 전통적인 설명에 있어서 "악의 문제"를 만들어낸다.

실하게 되었는지를 보여줌으로써 전쟁 세계관이 다른 모든 대안적 신정론보다 우수하다는 것을 나타내려는 것이다(*God at War*, 22-23).

5 Gregory A. Boyd, *Is God to Blame? Beyond Pat Answers to the Problem of Suffering* (Downers Grove, IL: InterVarsity Press, 2003).

6 Boyd는 이렇게 주장한다. "'자연적' 악과 같은 것은 없다. 현재의 상태로서의 자연은 창조주가 자연을 창조하셨던 모습이 현재는 아니다.... 자연이 인간의지의 결과가 아닌 악마적 특징을 나타낼 때, 이것은 악마적 힘의 영향으로 인한 직접적 혹은 간접적 결과인 것이다" (*Satan and the Problem*, 247).

7 Boyd, *God at War*, 69.

만일 하나님이 선하심과 능력에 있어서 완벽하다면 왜 악이 존재할까? 전능하셔서 선하시고 강력한 존재는 악을 막기를 원하지 않으실까?

그리고 이 부분은 고난 중에 있는 사람에게 정말 힘든 질문을 던지게 된다.

왜 하나님은 내가 고난받기를 원하실까?
도대체 내 고난은 무엇을 성취하려는 것일까?

보이드에 따르면 "왜? 그리고 "왜 저를?"이라는 두 가지 질문은 우리가 하나님-세계관계의 전통적인 모습을 전쟁 세계관으로 대체할 때 해결하게 된다. 어디에나 있는 고난은 성경 역사의 시대에 살았던 사람들이나 뒤이은 시대의 몇 백 년에 걸쳐 살았던 사람들에게는 혼란스러운 것이 아니었다.

오히려 그 시대의 사람들은 악한 능력자들의 존재를 잘 알고 있었기에 삶의 고난에 대한 원인을 하나님이 아니라 악한 능력자들에게 돌렸다. 만일 세계가 하나님을 적대하는 세력들이 거주하면서 죽음과 파괴에 열심이라면 우리가 고난 당하는 것이 거의 놀라운 일이 아니며 이런 상황에서 만약 우리가 고난받지 않는다면 오히려 이런 부분이 놀라운 부분일 것이다.

따라서 우주 갈등 신정론의 견해로 보면 하나님이 하시는 일은 고난을 들어 주는 것이기 때문에 우리가 고난 당하는 것은 하나님이 우리가 고난 당하는 것을 원해서 되어지고 있는 일이 아닌 것이다.[8] 우리가 전쟁

---

8 제자들이 나면서 소경된 한 남자를 지나쳐 걸었을 때 예수님께 물었다, "선생님, 이 사람이

지역 안에 살고 있기 때문에 우리는 고난 당하는 것이다. 하나님의 대적들이 세상에서 활동하고 있기에 우리는 고난 당하는 것이며 우리는 우리 자신을 폭력에 약하게 만들고 있다.[9] 따라서 고난에 대한 구체적인 이유나 목적을 찾으려고 하는 것은 쓸데없는 일이다.

전쟁 세계관에는 다른 파생되는 문제가 있다.

보이드는 말한다.

> 우리가 성경의 전쟁 세계관을 받아들이게 될 때, 악에 대한 지적인 문제는 악의 실제적인 문제로 바뀌게 된다.[10]

고난을 설명하거나 이해하려는 부담으로부터 자유로워졌고 예수님의 죽음과 부활로 성취되어진 승리에 고무된 우리는 악의 세력에 대항하는 하나님 자신의 사역에 동참하도록 요구받고 있고 고난을 덜려는 이 사역에 우리 자신을 헌신하도록 요구받고 있다.

예수님은 악의 세력을 없애며 질병을 치유하며 마귀를 쫓아내는 일에 자신의 삶을 헌신 하셨다. 만약 우리가 예수님과 초대 교회 신자들의 발자취를 따르려고 하면 우리도 또한 하나님의 적들에 대한 전쟁에 들어가게 될 것이다. 우리도 또한 악의 세력에 대항해서 저항하게 될 것이다.[11]

나면서 소경된 것은 이 사람의 죄 때문입니까 부모의 죄 때문입니까?' 예수님은 대답하시기를, '이 사람의 죄 도 부모의 죄 때문도 아니다. 그가 나면서 소경 된 것은 그를 통해서 하나님의 일을 나타내기 위함이다'"(요 9:1-3).

9 "우리 자신의 반란에 의해서 우리는 세계적 전쟁의 교전상태에 빠져 있고 따라서 우리는 고난 중에 있는 것이다"(Boyd, *Is God to Blame?* 105).

10 Boyd, *God at War*, 291.

11 Boyd의 *God at War*, "Engaging the Powers: The Christian Life as Spiritual War-

보이드가 고난에 대한 설명에서 악마에게 두르러진 역할을 부여하고 있는 기독교 사상가들 가운데에서 유일한 사람은 아니다. 19세기와 20세기 초기를 살면서 많은 글을 썼던 엘렌 화이트(Ellen G. White)가 있다.[12]

보이드의 평가에 의하면 엘렌은 "교회 역사에 있어서 아마도 다른 어떤 사람보다 더 철저하게 전쟁 개념을 악의 문제와 하나님의 교리로 통합했다."[13] 엘렌 화이트(Ellen White) 신학의 중심 주제는 그녀의 가장 영향력 있는 책『그리스도와 사탄 사이에서의 큰 논쟁』이라는 책의 제목에 등장하고 있다. 이 책의 서문에 의하면 부분적인 서문의 목적은 "악의 큰 문제에 대한 만족스러운 해결책을 제시하기 위해서"[14]이다.

보이드처럼, 화이트는 인간의 고난을 만물 갈등의 틀 내에 두고 있다. 이 갈등은 피조물의 가장 높은 단계에서 하나님에 대한 반란으로 시작되었고 하나님의 대적들이 멸망하고 창조물에 대한 하나님의 사랑하는 목적이 마침내 실현되어질 때 끝날 것이다. 이러한 관점에서 악마는 세상의 모든 악의 근원이며 인간의 삶을 비참하게 만드는 모든 것은 우리가 하나님에 대항한 반란에 참여하는 것으로 결과된 것이다.

화이트는 하나님의 대적을 결정적으로 밀톤적(Miltonian) 모습으로 그

---

fare"(269-93)의 마지막 장을 참조하세요.
12 제칠일안식교 교회의 창립자 중 한 사람으로 가장 잘 알려져 있는 엘렌 화이트의 미국 종교 역사에서의 위치가 최근 점점 더 많은 주목을 받고 있다. 예를 들어 다음을 참조하라. Ann Taves, *Fits, Trances, and Visions: Experiencing Religion and Explaining Experience from Wesley to James* (Princeton, NJ: Princeton University Press, 1999), 153-65.
13 Boyd, *God at War*, 307n44.
14 Ellen G. White, *The Great Controversy Between Christ and Satan* (1888; repr., Mountain View, CA: Pacific Press, 1950), p. xii. 이 책은『여러 시대의 갈등』(*Conflict of the Ages*)이라는 제목의 다섯 권으로 된 시리즈 중에서 마지막 책이다.

리고 있다. 『실락원』(*Paradise Lost*)의 위대한 적대자처럼 그녀의 루시퍼(Lucifer)는 망토를 두른 천사장으로 장엄한 모습이다. 루시퍼의 높은 지위와 엄청난 지혜를 생각해 볼 때 하나님의 속성에 대한 깊은 통찰력을 가지고 있었다.

그러나 어떤 시점에 루시퍼는 이상하며 설명할 수 없는 방법으로 하나님의 권위를 원망하게 되었다. 자기 동료 천사들에게 의심하는 마음이 들게 하고 하나님을 충성할 만한 가치가 없는 폭군으로 묘사했다. 마침내 루시퍼는 하늘 세력의 삼분의 일의 찬성을 얻었고 이들의 반대가 공개적인 반란으로 무르익게 되었을 때 하늘에서 추방되어졌다.

이 추방으로 우주적 드라마의 중심 무대가 지구로 바뀌었다. 이곳에서 사탄과 악마로 다양하게 불리고 있는 루시퍼는 자기 반란을 확대시키게 되었다. 아담과 하와가 이 금지된 나무인 선악과를 먹었을 때 하나님에 대한 이들의 불순종은 자신들을 하나님의 적들에 대해 약한 상태로 내버려두게 되었고 이 일후 사탄과 그의 친사들은 이 지구를 파괴하는 데에 바쁘다.

이 사악한 세력들은 인간의 생명과 안위를 위협하는 자연재해와 신체 조직의 질병에서부터 거만, 자기 탐욕, 잔인, 범죄와 전쟁의 모든 징후에서의 개인적 죄에 이르기까지 모든 것에 대해 종국적으로 책임이 있다. 인간 행위의 표면 아래에 자리한 역사의 본질은 하나님과 사탄 사이의 갈등으로 구성되어 있고 이들의 엄청난 세력들은 지구에 대해 상충하는 목표들을 추구하며 서로의 일을 약화시키고 적대적인 행위를 시도하고 있다.

화이트가 설명하고 있는 것처럼 이 거대한 논란의 중심 문제는 하나님의 속성 혹은 좀 더 정확하게는 하나님에 대한 피조물의 인식이다. 루시퍼의 지속적인 주장은 하나님은 독재적이며 폭력적으로 피조물의 헌신을 받을만한 가치가 없다는 것이다.

이 갈등을 해결하기 위해 하나님은 악한 일을 행하는 사람들을 패배시키는 이상의 일을 할 필요가 있으시다. 하나님은 사랑과 완전히 일치하는 것으로 인식되어질 방법으로 이 일을 행해야만 한다. 이것이 구원의 계획이 성취되어진 것이다. 이것은 하나님의 속성에 대한 분명한 계시를 제공했다. 하나님 자신의 아들이 고난의 헌신의 삶을 사는 선물은 하나님의 사랑을 명백하게 나타내며 사탄의 주장이 공허함을 드러내고 있다.

잔인함과 독재에 근거하고 있는 것은 사실은 사탄의 영역이지 하나님의 영역이 아니다. 십자가는 이 위대한 논란에 있어 전환점이며 전 우주에 혜택을 준다. 그리스도의 죽음과 함께 "사탄과 하늘 나라 사이의 공감의 마지막 연결고리는 깨어졌다." 그래서 "모든 하늘은 구원자의 승리로 승리하게 되었다. 사탄은 패배했고 자신의 왕국이 상실되어졌다는 것을 알았다."[15]

이 논란은 마지막 때까지 지속될 것이며 하나님의 속성에 대한 악마의 주장은 완전히 근거가 없다는 것을 보여준다. 악이 우주에서 마침내 완전히 없어지게 될 때 "저항의 끔찍한 실험"은 "모든 신성한 지성적 존재들이 반역의 본질에 대해 미혹되는 것으로부터 막기 위한 영원한 방어막으로 역할하게 될 것이다."[16] 따라서 이 우주는 더 이상의 저항으로부터

---

15 Ellen G. White, *The Desire of Ages* (1898; repr., Mountain View, CA: Pacific Press, 1940), 758, 762.
16 White, *Great Controversy*, 499.

안전하게 되어질 것이다.

> 시험되어 지고 증명된 창조는 하나님에 대한 충성으로 부터 다시는 돌아서지 않게 될 것이며 하나님의 속성은 한이 없는 사랑과 무한한 지혜로 이들 앞에 완전히 드러날 것이다.[17]

화이트의 신정론은 보이드(Boyd)의 신학적 혹은 철학적 강연이 아니라 확장된 이야기 형식을 취하고 있지만 이들의 개념은 자유의지 신정론과 일정한 특징을 공유하고 있다. 두 신정론은 악의 근원을 피조물의 자유 행사에 근거를 돌리고 있다. 하나님은 사랑의 하나님이시기 때문에 피조물이 사랑으로 하나님을 섬기기를 원하시며 피조물이 진정으로 자유로울 때 만 피조물은 이렇게 할 수 있는 것이다.[18]

그러나 피조물에게 자유를 주는 것은 위험을 가져왔다. 피조물은 하나님의 사랑을 되돌려 주는 것이 아니라 하나님의 사랑을 거부하는 것을 선택할 수 있다. 그러나 이 일이 일어난 것임에도 불구하고 이런 자유가 논리적으로 죄로 이끄는 것은 아무것도 없다. 루시퍼의 반란은 설명할 수도 없고 이해할 수도 없었다. 죄는 "침입자이며 죄의 존재에 대한 설

---

[17] Ibid., 504.
[18] "하나님은 그의 모든 피조물로부터 하나님의 속성에 대한 지성적 존재자의 감사에서 근원하는 존경심인 사랑의 섬김을 원하신다. 하나님은 강요된 충성을 조금도 기뻐하지 않으시기에 모든 피조물에게 의지의 자유를 허락하신다"(White, *Great Controversy*, 493). 사랑은 "자유롭게 선택되어져야만 한다"라고 Boyd는 주장한다. "사랑은 강요될 수 없다. 사랑하는 행위자가 사랑하게 될 진정한 능력과 기회를 소유하기 위해 이들은 사랑을 거부할 능력과 기회를 소유해야만 한다"(Boyd, *Satan and the Problem*, 52).

명은 제시될 수 없다. 죄는 미묘하며 설명할 수 없는 것이다"[19]라고 화이트는 주장한다.

보이드와 화이트의 설명에는 영혼 형성 신정론과 닮아 보이는 요소들이 또한 있다. 비록 타락이 처음부터 하나님이 의도했던 것이 아니었음에도 불구하고 결과적으로 타락은 도덕적 성장에 혜택이 되는 환경을 가져왔다고 화이트는 주장한다.

사람들이 유혹에 넘어간 후 오직 시련만이 제공해 줄 수 있는 훈련이 필요했다.[20] 마찬가지로 무슨 일이 우리에게 일어난다 할지라도 하나님은 일어난 일을 우리의 이점으로 바꿀 수 있다고 보이드는 주장한다.

하나님은 우리가 당하는 고난을 있게 한 분은 아니지만 "이 고난을 지혜롭게 사용하셔서 우리의 인격을 세우시며 우리의 하나님에 대한 신뢰를 견고하게 하신다. 우리를 고난으로 이끄는 데에 하나님의 뜻이 있다고 생각할 필요는 없지만 고난 후에는 하나님의 목적이 있다는 것을 신뢰할 수 있고 신뢰해야만 한다."[21] 비록 이 세상이 슬픔으로 가득하지만 잠재적으로는 "영혼 형성의 골짜기"[22]인 것이다.

---

19 White, *Great Controversy*, 493; cf. 503. "마지막 심판의 실행 때에 죄에 대한 원인은 존재하지 않는 것으로 보여 지게 될 것이다."
20 Ibid., 60–61. "노동과 수고의 삶은 죄의 파멸과 타락으로부터 인간의 회복을 위한 하나님의 위대한 계획의 한 부분 이었다."
21 Boyd, *Is God to Blame?* 196.
22 이 잘 알려진 표현은 처음에 영국의 시인인 John Keats의 편지 중 하나에서 등장했다. "만약 원한다면" '영혼 형성의 골짜기'라고 이 세상을 부르세요"(Letter to George and Georgian Keats, April 21, 1819, in *Letters of John Keats 1814–1821*, ed. H. E. Rollins [Cambridge, MA: Harvard University Press, 2002]).

1. 우주 갈등 신정론에 관한 질문들

우주 갈등 신정론보다 더 극적인 신정론은 없다. 우주 갈등 신정론은 매력적이며 수수께끼 같은 하나님의 대적이 된 수호천사인 루시퍼에 초점을 맞추고 있다. 그러나 다른 신정론처럼 악에 대한 이 접근법은 몇 가지 혼란스러운 질문을 제기한다. 우리가 관심을 두는 것은 우주 갈등 신정론의 기본적 가능성에 관한 것이다.

우리들 주변에서 일어나고 있는 우주적 갈등이 정말로 있을까?

우리는 보이지 않는 세력들에 둘러싸여 있는 것인가?

초인적 힘들이 실질적으로 자연과 역사의 과정에 영향을 미치고 있는 것일까?

사물에 대한 이런 견해는 현대적 관점에 역행하는 것처럼 보인다. 오늘날 사람들은 우리가 살고 있는 세계를 이해하는 데 있어 본능적으로 과학과 기술에 눈을 돌리고 있다. 허리케인에 대해서는 기상학자에게 지진에 대해서는 지질학자에게 질병의 원인을 확인하는 데에는 의사에게 우리는 돌아선다.

우리는 이 세상의 종국적 원인과 설계자로서 하나님을 확인할 수 있을지 모르지만 구체적인 물리적 현상을 설명하는 한 방법으로서 신의 활동을 일반적으로 간구하지는 않는다. 우리는 신의 섭리를 확인할 수 있음에도 불구하고 하나님이 직접적으로 구체적인 역사적 사건들의 원인이었다고 특징적으로 주장하지는 않는다. 일어나고 있는 사건들을 설명하기 위해 사람들이 천사나 악마나 혹은 다른 보이지 않는 세력에 호소하지는 않는다. 아마도 이러한 점이 오늘날 왜 악에 대한 대부분의 철학적 대응이 악마 없이 다루어지고 있는 가에 대한 이유일 것이다.

신정론에 관한 광범위한 저술에서 존 힉(John Hick)은 인간 이전의 천사의 타락 혹은 이 세상이 악마의 권력에 붙잡혀있다는 생각을 사용하지 않는다.[23] 비록 "종교적 문제들의 가장 깊은 것"이라고 부르는 "끔찍한 악들"에 대해 언급하고는 있지만 마릴린 맥코드 애담스(Marilyn McCord Adams)는 악마의 존재를 생각하지 않는다. 악마의 주제에 관한 그녀의 책에 있는 색인표는 "악마," "루시퍼," 혹은 "사탄"에 대한 언급은 없다.[24]

이런 일반적인 언급이 없는 것과 더불어 보이드와 화이트의 견해에 있어 몇 가지 문제가 있어 보이는 요소들이 있다. 하나는 바로 우주적 갈등이라는 개념이다. 초인간적 중개자의 반란이 전 우주를 집어삼키고 하나님의 통치에 대한 진정한 위협이 되고 있다는 생각은 전통적인 신의 능력과 통치권의 개념에 비추어보면 일관성이 없어 보인다.

어떤 창조되어진 존재가 하나님에 대해 심각한 도전이 될 수 있을까?

어쨌든 창조주로서 하나님은 우주를 창조하셨을 뿐만 아니라 순간순간마다 존재하고 있는 모든 것을 유지되게 하는 것은 하나님의 능력이다.[25]

그러나 만일 모든 것이 자신의 존재를 하나님에게 둔다면 어떻게 심지어 가장 높이 칭송을 받는 어떤 창조되어진 존재가 하나님에 대해 가능한 위협이 될 수 있을까?

---

[23] John Hick, *Evil and the God of Love*, rev. ed. (New York: Harper & Row, 1978), 333.
[24] Marilyn McCord Adams, "Horrendous Evils and the Goodness of God," in *The Problem of Evil* (New York: Oxford University Press, 1990), 211. *Horrendous Evils and the Goodness of God*라는 같은 제목의 그녀의 최근 책에도 악마는 없다.
[25] 바울의 이방 시인에 대한 인용이 이 부분과 관련해서 종종 인용되고 있다. "그의 안에서 우리가 살며 움직이며 존재 하느니라"(행 17:28).

만일 지성을 지닌 존재가 하나님이 순식간에 자신들을 멸절시킬 수 있다는 것을 안다면 이 존재는 하나님의 전능성에 대항함으로써 무엇을 얻게 될 것이라고 희망할까?

다른 질문은 "심판받고 있는 하나님"이라는 개념에 대한 것이다. 화이트가 이것에 대해 설명하고 있는 것처럼 큰 논쟁의 중심 주제는 하나님이 피조물의 충성을 받을만한 가치가 있을 것인가 혹은 좀 더 정확하게는 하나님은 피조물의 충성을 받을만한 가치가 있다고 피조물이 믿는지 안 믿는지 하는 것이다.[26]

마귀는 하나님에 대한 의심을 선동했다. 하나님을 억압하고 독재적이며 전혀 자비롭지 않고 사랑스러운 분이 아니라고 비난했다. 인간 역사의 긴 과정을 통해서 충분한 증거가 결과적으로 하나님의 인격에 관한 진실을 보여주는 데 모아지고 마침내 모든 하나님의 피조물들은 하나님이 "순전하며 한없는 사랑"의 존재, 즉 하나님이 항상 주장하셨던 것과 정확하게 일치하는 분임을 인정하게 될 것이다.

하나님의 진정한 속성이 완전히 실현되어질 때 갈등의 중심적 문제는 해결되어지며 마귀는 자신의 주장에서 지게 되고 이 문제는 실효성 있게 끝나게 되어 사건이 종결되어질 것이다.

그러나 하나님과 관련해서 증거를 평가하는 개념에 있어서 이상한 어떤 것이 있다.

---

26 다른 말로 표현하면 정말로 중요한 것은 하나님의 능력이 아니라 하나님의 명성이다. 요한계시록의 성서적 책의 배경에서 하나님의 명성에 대한 학자적 고찰에 대해서 보라 Sigve K. Tonstad, *Saving God's Reputation*: *The Theological Function of Pistis Iesou in the Cosmic Narratives of Revelation* (New York: T & T Clark, 2006).

하나님은 어떻게 공정한 질문의 대상이 될 수 있을까?

어떤 종류의 신뢰할 수 있는 결론에 도달하기 위해 손상되어지지 않은 증거를 우리는 바라보고 있으며 우리 지성이 신뢰할 정도로 작동하고 있다는 것을 확신해야만 한다. 그러나 우주에서 하나님의 유일한 지위를 생각해 볼 때 하나님의 능력이 증거를 유지시키지 않는 한 어떤 것도 증거로서 존재할 수 없고 하나님이 우리 지성에 의도하신 대로 우리의 지성은 작동하게 되는 것이다.

결과적으로 어떤 것을 안다는 모든 주장은 하나님이 증거를 손상시키지도 않았고 우리의 생각을 조종하지도 않았다는 것을 암시적으로 전제하고 있는 것이다. 따라서 하나님이 신뢰할 수 있는지 없는지 하는 것을 결정하기 위해서 우리는 하나님이 신뢰할 수 있는 분이라는 것을 생각해야만 한다. 사실상 이것은 논점을 교묘히 피하는 것이다.

또한 문제가 되어 보이는 보이드의 설명에 대한 특징들이 있다. 충돌하고 있는 초자연적 세력들이 전체적인 대략적 모습 외에도 보이드는 이들 세력들이 특정한 상황 속에서 작동하고 있는 방법을 설명하고 있다. 예를 들어 기도는 "근본적으로 전쟁 행위"[27]라고 말한다. 그리고 "하나님의 뜻은 종종 사악한 우주적 세력에 의해 방해받고 있다."[28]

기도와 관련된 많은 변수들 가운데 그는 "천사적 자유의지"와 "영적 대리인들의 강력함과 수"를 나열하고 있다. 왜냐하면 "영적 영역에서의 일들은 물리적 영역에서의 일들과 다르지 않기 때문에" 구체적인 기도

---

27 Boyd, *Satan and the Problem*, 235.
28 Boyd, *God at War*, 291.

에 대한 반응으로 일어나는 것은 "한편이나 혹은 다른 편에서 싸우고 있는 천사들의 강력함과 수"[29]에 의해 결정될 수 있기 때문이다.

이런 암시들을 포함하고 있는 특정한 성경적 설명들이 있음에도 불구하고 보이드는 다니엘의 기도에 반응하는 한 천사의 지연을 설명하고 있는 다니엘서 10:12-13을 자주 인용한다. 기도에 대한 응답이 보이지 않는 세력들 사이에서의 작은 충돌의 결과로 결정될 수 있다는 이러한 생각은 많은 사람들에게 상상적인 것으로 생각될 수 있지만 개인의 종교적 수준에서는 특별히 도움이 되지 않는 것으로 간주될 수 있다.

2. 우주 갈등 신정론의 지속적인 매력

우주 갈등 신정론의 제한적인 철학적 영향력에도 불구하고 많은 사람들은 우주적 갈등의 이 생각이 가능성이 있고 개인들에게 도움이 되는 것으로 보고 있다. 보이드가 관찰하고 있는 것처럼, 초자연적인 것을 무시하는 세속주의는 이전 과거 때와는 달리 더 이상 영향력이 없다.

우리는 지난 수십 년 기간에 "포스터모던 자각"을 보아왔고 이 기간 동안에 "현대 서구 자연주의적 범주의 좁은 구조"가 점점 상관이 없게 되고 있고 사람들은 오늘날의 다른 문화와 다른 역사적 시대의 관점을 실현 불가능한, "원시적인" 혹은 "미신적인"[30] 것으로 점점 무시하지 않

---

[29] Boyd, *Is God to Blame?* 143.
[30] Boyd, *God at War*, 61-63.

으려고 하고 있다.

물론 대중적 수준에서 초자연적인 것은 자체의 매력을 결코 상실하지 않았고 만약 어떤 것이 있다면 최근에 증가하고 있는 것으로 보인다. 천사는 전국적인 뉴스 잡지와 주요 영화와 네트워크 텔레비전의 시리즈에 나타나고 있다. 수많은 사람들이 악마에 대해 관심을 보이고 있다. 악마는 영화와 소설에 익숙하게 나오는 등장인물이다. 광범위한 종교적 현상에서 대단히 중요한 부분이며 공포, 혐오감, 존중에 대한 반항, 그리고 심지어는 숭배에 이르기까지 다양한 반응을 불러일으키며 심지어는 대중적 심리학[31]에도 등장하고 있다.

악마의 초인간적 구현에 가능성을 주고 있는 다른 요소가 있다. 특정한 형태들의 고난이 장기적이고 강력하며 혹은 중요하기에 이해를 넘어선다. 정말 거의 우주적 부분으로 초인간적 원인만이 이러한 형태들을 가능하게 설명할 수 있다. 유대인 대학살 사건은 악마에 대한 생각을 20세기의 많은 사람들에게 가능할 수 있게 만들었다.[32]

좀 더 최근의 예로 우리는 2001년 9월 11일 이전 유고슬라비아에서의 인종적 말살로 죽게 된 수천 명의 사람들이나, 콩고민주공화국의 르완다와 다른 아프리카 국가들에서 수백만 명이 살해된 대학살이나 중동에서 계속되고 있는 살육을 생각할 수 있다. 좀 더 현실감 있게 다가오는

---

31 M. Scott Peck, *People of the Lie: The Hope for Healing Human Evil* (New York: Simon & Schuster, 1983)를 보라.

32 In *God at War*에서 Boyd는 바르샤바 유대인 강제 거주 구역의 한 유대인 소녀에 대한 참혹한 이야기를 한다. 이 소녀의 아름다운 눈이 두 명의 나치 군인에 의해서 뽑혀져 버렸다(33-34). 이런 과격하며 생생한 악은 어떤 추상적인 범주 내에 이 사건을 두려는 시도를 거부하며 논리적으로 이해할 수 없는 것이 되게 한다. 대신 Boyd는 이러한 사건은 이성적인 설명을 요구하는 것이 아니라 명확한 저항이 요구된다고 주장하고 있다.

것으로 우리는 수많은 잔혹성과 폭력의 예들을 떠올릴 수 있다. 이러한 것들은 너무나 격분을 자아내는 것으로 인간으로서 생각할 수 있는 한계를 넘어버려 어떤 우주적 설명을 요구한다. 이러한 사건들은 초인간, 초자연적 악마적 요소에 원인을 둘 때에만 어렴풋이 이해가 되는 것이다.

우주적이며 함축적인 의미로 전달된 언어로 대규모 범위에서 고난에 대해 말하는 것이 자연스러워 보인다. 9/11 사태 이후 미국의 대통령과 같은 중요한 사람들은 국제 테러를 "악"으로 묘사하고 있다.

초인간적 힘이 거대한 도덕적 갈등의 뒤에 있다는 생각은 "반지의 제왕"(The Lord of the Rings) 시리즈와 "강철 맨"(Man of Steel)과 같은 인기 영화들이 시사하고 있는 것처럼 깊은 직관적 차원을 우리에게 얘기하고 있다. 우리를 즐겁게 하는 이런 장관들 뒤에는 우리는 괴롭히는 망령이 놓여 있는 것이다.

우주적 갈등을 조심해서 깊게 생각하는 다른 이유가 있다. 그것은 이 갈등에서 전달하고 있는 신적인 구원에 대한 관념이다. 이 신정론에 있어 하나님은 거칠며 굴곡이 있는 거리 아래에서 멀리 떨어져 하늘 높이 솟은 건물의 스위트 구석에 자리하고 있는 회장처럼 우주 높은 곳에서 근엄하게 현실을 조정하는 현실에서 유리된 최고 경영자가 아니다. 반대로 하나님은 세계 안에 계시는 강력한 분으로 모든 사건의 장소마다 악의 대리자들을 물리치며 분명한 반대 입장을 견지하신다.

이러한 하나님의 모습은 자신들에게 일어난 사건들 속에서 어떻게 해야 할지 몰라 하는 사람들에게 큰 위안이 될 수 있다. 사랑하는 사람들을 잃고 실패한 사람들이 큰 낙심 속에서 자신의 삶의 의미를 잃어버린 사람들이 있다. 심각한 중독으로 삶의 기력을 상실하고 삶의 의지도 상실한 채 자연 치유나 전통적인 치료가 아무런 도움이 되지 않는 악습의 노예 상태에 빠진 사람들도 있다. 갱생 프로그램이나 자가 도움 방법이 모두 실패할 때 초자연적인 힘을 가진 적의 손아귀에 자신들이 붙잡혀 있다고 사람들은 느낄 수 있다.

신의 승리와 구원의 내용이 이런 처지에 놓인 사람들에게 희망에 대한 유일한 근거를 제공해줄 수 있다. 이러한 적과 우리의 적들이 누구라고 하더라도 더 강력한 힘을 가진 능력자에 우리가 관련되어있다는 확신은 엄청난 위안과 능력의 근원이 될 수 있다.

따라서 하나님은 우리를 해하고 위협하는 모든 적들을 이길 수 있고 마침내 고난을 완전히 없애버릴 것이라는 확신이 있는 우주적 갈등의 개념은 실질적 신정론에 있어서 중요한 역할을 할 수 있는 것이다.

영혼 형성과 우주적 갈등의 신정론이 보여주고 있는 것처럼 고난이 하나님의 뜻 바깥에 놓여있다는 생각은 다양한 결론에 이를 수 있다. 우리가 앞으로 이어지는 두 장에서 보게 되겠지만 고난과 하나님의 관계를 생각할 때 피조물의 자유가 여전히 다른 방향으로 이끌게 된다는 생각을 받아들이는 사상가들이 있다.

제6장

사랑이 세상을 움직인다
열린 하나님 신정론

로스엔젤리스 카운티 검사인 빈센트 버글리오시(Vincent Bugliosi)는 지난 70년대의 악명 높았던 맨손 가문의 일가에 대한 유죄 사실을 성공적으로 이끌어 냈다. 이후 버글리오시는 글을 쓰게 되었고 O. J. 심슨(O. J. Simpson) 재판에 대한 책의 맺음말에서 왜 자신이 신의 존재를 심각하게 부정하는지에 대한 많은 이유를 제시하고 있다. 예상할 수 있듯이 그가 제시하고 있는 가장 기본적인 이유는 우리가 살고 있는 세상이 능력과 선함에 있어 완전한 절대적인 존재에 의해 창조되었다는 생각을 받아들이는 것이 어렵다는 점이다.

이런 생각을 받아들이지 못하는 또 다른 이유는 여러 해 전 그가 배웠던 신의 예지, 즉 하나님은 인간 역사의 전 과정뿐만 아니라 모든 인간의 삶 전부에 대한 이야기를 포함한 미래의 모든 모습을 미리 알 수 있다는 개념이다. 천주교 교구학교의 학생일 때 교실을 때때로 방문했던 고위 성직자에게 왜 하나님은 어떤 사람들은 죄가 가득한 삶을 살아 자신의 행위에 대해 지옥에서 불사르게 되어질 것을 알면서 이런 특정한 사람들을 창조하셨는지 질문했던 것을 회상한다.

왜 하나님은 미래의 죄인을 창조하셨을까?

버글리시오에 따르면 그 당시 이 고위 성직자는 자신의 질문에 답을 하지 못했고 어느 누구도 이에 대한 답을 갖고 있지 않다고 생각한다.[1]

하나님이 미래의 자유 결정에 대해 미리 알고 있다는 이 생각은 고난의 문제를 특별히 어렵게 만든다. 왜냐하면 이런 견해는 하나님께 고난을 막을 수 있는 완벽한 방법을 주기 때문이다.

만약 어떤 사람이 죄를 지었기 때문에 고난을 당하고 하나님이 어떤 사람들이 죄를 지을 것인지를 미리 알았다면 왜 미리 아시는 하나님은 자신에게 충성스러울 사람만을 창조하시지 않았을까?

우리는 이런 의문에 답하는 한 가지 방법을 이미 생각해 보았다. 완벽한 계획 신정론에 따르면 모든 것은 하나님이 디자인하신 방법 그대로 일어나며 이것이 모두에게 가장 최상의 방법이다. 이 말은 어떤 것은 정말 악하지 않다는 의미가 아니다. 우리가 악이라고 부르는 것 그리고 명백히 하나님의 목적에 반대하는 것조차 사실은 세상에 대한 하나님의 전체적인 계획 내에서 적절한 위치를 가지고 있다는 의미이다.

일단 우리가 창조의 진정한 목적을 이해하게 되면 악은 더 이상 하나님에 대한 믿음에 방해물이 아니다. 일어나는 모든 일은 궁극적으로 하

---

[1] Vincent Bugliosi, "God, Where Are You?" in *Outrage: The Five Reasons Why O. J. Simpson Got Away with Murder* (New York: Norton, 1996), 334–35. Bugliosi는 이 맺음말에서 언급했던 의심을 후에 책의 분량으로 다음 책에서 상세하게 설명하고 있다. *Divinity of Doubt: The God Question* (New York: Vanguard, 2011).

나님의 영광을 위한 것이 되기 때문이다.

그러나 버글리오시의 의문에 답할 다른 방법이 있다.

우리가 갖고 있는 신의 예지에 대한 개념을 수정하고 이 수정과 함께 세상에 대한 하나님의 관계에 대한 전체적인 이해를 수정한다고 생각해 보라.

이것이 "미래를 열어 놓으시는 하나님" 혹은 "열린 유신론"[2]으로 알려진 입장을 취하는 사람들의 방법이다.

열린 유신론의 핵심은 피조물의 세상에 대한 하나님의 관계는 서로에게 매우 영향을 준다는 생각이다. 하나님이 세상에 영향을 줄 뿐만 아니라 세상도 하나님께 영향을 주는 것이다. 결과적으로 피조물 세상에서의 사건들은 사건들이 일어남에 따라 하나님에 대해 분명한 차이점을 만든다.

전통적인 신학에 따르면 하나님은 한 번의 영원한 인식으로 피조물 사건들의 전 과정을 이해한다. 과거 현재 미래가 하나님에게는 동등하게 분명한 것이다. 그러나 열려있는 하나님에 대한 견해에서는 일시적인 세상에 대한 하나님의 지식도 또한 일시적이다. 하나님은 사건이 일어남에 따라 이 사건들을 경험하며 사건들이 발생함에 따라 사건들에 대한

---

[2] 열린 유신론에 대한 가장 잘 열려진 표현은 Clark Pinnock et al., *The Openness of God: A Biblical Challenge to the Traditional Understanding of God* (Downers Grove, IL: InterVarsity Press, 1994)이다. 그 외에 Richard RIce, *God's Foreknowledge and Man's Free Will* (Minneapolis: Bethany House, 1985); Clark H. Pinnock, *Most Moved Mover: A Theology of God's Openness* (Grand Rapids: Baker Academic, 2001); and John Sanders, *The God Who Risks: A Theology of Divine Procidence*, 2nd ed. (Downers Grove, IL: InterVarsity Press, 2007)도 있다

하나님의 지식도 발전하게 되는 것이다.[3] 하나님은 미래의 모든 일을 구체적으로 보지 못한다. 왜냐하면 미래의 많은 부분이 아는 단계에 이르지는 않았기 때문이다.

이 말은 하나님에게 있어 미래가 완전히 비어있는 상태라는 의미는 아니다. 어쨌든 앞으로 일어나게 될 많은 부분이 이미 일어났던 것, 즉 과학의 모든 것이 근거하고 있는 가정에 의해 결정된다. 따라서 하나님은 이미 일어났던 것의 직접적인 결과로서 발생하게 될 모든 것을 알고 있다. 다른 말로 표현하자면 하나님은 현재의 원인들에 대한 모든 결과를 알고 있는 것이다.[4]

또한 하나님은 일어날 수 있는 모든 것을 알고 있다. 그러나 하나님이 알지 못하는 어떤 부분은 미래와 관련된 자유로운 결정의 내용이다. 우리가 결정할 때까지 우리의 선택이 무엇이 될지에 대해서 하나님은 알지 못한다.

물론 하나님은 우리에게 이용될 수 있는 가능성의 범위에 대해서 알고 있고 이들 가능성 가운데 어떤 선택을 우리가 더하게 될지 그리고 어떤 것을 우리가 덜 선택하게 될 것인지에 대해 알고 있다. 그러나 우리의 선택에 대한 정확한 내용은 알려져 있지 않은 것이다. 왜냐하면 우리의 선택은 선택하기까지는 알 수 있는 부분이 아니기 때문이다.

---

[3] Gregory A. Boyd는 "시간 속에서 우리와 동행하시는 하나님"에 관해 말한다. *Satan and the Problem of Evil: Constructing a Trinitarian Warfare Theodicy* (Downers Grove, IL: InterVarsity Press, 2001), 100.

[4] 미래를 열어 놓으시는 하나님에 대한 견해를 가진 가장 잘 알려진 신학자중 한 명인 Clark H. Pinnock을 인용한다. "열린 유신론에 따르면... 미래는 부분적으로 정해져 있고 부분적으로 정해져 있지 않으며 부분적으로 결정되어 있고 부분적으로 결정되어 있지 않다"(*Most Moved Mover*, 13).

제3장에서 우리가 설명했던 것처럼 미래를 열어놓으시는 하나님에 관한 신정론은 자유의지 변론과 많은 공통점이 있다. 고난에 대한 하나님의 책임을 덜기 위해 악의 근원을 피조물이 자유를 잘못 사용하는 데에 두고 있다.

그러나 이 신정론은 절대적 예지의 개념을 부정함으로써 자유의지 변론의 전통적 해석과는 차이가 있다. 이 신정론은 미래가 순전히 열려있다고 주장한다. 따라서 죄가 이 세상에 들어오고 고난이 따라온 것은 불가피한 것이 아닐지 모른다. 상황은 정말 다른 방향으로 향할 수도 있는 것이다.

절대적 예지에 대한 거부는 열린 유신론의 단지 한 모습일뿐, 가장 중요한 특징은 아니다. 좀 더 근본적인 생각은 하나님은 세상의 일에 매우 관여하고 계시다는 부분이다. 하나님은 세상을 돌보고 계신다. 하나님은 세상에 대해 반응하신다. 하나님은 세상 안에서 행하실 수 있다. 하나님은 마침내 세상을 구원하실 것이다.

이 모든 것은 하나님 인격의 중심이며 가장 근본적인 속성인 사랑에 초점이 맞춰져 있다. 다양한 다른 신학적 견해에서처럼 미래가 열려있는 신학에 있어서 사랑은 여러 가지 신적 속성 가운데 하나일 뿐만 아니라 사랑이 바로 하나님의 본질이심을 확인해 주고 있다.[5]

하나님의 진정한 속성은 사랑하는 것이다("하나님은 사랑이시다"[요일 4:8]). 참으로 하나님의 가장 내면적인 모습은 사랑에 대한 삼위일체론적

---

5 John Wesley의 경우 에서처럼 John Sanders에게 있어서 사랑은 "하나님의 두드러진 특징이다." "능력과 비의존성과 통제가 아닌 개성과 관계성과 지역 사회가 하나님의 본질을 이해하는 데 있어서 중심이 되고 있다"(*God Who Risks*, 177).

교류이며 하나님이 원래 창조하기로 한 결정과 하나님의 창조의 대상과 세상과 세상에 살고 있는 모든 사람에 대한 조건 없는 헌신인 사랑이 하나님이 하시는 모든 일의 특성을 나타내고 있다.[6]

성경을 시작하는 장은 세상에 대한 하나님의 관계를 서로에게 매우 영향을 미치는 모습으로 그리고 있다. 이 설명에 따르면, 하나님은 완전한 자유 속에서 창조하신다. 하나님은 그렇게 창조하기로 선택하셨기 때문에 창조하시지 외부적 혹은 내부적 어떤 것도 하나님이 그렇게 하도록 한 것이 아니다.

게다가 하나님은 창조적 과정에 대해 완벽한 통제를 행사하신다. 전적으로 하나님이 행하신 일 때문에 세상의 존재가 가능하며 세상은 하나님의 창조적 능력에 전적으로 반응한다. 하나님은 말씀하시고 창조된 세계는 하나님의 명령을 행한다.

결과적으로 하나님과 창조된 세상 사이에는 명백한 구분이 있다. 현실에 대한 다른 질서를 나타내고 있는 것이다. 세상은 신적이지 않으며 신의 존재의 확장이 아니다. 세상이 세상의 존재를 하나님께 의지하는 반면, 하나님의 존재는 세상에 의존하지 않는다. 하나님과 세상의 관계는 비대칭적인 것이다.[7]

---

[6] Thomas Jay Oord는 예수님의 신성 포기 혹은 자기를 비우시고 자기를 희생하시는 하나님의 사랑의 속성을 자신의 열린 유신론 설명에서 강조하고 있다. *The Nature of Love: A Theology* (St. Louis: Chalice, 2010).

[7] 열린 유신론은 신의 일시성의 개념과 하나님-세상 상호작용의 비전을 과정 사고와 함께하고 있다(제7장을 보라). 하지만 세상이 하나님의 분명한 경험에 이바지하는 반면 하나님의 존재 자체는 피조물인 세상의 존재를 요구하지 않는다고 주장하는 부분에서 차이가 있다. 전통적인 유신론에서처럼 열린 유신론에도 하나님의 존재는 필요하지만 세상의 존재는 필요하지 않다. 과정 사고와 열린 유신론 사이의 유사성과 차이점의 논의에 대해서는 다음을 참조 하라 John B. Bobb Jr. and Clark H. Pinnock, eds., *Searching for an Adequate God: A Dialogue*

열린 유신론은 하나님과 세상을 뚜렷하게 구분하는 반면 창조된 세계에 대한 이런 묘사는 하나님을 세상에 대해 밀접하게 관련이 있는 것으로 설명하고 있다. 예를 든다면 하나님의 창조는 하나님이 누구이신가에 대한 심오한 표현이다.

창조는 신의 능력에 만들어진 것 이상인 것이다. 이것은 신의 인격을 계시한 것이다. 하나의 단순한 공예품이기보다는 예술의 한 작품에 가깝다. 따라서 세상이 하나님과 똑같은 것도 아니며 하나님의 존재에 대해 필요한 것이 아님에도 불구하고 세상이 하나님께 중요하지 않다는 것은 아니다. 분명히 세상은 하나님께 아주 중요한 것이다.

하나님은 세상에 살고 있는 사람들의 모습과 기능에 대해 많은 생각을 하신다. 창세기 1장 전체에서 계속 반복되고 있는 것처럼 하나님은 창조적 행위로 만들어진 모습에 대해 "좋았다" 혹은 "아주 좋았다"라고 선언하고 계신다.

세상이 자기의 존재를 하나님께 의존하고 있고 하나님의 생각의 표현으로 작용하고 있으며 하나님 자신의 생각을 확장한 것이다. 하나님은 세상의 내용들에 대해 아주 상세한 부분까지 결정할 수 있으시지만 그렇게 하지 않으셨다. 대신 하나님은 피조물이 자신의 일을 하게 하셨다.

하나님은 피조물이 생육하고 번성하라고 말씀하셨다. 하나님은 사람들이 지배하도록 하셨다. 결과적으로 세상은 자신의 본래 모습을 가지며 어느 정도 자기 자신의 과정을 가지게 하셨다. 하나님의 피조물은 자생할 수 있게 만들어졌다. 하나님은 미래를 피조물에게 맡기셨다고 말

Between Process and Free Will Theists (Grand Rapids: Eerdmans, 2000).

할 수 있다. 그래서 피조물은 큰 부분에서 자기 자신의 행동과 결정에 근거하게 되었다.

하나님과 협력할 수 있는 세상을 창조하는 데 있어서 하나님을 실망시킬 수 있는 세상을 창조했던 것이다. 창조적인 존재를 창조하는 데 있어서 관련된 위험이 있다. 이들 피조물은 자신의 자유를 하나님의 뜻에 저항하며 하나님의 목적을 저버리는 데 사용할 수도 있는 것이다.[8]

슬프게도 성경적 내용에 따르면 이것은 일어났던 일이다. 성경은 하나님의 반응을 기록하고 있다. 하나님은 깊이 실망하셨지만 세상을 포기하지는 않으셨다. 세상을 단순히 없애버리고 다시 시작하지 않으셨다. 대신 하나님은 죄의 결과를 줄이시고 창조에 대한 하나님의 원래 목적을 추구하기 위해 더 많은 시간을 들여 일하셨다.

따라서 하나님은 창조하셨던 세상에 영원히 헌신하고 계심이 분명하다. 하나님이 세상에 대해 인간에게 책임 혹은 지배할 수 있는 능력을 주셨을 때, 하나님이 세상에 대해 더 이상 관심을 가지고 있지 않다든지 세상에 대해 더 이상 관여하시지 않겠다는 의도때문은 아니었다. 오히려 하나님이 안식일에 쉬셨다는 것을 보여 주는 것처럼(창 2:1-3) 창조된 세상을 하나님이 수용하신 것은 더 좋든지 더 나쁘든지 앞으로의 모든 시간 동안 창조된 세상은 지속될 것이다.

---

8 Terence Fretheim이 하나님은 이 세상에 인간을 창조하셨음을 후회하셨다고 언급하고 있는 창 6:6-7에 대해 말하고 있는 것처럼 "이 본문은 창조를 펼치는데 있어서 신의 약한 부분에 대한 증언이다. 이것은 하나님이 위험을 감수하시며 창조적 생명의 굴곡에 대해 신 자신이 약한 부분을 만드신 것으로 인간의 저항을 포함하고 있다.... 신의 뜻에 대한 저항은 아래와 같은 많은 성경적 본문들을 이해하는 데 있어서 해결의 열쇠가 되어 질 것이다." *Creation Untamed: The Bible, God, and Natural Disasters* (Grand Rapids: Baker Academic, 2010), 58-59.

결과적으로 하나님은 모든 것이 잘못되어지고 있음에도 불구하고 심지어 지금도 세상을 돌보시고 계신다. 하나님은 세상에 의해 깊이 영향 받으시며 세상의 지속되고 있는 삶에 활동하시며 지속적으로 세상을 구원하고 회복하기 위해 일하고 계신다. 그러나 하나님이 이렇게 하실 때 지속적으로 피조물의 결정을 존중하는 방법으로 일하시고 계신다. 하나님이 하시는 것과 하실 수 있는 것은 중요한 부분에서 피조물이 어떻게 하는가에 좌우되는 것이다.

열린 유신론자의 견해에서 보면 이 모든 것은 역동적인 세계에 대해 하나님의 경험 자체가 역동적이라는 이들의 핵심적인 주장을 지원하고 있다.9 하나님은 세상과 친밀한 관계를 유지하시며 지속적인 방법으로 세상의 계속되는 삶을 경험하고 계시는 것이다. 우리가 열린 유신론의 경우 여기에서 했던 것처럼 각 신정론에 대한 신학적 배경 설명을 탐구하는 것이 중요하다.

왜냐하면 고난은 세계와 관련된 질문을 제기하며 고난에 대한 효율적인 반응은 세계와 관련된 대답을 요구하고 있기 때문이다. 그러나 우리가 세계와 관련된 이들 문제로 되돌아가서 고난을 겪고 있는 누군가에게 각 신정론이 의미하고 있는 것이 무엇인지를 질문하는 것은 훨씬 더 중요하다. 열린 유신론을 살펴보았기 때문에 우리는 이제 미래를 열어 놓으시는 하나님에 대한 신정론을 살펴볼 것이다.

---

9 Fretheim은 "관련성"(relatedness)을 "성경에서 하나님에 관해 생각하는 근본적인 이미지"와 동일시하고 있다(*Creation Untamed*, 131).

1. 고난과 미래를 열어 놓으시는 하나님

인간의 고난과 관련해서, 열려있는 신정론의 중심적인 특징인 열려있는 신정론의 하나님에 대한 견해는 하나님은 우리가 경험하는 좋고 나쁜 모든 것에 의해 정말로 영향 받고 계신다는 것을 의미한다.[10] 하나님은 우리가 기뻐할 때 기뻐하시며 우리가 슬퍼할 때 슬퍼하신다. 따라서 우리에게 일어나는 어떤 일도 하나님에게 영향을 미치지 않는 것은 없다.

예수님께서 말씀하셨던 것처럼 하나님은 참새 한 마리가 떨어질 때 그리고 우리의 머리카락 하나하나도 다 세신바 되셨다(마 10:29-30)라는 것처럼 부분적인 내용도 보고 계신다. 그래서 미래를 열어 놓으시는 하나님에 대한 신정론에 대해 우리는 하나님의 사랑과 돌보심의 범위를 결코 넘지 못한다.

하나님은 우리의 경험을 완전히 공유하시기 때문에 우리가 고난받을 때 하나님이 우리와 함께 하고 계심을 우리는 알고 있다. 참으로 어떤 의미에서 다른 어떤 때보다 우리가 고난받을 때 하나님은 우리에게 더 가까이 계실 수 있다. 시편 기자가 다음과 같이 말하고 있는 것처럼 말이다.

---

10 열린 유신론의 견해로부터 고난 문제의 세부적인 논의를 위해서는 다음을 보라. William Hasker, *The Triumph of God over Evil: Theodicy for a World of Suffering*, Strategic Initiatives in Evangelical Theology (Downers Grove, IL: InterVarsity Press, 2008). 우주 갈등 신정론에 관한 그의 글과 더불어 Gregory A. Boyd는 열린 유신론의 관점으로부터 고난에 대해 다음 책에서 말하고 있다. *Is God to Blame? Beyond Pat Answers to the Problem of Suffering* (Downers Grove, IL: InterVarsity Press, 2003).

> 내가 사망의 음침한 골짜기로 다닐지라도 해를 두려워하지 않을 것은 주께
> 서 나와 함께 하심이라 주의 지팡이와 막대기가 나를 안위하시 나이다
> (시 23:4).

그리스도의 십자가는 우리에게 가르칠 것이 많이 있지만 하나님이 고난에 대해 완전히 잘 알고 있다는 사실보다 더 분명하고 중요한 것은 없다. 참으로 하나님은 고난에 참여하신다. 하나님은 육체적 정서적 고난의 의미를 알고 계신다.

인간 역사에 있어 하나님의 사랑의 최고의 표현으로서(요 3:16) 예수님은 하나님이 상처와 외로움의 고난, 어찌할 바를 모르는 방향 상실감, 버림받고 격리되어진 혼돈의 경험을 이해한다고 하셨다.

히브리서가 예수님의 현재 제사장 사역의 설명에서 다음과 같이 밝히고 있다.

> 우리에게 있는 대제사장은 우리의 연약함을 동정하지 못하실 이가 아니요
> 모든 일에 우리와 똑같이 시험을 받으신 이로되 죄는 없으시니라(히 4:15).

그도 또한 고난을 당하셨기 때문에 그래서 그도 우리와 함께 우리의 고난을 공유하며 견디시기 때문에 고난 당할 때 우리는 결코 혼자가 아닌 것이다.

열린 유신론은 고난이 우리에 대한 하나님의 뜻의 일부분이 아니라고 또한 확인시켜주고 있다. 예수님의 치유사역은 하나님이 생명과 건강의 편에 있다는 사실을 강조하고 있다. 하나님은 자신의 자녀들이 고난 당

함을 보는 것을 즐거워하지 않으신다. 따라서 우리는 하나님을 고난의 근원으로 보아서는 결코 안 된다. 고난은 하나님이 우리 중 누구에게도 원하시는 어떤 것이 결코 아니다. 열린 유신론에 있어서 이것은 세계적인 측면에서 사실일 뿐만 아니라 개인적인 측면에서도 사실이다. 우리가 고난을 당할 때 고난에 대해 구체적인 신의 목적이나 이유를 발견하려고 함으로써 얻게 되는 것은 아무 것도 없다.

예수님의 사역 기간에 적어도 두 번 정도 어떤 사람들은 왜 불의의 희생자인가에 대해 설명하실 완벽한 기회를 가지셨다. 어느 날 예수님과 제자들은 한 눈먼 사람을 지나치게 되었고 제자들은 물었다.

"선생님, 이 사람이 눈 먼 자로 태어난 것은 이 사람의 죄입니까 아니면 이 사람의 부모 죄 때문입니까?"

예수님은 "이 사람도 이 사람의 부모 죄도 아니다. 그가 눈 먼 자로 태어난 것은 하나님의 일이 그에게 드러날 수 있도록 하기 위함"이라고(요 9:1-3) 답하셨다.

다른 경우도 있다.

"빌라도가 다른 제물에 섞은 갈릴리 사람들의 피에 대해 예수님께 말한 몇 사람이 있었다.

예수님은 그들에게 물으셨다.

> 이들 갈릴리 사람들이 이렇게 고난을 당한 것은 이들이 다른 모든 갈릴리 사람들보다 더 나쁜 죄인이기 때문으로 생각하느냐?
> 내가 너희들에게 말하노니 결코 아니다. 그러나 너희들이 회개하지 아니하면 그들이 멸망했던 것처럼 너희들 모두가 멸망하게 될 것이다(눅 13:1-3).

이 두 사건 어느 경우에도 예수님은 왜 고난이 이 특정한 사람들에게 떨어지게 되었는지, 왜 다른 사람들이 아닌 그들이 고난을 당하게 되었는지에 대한 이유는 설명하지 않으셨다. 고난 뒤에 놓여있던 것을 묻는 대신, 예수님은 그의 말을 듣고 있는 사람들에게 고난 뒤에 놓여있는 것에 주목하게 하셨다.

"왜 이 일?"로부터 "지금 무엇?"으로 초점을 바꾸어 놓으셨다.

나면서 소경된 이 남자의 경우, 예수님은 선을 위해 행하시는 하나님의 능력을 강조하셨다. 살해된 갈릴리 사람들의 경우, 예수님은 우리에게 떨어질 수도 있는 어떤 것에 대해 영적으로 준비되어 있어야 하는 중요성을 강조하셨던 것이다.

고난으로부터 우리가 배울 수 있는 것들이 있지만 어떤 사람은 고난을 당하고 다른 사람은 고난을 당하지 않는가에 대한 이유는 우리가 배울 수 있는 내용 중 하나는 아니다. 따라서 고난이 우리에게 오게 될 때 "왜 저입니까?"라고 묻는 것으로부터 얻을 수 있는 것은 아무것도 없다. 우리의 고난이 하나님이 우리를 위해서 의도하신 어떤 것이라고 우리는 생각해서는 안 되는 이유이기도 하다.

열린 유신론자들은 하나님이 우리의 고난에 의해 영향 받으시지만 하나님은 단순히 수동적인 관찰자가 아니라고 생각한다. 하나님은 우리에게 일어나는 것들에 대해 지혜로우며 창조적으로 반응하시며 삶의 실망과 좌절의 와중에서 선을 이루도록 일하시고 계신다.

사도 바울이 다음과 같이 주장한 것과 같다.

> 우리가 알거니와 하나님을 사랑하는 자 곧 그의 뜻대로 부르심을 입은 자들에게는 모든 것이 합력하여 선을 이루느니라"(롬 8:28).

이 말은 모든 것이 결국에는 선한 것이라는 의미는 아니다. 나쁜 일이 일어날 때 어떤 것도 나쁜 것을 좋은 것으로 만들지 못한다. 이 말은 어떤 일이 일어난다 할지라도 하나님은 선을 위해 일하신다는 의미이다. 하나님은 고난이 마지막 단어가 되는 것을 허락하지 않으신다. 대신 하나님은 성장과 치유가 있게 하는 방법으로 모든 상황에 반응하시는 것이다. 상황이 아무리 나쁘게 된다 할지라도 하나님은 선한 어떤 것이 있게 하도록 일하시는 것이다.

열린 유신론자에게 있어 하나님은 하나님의 피조물의 결정을 고려하는 방법으로 항상 행하시는 것을 기억하는 것이 또한 중요하다. 결과적으로 하나님은 우리가 서로를 해하는 것을 막지 않으신다. 하나님은 우리의 생명을 구하기 위해 혹은 우리가 몸을 망가뜨리는 것을 막기 위해 기적적으로 개입하지는 않을 것이다.

몇몇 신학자들이 말하기 좋아하는 것처럼 만약 하나님이 이 세상을 내버려 두신다면 그러면 하나님은 우리의 행위가 이끄는 결과를 존중해야만 한다. 행위가 실제적인 의미를 갖기 위해서는 실제적인 결과를 가져야만 하는 것이다. 어찌됐든 자유는 결정을 내리는 것 이상이며 또한 차이를 만드는 것을 포함하고 있다.

열린 유신론은 또한 "의(righteousness)가 거하는 새 하늘과 새 땅"(벧후 3:13)에 대한 희망을 받아들이고 있다. 열린 유신론자들은 하나님이 모든 눈물을 씻어 주실 것이며 죽음이 더 이상 있지 않게 되고 통곡과 눈물과 아픔이 더 이상 있지 않게 될(계 21:4) 미래를 간절히 원하고 있다. 그래서 열린 유신론은 하나님이 우주적 변화를 가져 오시며 만물에 새로운 질서를 가져 오게 될 것이라는 전통적인 기독교의 희망을 함께 가지고 있다.

2. 미래를 열어 놓으시는 하나님에 대한 신정론에 관한 몇 가지 질문들

우리가 살펴본 것처럼 고난에 반응하는 모든 시도는 질문을 제기하며 미래를 열어 놓으시는 하나님에 관한 신정론도 예외는 아니다. 많은 사람들에게 있어 열린 유신론은 너무 제한적인 하나님에 관한 견해를 제시하고 있다. 특히 하나님이 알고 있는 지식과 능력을 모두 약화시키는 것으로 보인다. [11] "만일 하나님이 미래를 완전히 알지 못한다면 어떻게 하나님의 지식이 완전한 것이 될 수 있을까?"라고 이들은 질문한다.

하나님이 세계를 완전히 통치하는 것이 아니라면 어떻게 하나님이 경배를 받을 만한 분일 수가 있을까?

---

11 Cf. R. K. McGregor Wright, *No Place for Sovereignty: What's Wrong with Freewill Theism* (Downers Grove, IL: InterVarsity Press, 1996); Bruce A. Ware, *God's Lesser Glory: The Diminished God of Open Theism* (Wheaton, IL: Crossway Books, 2000); and Douglas Wilson, *Bound Only Once: The Failure of Open Theism* (Moscow, ID: Canon Press, 2001). 하나님의 지식에 관한 최근의 논의는 다음과 같다. Millard J. Erickson, *What Does God Know and When Does He Know It? The Current Controversy over Divine Foreknowledge* (Grand Rapids: Zondervan, 2003); and Steven C. Roy, *How Much Does God Foreknow? A Comprehensive Biblical Study* (Downers Grove, IL: InterVarsity Press, 2006).

전능하신 하나님이 하나님의 뜻에 저항하며 하나님의 목적을 방해하며 세상에 대한 하나님의 계획을 훼방하는 실제적인 능력을 가진 존재를 창조하시는 것을 상상할 수 있는 것일까?

열린 유신론은 많은 부분이 우리가 어떻게 "전지"(모든 것을 아심)의 의미를 정의하느냐에 달려있다고 답한다. 완벽한 지식은 단지 "모든 것을 알고 있음"이 아니라 "알아야 할 것이 있는 모든 것을 알고 있음"으로 가장 잘 이해되어진다고 주장한다.

따라서 하나님이 미래를 알고 있는지 여부를 우리가 결정할 수 있기 전에 미래가 전적으로 알 수 있는지의 여부와 미래가 모든 세부적 내용에 있어 완벽한지의 여부를 우리가 아는 것이 필요하다. 만약 우리가 안다면 그러면 당연히 하나님도 알고 계신다.

그러나 만약 우리가 모른다면, 미래의 부분이 여전히 결정되지 않은 상태라면 그러면 하나님이 이 일에 대해 알지 못하는 것이 하나님의 지식이 불완전하다는 것을 의미하지는 않는 것이다. 이 말은 "하나님은 현재 있는 그대로의 일들을 알고 있다." 즉, "하나님은 가능한 일을 가능한 것으로 알고 계시고 실제적인 것을 실제적인 것으로 알고 계시다"라는 것을 단지 의미하고 있는 것이다.

결과적으로 하나님은 미래를 정확하게 부분적으로는 결정된 것으로 부분적으로는 결정되지 않은 것으로 현재 있는 모습 그대로 알고 계신 것이다. 열린 유신론자를 지지하는 한 사람은 이 부분을 이런 방법으로 정의하고 있다.

> 하나님에 대한 열려있는 견해는... 스스로 결정하는 대리인의 미래 결정은 대리인들이 자유롭게 미래결정을 구체화하기 까지는 단지 실현 가능 한 일 일 뿐이라고 확인하고 있다. 이 견해에는...미래는 부분적으로 실현 가능한 일로 구성되어 있는 것이다. 그래서 하나님이 모든 것을 완벽하게 알고 있기 때문에...하나님은 실현 가능한 일이 부분적으로 구성되어 있는 것으로서의 미래를 알고 계신 것이다.[12]

열린 유신론자들에게 있어서 하나님이 뛰어나게 자유로운 존재들을 만드셨을 때 진정한 위험을 감수하셨다. 이들 존재들이 자신의 자유를 이용해서 하나님의 사랑을 거부하며 불순종할 실질적인 가능성이 있었다.

하나님이 세상을 창조하셨을 때 이런 위험들을 감수하신 하나님이 그러면 무책임한 것이었을까?

답은 상황에 달려있다.

피조물 불순종의 잠재적인 가능성은 무엇이었을까?

이 불순종은 어떻게 일어날 것 같았을까?

아마도 가장 중요한 것은 하나님이 이런 위험을 감수하도록 한 동기는 무엇이었을까?

만일 사랑이 하나님 속성의 가장 근본적인 자질이라면, 우리는 왜 하나님이 창조하셨으며 어떤 종류의 세상을 하나님이 만드셨는지를 설명

---

[12] Boyd, *Satan and the Problem*, 90–91. Boyd는 우주 갈등 신정론뿐만 아니라 미래를 열어놓으시는 하나님에 관한 신정론을 수용하고 있다. 사실 Boyd는 하나님에 관한 열려있는 견해 혹은 이 견해를 동일시하는 것으로 더 좋아하는 표현인 미래에 관해 열려있는 견해를 우주 갈등 신정론과 완전히 보완하는 것으로 생각하고 있다. 그러나 모든 열린 유신론자들이 우주 갈등의 개념이 도움이 되는 것으로 생각하지는 않는다.

하는 사랑을 살펴보는 것이 바람직할 것이다.

창조는 하나님의 본질이신 바로 그 사랑을 표현하고 있다. 이에 따라 하나님은 자신이 창조하셨던 세상을 사랑하시고 하나님의 사랑을 되돌려줄 수 있는 한 세상을 창조하셨다. 하나님은 피조물에 대한 자신의 사랑에 반응할 수 있고 감사할 수 있는 피조물을 만드셨다. 그러나 이렇게 하기 위해서는 피조물의 사랑과 충성은 자발적인 것이어야 했다. [13]

이러한 점이 자유의지 변론을 수용하고 있는 모든 사람들이 받아들이는 기본적인 내용이다. 그러나 이들 대부분에게 있어 자유는 마침내 고난에 이른다는 것은 피할 수 없는 결론이다. 조만간 적어도 도덕적으로 자유로운 어떤 존재들이 불순종할 것이며 그 결과 고난받게 될 것이다.

게다가 자유의지 변론을 받아들이는 대부분의 사람들은 또한 불순종의 결과는 말하자면 "다루기 쉬운" 것이라고 생각한다. 죄는 세상을 혼란하게 하지만 세상에 대한 하나님의 목적을 제거하지는 못한다. 하나님은 구원의 계획을 실행하시고 이것은 효율적으로 이 필요에 대응하고 있는 것이다.

영혼 형성 신정론의 가장 잘 알려진 지지자인 존 힉(John Hick)에게 있어서 피조물이 자유로운 것은 하나님의 계획일 뿐만 아니라 피조물이 은혜로부터 타락해서 구원받게 되는 것도 하나님의 계획이었다. 이것을 명확하게 표현하면 타락은 불가피한 것이었지만 그 결과는 마침내 은혜

---

[13] Boyd는 이 점을 강조하고 있다. 그는 주장하기를 사랑은 "자유롭게 선택되어져야 한다. 사랑은 강제 되어질 수 없다. 사랑의 행위자가 사랑할 진정한 능력과 기회를 소유하고 있으려면 이 행위자는 사랑을 거부할 능력과 기회를 소유하고 있어야 한다"(*Satan and the Problem*, 52).

로운 것이었다.

앨빈 플랜틴가(Alvin Plantinga)의 자유의지 변론에 있어서 내용은 조금 다르다. 도덕적 존재들의 불순종은 가능할 뿐만 아니라 불가피하지는 않지만 일어날 만한 것 이었고 그 결과는 아마도 최소한이라고 하기보다는 적당한 것이었다. 그러나 두 신정론의 경우에 있어 자유가 불순종과 고난으로 가게 되는 것은 놀라운 점이 아니다.

그러나 타락을 바라보는 다른 방법도 있을 수 있고 이것은 하나님에 관한 열려있는 견해와도 멋지게 맞아 떨어진다.

불순종의 가능성은 적었고 그 결과는 잠재적으로 엄청났다고 해 보자. 그 다음은 무엇이었을까?

이런 계획에서는 하나님은 누군가가 불순종할 가능성을 최소화시키기 위해 가능한 모든 것을 했다. 예를 들어 창세기 1-2장에서 설명한 것처럼 하나님은 인간의 행복을 위해 정교한 대비를 하셨고 분명히 불순종의 결과를 설명했고("너는 반드시 죽을 것이다") 사랑과 관심의 이런 표현들이 이들의 지속적인 충성을 담보하게 될 것이라고 희망했었다. 물론 이들은 순종하지 않았다. 그러나 이렇게 했음에도 피조물의 불순종의 가능성은 비록 실질적인 것이었음에도 불구하고, 어쨌든 아주 적은 것이었다는 것이 생각할 수 있는 것이다.

이 계획에 의하면 구원의 계획은 바로 이런 것이었다. 즉 실행되어질 계획은 계획에 대한 필요성이 제기되어야 하지만 창조에 대한 하나님의 원래 계획의 중요한 부분은 아니었을 것이다. 엄청난 비상 상황이 일어났을 때 이에 대한 계획은 효력이 발생했지만 사람들이 말하는 것처럼 그 나머지는 의미가 없는 것이다.

그러나 하나님의 구원 행위가 아주 효율적으로 이 필요성에 대응했다는 사실은 이 필요성이 기존의 결론이었다는 것을 가리키는 것이 아니라 하나님이 이것의 가능성에 준비했었다는 것을 가리킨다.

사건들에 대한 이런 설명은 받아들이기 어려울까?

그럴지도 모르지만 받아들이기 어려운 이유는 우리가 살고 있는 세상과 완전히 다른 세상을 우리가 상상하는 것이 어렵다는 사실 때문일지도 모른다. 결국에는 매일의 사건들의 경우 우리는 현재 일어나고 있는 것은 일어나기로 되어 있었다는 느낌을 종종 가지고 있다. 그래서 죄와 고난은 피할 수 없는 것이었을 수 있었다고 생각하기 쉽다.

반면 인간 삶의 일그러진 역사를 되돌아보면 인간이 하나님의 원래 계획에 순종해서 죄를 범하는 상황이 결코 일어나지 않았더라면 얼마나 상황이 달라질 수도 있었을까라고 우리가 생각해 보는 것은 분명히 가능하다.

3. 열린 유신론의 매력

어떤 사람들에게 있어 하나님은 자신에게 일어나게 될 모든 것을 알고 계신다는 생각은 엄청나게 위안을 준다. 그러나 다른 사람들은 하나님이 자신의 삶의 상세한 내용을 미리 알고 있는 것은 아니라는 생각에 위안을 받는다.

몇 해 전 내가 아는 한 신학대학원 교수님이 자신을 만나러 온 한 학생에 대해 나에게 말해 주었다. 이 젊은이는 마음이 혼란하며 낙담해 있었다. 그의 아내가 자기 곁을 떠나기로 결심한 것이다. 자신이 목사와 결혼하기를 원하지 않았다는 것을 깨달았고 특별히 그와의 결혼 지속을 원하지 않았다.

이별의 아픔에 더해 그는 또한 많이 혼란스러움을 느꼈다. 이 두 사람이 결혼하기 전 그와 아내는 자신들의 미래를 계획하면서 앞으로의 인도하심을 위해 간절히 기도 했었다고 그는 말했다. 이들은 주님이 그들의 기도에 응답하셨다고 생각했고 힘을 합쳐 사역하면서 하나님을 섬기도록 준비할 수 있게 인도해 주고 있었다고 믿었다.

그런데 왜 상황이 너무 나쁘게 변해 버렸을까?

그는 하나님이 미래를 보고 계시다고 믿었고 이 두 사람이 인도함 받도록 하나님께 기도하는 바로 그 순간에 자신들의 결혼에 무슨 일이 일어나게 될 것인지 하나님이 분명히 아셨다고 이 젊은이는 말했다.

그러나 만일 하나님이 이렇게 이혼하게 될 것을 아셨다면 왜 하나님은 자신들의 계획을 진행하는 것을 막지 않으셨을까?

왜 하나님은 이들이 삶을 함께 하는 것이 적합하지 않다고 경고하지 않았을까?

하나님은 이 두 사람이 겪고 있는 고난을 덜어줄 수도 있었을 것이다.

이 교수님은 하나님에 대한 열려있는 견해에 대한 한 권의 책을 추천해 주었다. 이 책을 읽은 후 이 학생은 다른 대화를 위해 되돌아왔다. 그는 많이 회복되어 있었다.

이 학생이 생각했었던 것처럼 만약 미래가 하나님에게 완전히 분명한 것이 아니라고 한다면?

만약 그의 아내가 결혼한 직후에 마음을 바꾸었고 그녀의 태도에서 그녀가 어떻게 할지 미리 보여줄 것이 아무것도 없었다면?

이러한 경우 하나님은 그의 아내가 결혼을 정리하기로 혹은 좀 더 정확히 표현하면 결혼의 파경이 있게 될 것을 몰랐다면 그에게 경고하지 않은 것에 대해 하나님이 비난받아서는 안 되는 것이었다. 만일 미래의 어떤 모습이 특히 인간의 행위와 결정에 있어서 실제적으로 일이 일어나기까지 분명하지 않다면 그에게 있게 될 미래는 어느 누구도 심지어는 하나님도 볼 수 있는 것이 아니었다.

그러므로 자유의지 변론처럼 미래를 열어 놓으시는 하나님에 관한 신정론은 불운의 결정으로 고난이 오는 것에 대한 책임을 하나님에게 두기보다는 하나님의 피조물에 두고 있다. 자유의지 변론의 많은 해석과는 달리 미래를 열어 놓으시는 하나님에 관한 신정론은 자유로운 결정은 결정을 하기까지는 계속해서 남아있는 것이라고 주장하고 있다.

결과적으로 자유로운 결정은 알려진 상태로 거기에 있는 것이 아니다. 즉 자유로운 결정은 결정을 실제로 하기까지 존재하지 않는 것이다. 따라서 이 결정에 대해 하나님은 책임이 없을 뿐 아니라 이 결정을 모르는 것에 대해서나 이 결정을 막지 못한 것 혹은 이런 결정에 대해 우리에게 경고하지 않으신 것에 대해 비난받을 수 없는 것이다.

제 7 장

하나님조차도 모든 것을 할 수는 없다
과정 신정론

여러 해 동안 「뉴스위크」(*News Week*)에 기고된 "나의 단상"이라는 칼럼 중 하나에서 제인 길버트(Jayne Gilbert)는 인생의 고난에 대한 그녀의 대응을 다음과 같이 정리 했다. "사람들은 힘든 시기가 인격을 형성한다"라고 종종 말한다.

> 힘든 시기는 단지 힘든 시기일 뿐이며 힘든 시간이 끝나면 우리는 할 수 있는 최선의 방법으로 삶을 지속하게 된다고 때때로 저는 생각한다.… 아마도 이러한 점이 마침내 성인이 되었다는 것을 의미할지 모른다. 즉, 일어나는 일을 받아들이게 된다는 것이다. 어떤 것은 좋을 것이고 어떤 것은 좋지 않을 것이다. 그러나 분명히 우리가 가게 되는 삶의 여정은 예측할 수 없는 것이다.[1]

---

1 Jayne Gilbert, "The Family Car: A Metaphor for Life?" *Newsweek*, July 31, 2000, 14.

다른 말로 하면 설명하려고 하지 말라는 말이다. 고난의 의미를 이해하려고 하지 말고 단지 경험하라는 것이다.

많은 사람들이 길버트의 견해에 공감하리라고는 생각하지 않는다. 모든 사람들이 자신의 고난에 대한 의미의 틀을 발견하거나 혹은 심지어 틀을 찾으려고 하지는 않는다. 많은 사람에게 있어 고난은 단지 일어나는 것이며 그것이 전부이다. 사람들이 느끼는 긴박감은 고난을 이해하려는 것이 아니라 고난에서 살아남는 것이며 이것에 대한 설명은 어디에도 없다. 고난의 이해를 위한 설명은 삶의 진짜 도전과는 관련이 없어 보인다.

이런 접근 방법은 지난 수십 년 간에 등장하고 있는 고난에 관한 가장 인기 있는 책 중 하나에서 보여 지고 있다. 해롤드 쿠쉬너의 『나쁜 일이 좋은 사람들에게 일어날 때』(*When Bad Things Happen to Good People*)라는 책은 30년 이상 전에 출판되었지만 여전히 많은 사람들이 읽고 논의하고 있다.

그들의 아들이 3살이었을 때 이 저자와 아내는 아들이 급속히 늙게 되는 조로증이라는 희귀한 질병을 갖고 있다는 것을 알게 되었다. 의사들은 아들 아론의 키가 90센티미터 이상 자랄 수 없고 여전히 아이지만 약간 노인처럼 보이게 될 것이며 십대 초반에 죽게 될 것이라고 이들 부부에게 말했다. 여러 해가 지났고 예상했던 대로 끔찍한 일들이 거의 일어나게 되었다. 아론은 14살 생일을 지낸 후 이틀째 되는 날 죽었다.

랍비 쿠쉬너는 항상 하나님을 믿어 왔고 자신의 삶을 다른 사람들이 하나님을 믿도록 하는데 헌신해 왔음에도 불구하고 아들이 죽게 된 비극에 대해 그의 말을 빌리자면 "하나님과 하나님의 방법에 대해 그가 지금까지 배워왔던 모든 것을 다시 생각하지" 않을 수 없게 만들어 버렸다. 아들을 기억하며 아들에게 바친 이 책에서 이러한 점이 쿠쉬너가 정확하게 하고 있는 부분이다. 우리가 지금까지 살펴보았던 다른 신정론처럼 이 접근 방법은 하나님과 고난을 같은 조건 내에 두는 한 가지 방법을 발견하지만 뚜렷하게 비전통적인 방법으로 이러한 부분을 발견하고 있다.

쿠쉬너가 하고 있는 첫 번째 방법은 하나님을 고난의 근원으로 만드는 모든 설명들, 즉 하나님이 우리를 고난받게 함으로써 우리를 벌하시며 가르치며 시험하고 있다는 이론들을 거부하는 것이다. 이런 설명들은 하나도 도움이 않된다고 쿠쉬너는 주장한다.

사실 이런 설명들은 우리에게 도움을 주려는 것들이 아니다. 이들의 진짜 목적은 우리가 고난의 문제에 직면할 때 하나님을 비난하는 것을 멈추고 하나님을 변론하는 것이다. 이런 견해들에 따라 우리가 적절하게 고난을 이해하면 이런 이해는 결국 우리에게 좋은 것이거나 혹은 적어도 우주를 위해서는 좋은 것이나. 아들을 보낸 엄청난 상실에서 깨어나면서 쿠쉬너는 이런 모든 설명들이 전혀 만족스럽지 못하다는 것을 알게 되었고 고난을 이해하는 다른 방법을 추구하지 않을 수 없게 되었다.

그가 살펴보았던 출처 중 하나는 의인으로서 끔찍한 고난을 겪었던 이야기인 성경 욥기였다. 고대의 고전을 읽었을 때 그가 내렸던 결론은 거의 모든 다른 해석과는 다르다. 쿠쉬너는 욥과 그의 친구들을 포함한 욥기서의 모든 사람은 3가지를 확인하기 원한다는 것을 관찰하게 된다

(1) 하나님은 전능하시다. 일어나고 있는 모든 일에 하나님의 뜻이 있다.

(2) 하나님은 의로우시며 공정하시다. 그래서 사람들은 받을 만한 것을 받게

된다. 하나님은 선한 사람에게 상을 주시며 악한 사람은 벌 하신다.

(3) 욥은 의인이다.

욥의 가족이 피해를 받지 않고 그가 건강하며 부자일 때 세 가지 모두를 믿는 것은 쉽다. 그러나 욥이 고난 당할 때 우리는 한 가지 문제가 생기게 된다. 우리는 세 가지 중에서 단지 두 가지만 확인할 수 있다.

욥의 친구들은 (1)과 (2)를 받아들였고 (3)은 거부했다. 친구들은 욥이 자신에게 어려움을 가져올 만한 어떤 일을 저질렀음이 분명하다고 생각했다.

욥 자신은 (1)과 (3)을 주장했다. 욥은 하나님이 전능하시다고 생각했고 자기는 선한 사람이라고 주장 했다. 그래서 욥은 하나님의 정의를 의심했다. 욥은 하나님이 너무나 강력한 분이어서 공정할 필요가 없는 분이라는 결론을 내렸고[2] 하나님께 자기의 사건을 판단해 줄 수 있는 누군가가 있기를 원했다(욥 31:35).

쿠쉬너에 따르면 욥기서의 저자는 이들 문제에 대해 다른 견해를 가지고 있다.

> 완전히 전능하지 않은 선하신 하나님과 혹은 완전히 좋지 않지만 전능한 하나님 사이를 억지로 선택하게 되었을 때 욥기 저자는 하나님의 선하심을 믿는 것을 선택한다.[3]

---

[2] Harold S. Kushner, *When Bad Things Happen to Good People* (New York: Schocken Books, 1981), 37-39, 42.
[3] Ibid., 43.

이 견해에서 욥은 선하며 하나님은 공정하지만 하나님은 전능하지는 않다. 심지어 하나님이 할 수 없는 것들이 있는 것이다. 이것이 쿠쉬너 자신이 제시하고 있는 입장이기도 하다.

전통적인 하나님의 모습과는 달리 하나님이 세상을 통제하는 데에는 한계들이 있다고 그는 주장한다. 하시고 싶어하는 모든 것을 하나님이 할 수 있는 것은 아니다. 물론 나쁜 일이 일어나게 될 때 하나님은 우리 편이 되신다. 의심할 바 없이 하나님은 우리를 돕기 위해 하나님이 할 수 있는 더 많은 것 들이 있기를 원하신다. 그러나 우리의 어려움에 대해 하나님을 비난해서는 안 된다.

물론 하나님이 모든 것을 할 수 없다는 사실은 하나님이 어떤 것도 할 수 없다는 의미는 아니다. 하나님이 세상 속에서 일하시는 주요한 방법은 사람을 통해서이다. 주변에서 고난 중에 있는 사람들을 우리가 돌볼 때 우리는 하나님 자신의 가치와 목적에 반응하고 있는 우리를 보이는 것이다. 말하자면 우리는 하나님의 손과 발로서의 역할을 하는 것이다. 우리는 일을 처리하는 안목에서 다른 위치를 점하고 있기 때문에 하나님이 할 수 없는 일들을 우리는 할 수 있는 것이다.

1. 과정 신정론

쿠쉬너와 비슷하게 고난에 대해 생각하는 많은 사람들이 있다. 고난에 대해 하나님의 능력과 조화시키려는 방법을 찾는 대신 이들은 하나님의 능력의 본질을 다시 생각한다. 이런 방법을 취하는 사람들 가운데 "과정 철학가들"로 알려진 일단의 현대 사상가들이다.

과정 사상의 역사에서 가장 영향력 있는 인물은 알프레드 노스 화이트헤드(Alfred North Whitehead)와 찰스 하트숀(Charles Hartshorne)이다. 과정 철학이라는 이 이름은 화이트헤드의 세미나용 책 『과정과 현실』(*Process and Reality*)[4]의 제목을 반영하고 있다. 과정에 대한 이런 강조는 『사회적 과정으로서의 현실』(*Reality as Social Process*)[5]과 같은 하트숀의 글의 몇 부분의 제목에서도 또한 명백하다.

많은 기독교 사상가들은 과정철학이 기독교 신앙을 해석하는 자신들의 노력에 도움이 되는 것을 발견하고 있고 자신들의 일을 종종 "과정신학"으로 묘사하고 있다. 과정신학은 20세기 중반에서 후반의 기간 동안 현대 종교적 사상 특별히 영미 지역에서 잘 발전되어 있다.[6]

과정 사상의 입장을 보면 하나님은 세상에 깊이 관여하고 있다. 하나님은 세상에 대해 관심을 갖고 계시며 반응하시며 세상에 대한 하나님의 목적을 이루기 위해 열심히 일하시고 계신다. 그러나 하나님이 할 수 있

---

[4] Alfred North Whitehead, *Process and Reality: An Essay in Cosmology* (1929; repr., New York: Free Press, 1969). 이 유명한 책은 화이트헤드가 1927-1928년에 에든버러대학교에서의 기포드강연(Gifford Lectures)에 근거하고 있다.

[5] Charles Hartshorne, *Reality as Social Process: Studies in Mataphysics and Religion* (New York: Hafner, 1971). Hartshorne은 또한 존재론적 주장에 대한 강력한 변론으로 알려져 있다. 다음을 참조하라. *Anselm's Discovery: A Re-examination of the Ontological Proof of God' Existence* (LaSalle, IL: Open Court, 1965) and *The Logic of Perfection and Other Essays in Neoclassical Metaphysics* (LaSalle, IL: Open Court, 1962). 그러나 그는 많은 다른 유신론적인 증거들을 또한 발전시키고 있다. 다음의 예를 참조하라. "Six Theistic Proofs" in *Creative Synthesis and Philosophic Method* (LaSalle, IL: Open Court, 1970), chap. 14.

[6] 현대 과정 신학가들 중에서 Ogden은 "과정신학"이라는 표현에 대해 비판적임에도 불구하고 John B. Cobb Jr., Schubert M. Ogden, David Griffin은 특별히 잘 알려져 있는 인물들이다. 방법론적 이유로 Ogden 신학은 분명하고 단순히 "신학"으로 분류되어야 하고 아무리 철학이 도움이 된다 할지라도 특정한 철학적 입장과 섞여서는 안 된다고 주장한다.

는 단지 너무 많은 것들이 있다. 하나님은 그렇게 되도록 원하실때, 모든 것이 그렇게 성취될 수 있게 하는 능력이나, 혹은 직접적이며 일방적으로 세상 내에서 모든 것을 성취할 수 있는 종류의 능력은 가지고 있지 않다.

과정 사상의 견해에서 보면 하나님이 행하기를 원하는 모든 것을 할 수 있다는 생각과 따라서 하나님은 모든 것에 대해 책임이 있다고 관련해서 하는 생각은 엄청난 실수이다.[7] 이런 생각은 세상에서의 하나님의 실제적인 역할을 잘못 해석하고 있는 것이다.

이 대략적인 내용을 완성하기 위해 잠시 시간을 내어 보자.

이름이 나타내는 것처럼 과정 사상가들은 현실을 사회적 과정으로 바라본다. 지속적인 목적 대신에 일시적인 사건들이 현실의 근본적인 구성 요소들이다. 이것은 우리가 일반적으로 사물에 대해 생각하는 방법과는 반대이다. 전통적인 견해로는 세상은 존재해서 한동안 지속되는 대상으로 구성되며 이 대상들이 지속되는 한 어느 정도는 똑같은 대상인 것이다. 사건들은 대상에 일어나지만 대상은 현실에 있어서 기본적인 요소이다.

그러나 과정 사상에 있어서는 사건들은 대상보다 더 근본적인 것이다. 사실 대상은 사건들의 일차적 사회 혹은 어떤 지속적이거나 한정적인 특징을 공유하는 일련의 사건들이다. 이와 같은 현실은 일시적인 과정으로 구성되며 이 과정에 따라 세상 혹은 우주는 지속적인 연속성, 즉 사건들

---

7 Charles Hartshorne은 그의 나중 작품 중 하나인 *Omnipotence and Other Theological Mistakes* (Albany, NY: SUNY Press, 1984)의 제목에서 이 점을 명백히 하고 있다.

에 대한 측량할 수 없는 숫자의 참으로 영원한 연속성을 나타내게 된다.

이들 사건들의 필수적인 특징은 자유 혹은 자기 결정이다. 어떤 사건들은 자유를 거의 갖지 못한다. 사건들의 선택의 범위는 아주 제한되어 있다. 다른 사건들은 광범위한 범위의 자유를 가진다. 예를 들어 내 뒷마당에 있는 나무를 구성하고 있는 사건들은 자신들의 결정에 있어 상대적으로 거의 자유를 갖지 못하지만, 반면에 인간에게 이용될 수 있는 가능성은 엄청나고 다양하다.

이런 이해를 따라 생겨난 세상은 엄청나게 강력한 존재를 요구하며 하나님은 적극적으로 세계를 구성하고 있는 사건들에 참여하신다. 사실 하나님은 절대적으로 필요하다. 하나님의 기능 중 하나는 자기 창조적인 대리인들이 혼란하게 될 때 필연적으로 결과되는 갈등에 제한을 두는 것이다. 그렇지 않다면 사물은 완전한 혼돈으로 나빠질 수 있기 때문이다.

그러나 하나님이 능력을 사용하는 것은 강제이기보다는 설득의 형태를 취한다. 하나님은 각 사건을 구성하고 있는 선택을 인도하거나 영향을 미친다. 하나님은 한 방향 혹은 다른 방향으로 각 결정을 유도하거나 살짝 밀기도 한다. 그러나 하나님은 이들 결정에 대해 자신의 뜻을 전적으로 강제할 수는 없다. 피조물은 모두 자신의 능력을 가지고 있고 자기 자신의 결정을 한다.

결과적으로 하나님의 능력에는 분명한 제한이 있다. 하나님이 할 수 없는 것들이 있는데 하나님이 의도적으로 억제하기로 선택하셨기 때문이 아니라 이 일들을 하는 데 사용할 종류의 힘을 갖고 있지 못하기 때문이다.

이런 견해를 설명하기 위해 우리는 "자연적 유신론"이라는 표현을 사용할 수 있다. 이 견해에 의하면 강력한 인격적 존재인 한분의 하나님이 계시며 하나님은 사물의 전체적인 계획에 있어 중요하지만 우주에 있는 모든 것에 적용되는 똑같은 "법칙"이 또한 하나님에게 적용된다.[8] 우리가 할 수 없는 것처럼 하나님도 저런 법칙을 중지하는 것을 선택할 수 없다.

과정 사상가들에 의하면 궁극적 현실은 분명히 하나님일 뿐만 아니라 하나님과 세상이다. 하나님은 신의 삶 내에서 세상에 협력한다. 하나님은 피조물의 사건들인 세상에 민감하시며 세상에 대해 관심을 가지며 어느 정도까지는 세상 속에서 일어나고 있는 것에 영향을 줄 수 있다.

그러나 세상을 유지하며 관심을 가지고 영향을 주는 하나님이 세상의 모든 측면에 관련되어 있는 반면에 하나님은 피조물의 사건들의 과정을 저지하거나 간섭할 수는 없다. 하나님은 일방적으로 구체적인 국가의 일들에 결과를 가져올 수 없다. 하나님을 폭풍우나 해일과 같은 자연 재해를 허락하거나 보내는 분으로 말하는 사람들은 따라서 잘못된 것이다.

2004년 말 동남아시아를 쓸어버렸던 거대한 쓰나미나 2010년 아이티를 초토화 시켰던 지진이나 2013년 오클라호마의 마을들을 산산조각 내버렸던 회오리바람을 하나님이 일어나게 하지 않았다. 하나님은 이런 자연재해들을 막을 수도 없었을 것이다. 지구의 표면과 대기에서 일어나는 것은 신학적인 요인이 아니라 지질학적이며 기상학적 요인들에 의해 일어난 것이다.

하나님은 죄 없는 희생자의 생명을 지키기 위해 초고속의 기차를 멈출

---

[8] Whitehead의 종종 인용되는 설명 중 하나의 표현에 의하면 "하나님은 그들의 파멸을 구하기 위해 적용되는 모든 형이상학적인 원리에 예외로서 다루어지고 있지 않다. 하나님은 그들의 중요한 모범이다"(*Process and Reality*, 405).

수 있을까?

다시 말하지만 아니다.

누군가가 총알이 장전되어 있는 총을 쏠 때 물리학의 법칙이 일어나고 있는 일을 결정한다. 하나님은 폭력을 몹시 싫어 하셔서 방아쇠를 당기는 사람이 총 쏘는 것을 억제하도록 설득하려고 하실 수 있다. 그러나 총을 쏘려고 하는 사람이 하나님의 영향을 거부하면 총알은 총구에서 나와 겨누고 있는 대상에 날아가고 이 총알을 멈추기 위해 하나님이 할 수 있는 것은 아무것도 없다. 따라서 하나님은 피조물과 관련된 세상일에 대해 행동을 취하지 않으신다. 하나님의 행위는 다른 차원의 현실에 관여한다.

이 부분에서 스포츠의 한 설명이 도움이 될 수 있을 것이다.

우리가 메이저리그 야구 경기를 보고 있다고 생각해 보자.

가장 분명한 것은 이 야구 경기는 공을 던지고 공을 치며 공을 잡는 많은 선수들이 관련되어 있다. 그러나 이 야구 경기에 관련되어 있는 또 다른 사람들이 있다. 어떤 선수가 어떤 위치에 설 것인지를 결정하는 각 팀의 매너저가 있다. 경기하는 구장을 소유하고 있을지도 모르는 각 팀의 구단주도 있다. 구단주는 선수들의 봉급을 지불하며 선수들의 유니폼과 기구를 제공하며 팀이 경기를 위해 움직이는 경비를 지불한다.

처음에 야구 경기를 창안했던 사람도 있고 때때로 야구 경기의 규칙을 수정하는 공식 담당자들도 있다. 야구 경기가 규칙에 따라 잘 진행되도록 야구장 내에서의 직업인 심판도 있다. 야구 경기를 흥미를 가지고 관람하는 관중들도 심지어 포함되기를 원할 수 있다.

경기장에서 실제로 공을 던지고 공을 치며 공을 잡는 유일한 사람들은 선수이다. 매너저는 신호를 보내며 타열 순서를 바꾸며 여러 다른 일을 할 수 있지만 게임에 들어가서 실제적으로 경기를 할 수는 없다.

거의 예외 없이[9] 구단주는 누가 경기에 들어갈지에 대한 결정을 하지 않는다. 이렇게 하는 것은 매너저의 일이다. 그래서 타자가 공을 치면 공을 친 것에 따른 성과는 타자에게 돌아가는 것이지 매너저나 구단주나 심판이 성과를 갖는 것이 아니다. 타자가 삼진 아웃하게 되면 타자가 잘못한 것이지 다른 사람의 잘못이 아닌 것이다.

과정 사상에 따르면 세상에서 하나님의 역할은 야구 경기의 구단주나 매너저의 역할과 약간 같거나 혹은 이 야구 경기를 생각해 낸 사람과 같다. 그러나 하나님의 역할은 야구 선수와 같지는 않다. 하나님은 야구 경기 참여의 부분으로 본다면 소위 "경기에는 들어가지" 않는다. 하나님은 일방적으로 인간 세상의 일반적인 물리적 경험의 영역에서 일어나는 일들을 일어나게 할 수는 없다.

하나님은 피조물을 위한 희망을 가지며 우리들의 결정에 긍정적인 영향을 행할 수 있는 모든 것을 하시며 우리들이 행하는 것에 의해 정말 영향을 받는다. 그러나 하나님은 일어나고 있는 구체적인 사건들에 대한 책임은 없다. 정말 일어나고 있는 어떤 것도 하나님의 행위에 직접적인 행위의 탓으로 돌릴 것은 없다. 하트숀을 인용하면 "신의 능력에 관련해서 살아남을 수 있는 유일한 교리는 하나님의 능력은 일어나고 있는 모든 일에 영향을 주지만 구체적인 특정한 일을 결정하지는 않는다는 것이다."

결과적으로 "선하든지 악하든지 상관없이 모든 것을 생산하는 많은

---

[9] 고인이 된 뉴욕 양키즈 구단주였던 George Steinbrenner가 생각난다.

결정권자들이 존재하는 것이다."[10]

사건들에 대한 이런 견해는 인간의 고난과 중요한 관련이 있다. 과정 사상의 견해에서 보면 악의 문제는 사실상 실제적인 문제는 아니다. 악은 일의 계획에 있어 하나님의 위치에 대한 잘못된 견해로부터 생겨난 것이다. 하나님은 강력한 능력의 존재이지만 다른 모든 것도 역시 일정한 능력을 가지고 있으며 하나님은 각 대리인이 하고 있는 것을 결정할 위치에 있지는 않다. 모든 종류의 결정이 일어나는 세상에서 고난은 피할 수 없는 불가피한 것이다. 왜냐하면 모든 사건에서 갈등을 피할 방법이 없기 때문이다.

과정 사상의 견해를 수용하는 가장 유력한 이유 중 하나는 전통적으로 이해되어 오던 하나님의 전능하심에 직접적으로 대비되는 것으로 고난에 대한 하나님의 모든 책임을 덜어주고 있는 확신 때문이다. 문자적으로 "전능하신" 존재는 원하시는 어떤 일들도 만들 수 있었다. 고난이 없는 완전한 세상도 창조할 수 있었고 모든 구체적인 고난의 경우도 막을 수 있었다.

어떤 과정 사상가들은 주장한다. 만약 정말 하나님이 저런 종류의 능력을 가지고 있다면 하나님은 이런 능력을 사용하는 데 실패한 것에 대해 도덕적으로 책임이 분명히 있고 잘못된 모든 것에 대해 비난 받아 마땅한 것이다.[11] 게다가 이들 과정 사상가들은 하나님에 대한 이런 개념은

---

10 Hartshorne, *Omnipotence*, 25, 18.
11 David Ray Griffin, "Creation Out of Chaos and the Problem of Evil," in *Encountering Evil: Live Options in Theodicy*, ed. Stephen T. David (Louisville, KY: John Knox Press, 1981), 104. Griffin의 더 폭 넓은 설명을 위해서는 다음을 참조하라. *God, Power, and Evil: A Process Theodicy* (Philadelphia: Westminster Press, 1976).

우리가 살고 있는 세상을 더 나은 모습으로 만들기 위한 우리의 모든 책임감과 동기를 때때로 제거하게 될 것이라고 덧붙이고 있다. 하나님이 모든 것을 할 수 있다면 우리가 어떤 것을 해야 할 이유는 정말로 없게 되는 것이다.

과정 사상에 있어 독창성이 풍부한 인물들은 신학자가 아니라 철학자임에도 불구하고 이들의 하나님에 대한 묘사는 오히려 직접적으로 성경적 묘사에 있는 어떤 중요한 특징들과 연결되어 있다. 과정 철학자들과 신학자 모두에 따르면 사랑이 하나님을 정의하는 특징이다.

우리가 보아 왔던 것처럼 신약에서 가장 기억할 만한 몇몇 문맥들은 "하나님이 세상을 이처럼 사랑하사 독생자 아들을 주셨으니 이는 그를 믿는 자마다 모두 멸망하지 않고 영생을 얻게 하려 하심이라"(요 3:16)와 "사랑하지 않는 사람은 누구나 하나님을 알지 못하나니 하나님은 사랑이라"(요일 3:16)를 포함해서 하나님의 사랑에 대한 강조적인 확신을 포함하고 있다 과정 사상가들에게 있어 하나님의 사랑은 피조물 세상에서 강력한 관심과 친밀한 참여의 형태를 취하고 있다.

하나님의 사랑에 관한 성경적 강조를 과정 사상의 분류와 결합시키려고 한 신학자는 『영과 사랑의 모습들』(*The Spirit and the Forms of Love*)의 저자인 다니엘 D. 윌리엄스(Daniel Day Williams)이다.[12] 윌리엄스(Williams)에게 있어 사랑은 하나님과 사람 모두를 이해하는 데 있어 필수적이며[13] 따

---

12 Daniel Day Williams, *The Spirit and the Forms of Love* (New York: Harper & Row, 1968).
13 "만일 사랑이 하나님의 존재를 구성하고 있고 그리고 만일 사람이 하나님의 형상으로 창조되어 있다면 그러면 인간의 존재와 하나님의 존재에 대한 핵심은 서로에 대한 자유롭고 자기 헌신적인 상호의존과 관심입니다"(Ibid., 160).

라서 사랑은 기독교 교리 특히 성육신과 구원의 근본적인 교리와 같은 해석에 있어서 중심적이어야 한다. 이런 의미에서 그는 성육신을 "하나님과 사람의 친교로 묘사하며 사람의 사명은 세상 속에서 사랑을 실행하는 것이다."[14]

구원의 전통적인 이론들과는 대조적으로 그는 하나님이 인간의 죄와 자기 파멸을 다루는데 대한 실마리를 "사람들 사이의 화해의 경험"[15] 속에서 발견한다. 예수 그리스도의 고난 속에서 우리는 하나님의 고난을 본다. 즉 전통적인 이론들이 성부 하나님은 고난하지 않는다는 주장과 함께 피했던 생각인 하나님의 고난을 보게 된다. 그는 이렇게 단언한다.

> 만일 하나님이 고난을 느끼지 않는다면 그러면 하나님의 사랑은 사랑이라는 가장 심오한 인간 경험으로부터 완전히 분리되어 있고 하나님의 인간에 대한 사랑의 의사소통으로서의 예수의 고난은 인식할 수 없는 것이 되어진다.[16]

하나님과 사람 사이의 친밀한 관계는 하나님에 관한 과정 견해에서는 일반적이다. 과정 사상에 있어서 하나님은 세상에 대한 하나님의 경험과 관련해서 전적으로 이해된다. 윌리엄스의 의견이 나타내고 있는 것처럼 하나님은 깊이 세상에 관여하고 있을 뿐만 아니라 하나님의 경험이 세상의 사건들을 포함하고 있고 하나님의 바로 그 존재인 이 현실은 세상과 분리되어서는 이해할 수 없다. 다른 말로 하면 하나님 자신의 존재

---

14 Ibid., 185.
15 Ibid., 176.
16 Ibid., 185.

는 피조물 세계의 존재를 요구하고 있는 것이다.

2. 과정 신정론의 매력들

쿠쉬너(Kushner)와 과정 사상가들 모두가 제안하고 있는 것은 과정 신정론에 대한 견해이다. 즉 사건들의 전체 계획에 있어서 하나님의 역할은 엄청나게 중요하지만 하나님에 관한 좀 더 전통적인 견해들이 나타내고 있는 역할과는 다르다.[17]

그러한 하나님은 많은 일을 할 수 있고 참으로 하나님은 대단한 기능을 행하시지만 사람들이 전통적으로 하나님이 할 것으로 예상하는 혹은 분명히 하나님이 할 것으로 희망하는 종류의 것들은 할 수 없다. 많은 사람들이 하나님에 대한 이런 견해를 매력적으로 보고 있다. 왜냐하면 이 견해는 인간 고난에 하나님은 책임이 전혀 없다고 보기 때문이다. 그러나 다른 사람들에게 이러한 견해는 심각한 문제를 야기시킨다.

과정 신정론의 가장 명백한 혜택은 하나님을 고난에 대한 책임감에서 벗어나게 한다는 사실이다. 하나님은 우리 보통 인간의 경험의 차원에서 일어나고 있는 일들을 원인되게 하거나 막을 수 있는 종류의 능력은 가지고 있지 않다는 것이다.

과정 신정론은 또한 우리가 고난을 완화시키고 살고 있는 이 세상을

---

17 비록 과정 신정론이 하나님에 대해 좀 더 전통적인 견해들의 많은 특징을 공유하고 있기는 하지만 Hartshorne은 예를 들어 하나님에 대한 자신의 견해를 "신고전주의"라고 분명히 밝히고 있다.

좀 더 안전하며 분별력 있도록 만들기 위해 우리 자신이 할 수 있는 모든 것을 할 강력한 동기를 제공하고 있다. 세상 내에서 하나님의 활동은 항상 피조물을 포함하고 있다.

참으로 하나님의 활동은 피조물의 참여를 통해서만 하게 되며 이것은 하나님에 대한 인간의 협력에 큰 중요성을 두고 있는 것이다. 하나님이 질병과 파괴의 힘에 많은 반대를 할 수 있을지는 몰라도 하나님이 우리를 위해 우리의 일을 할 수는 없다. 하나님은 뛰어 들어서 극적으로 우리의 상황을 바꿀 수 없다.

우리의 지구를 돌보는 것은 우리의 책임인 것이다. 기근, 유행병, 지구 온난화 같은 문제들에 대한 해결책이 있다면 그 해결책을 발견하는 것은 우리에게 달려 있다. 그 해결책들은 기적적으로 하늘에서 떨어지지 않을 것이다. 세상을 더 나은 곳으로 만드는 것은 우리가 할 일이다.

우리는 질병에 대한 치료법을 발견해야 하며 사회의 악들에 맞서야 하며 분쟁과 전쟁으로 이끄는 긴장을 완화할 방법을 찾아야 한다. 만일 하나님이 간섭할 능력을 가지고 있지 않다면 그러면 우리 지구의 미래는 우리의 손에 달려있는 것이다. 우리는 우리를 구출하도록 하나님만 바라볼 수는 없다.[18]

과정 신정론은 인간 삶이 더 나아지도록 하는 동기부여를 우리에게 제공해 줄 뿐만 아니라 우리가 개인적으로 용기 있는 삶을 살도록 촉구한

---

[18] Cf. 전능하신 하나님의 전통적인 견해에 대한 David Ray Griffin의 반대들 중 하나는 다음과 같다. "하나님의 전능하심은 우리 지구의 미래에 대해 무기력을 조장한다." "Process Theology and the Christian Good News," in *Searching for an Adequate God: A Dialogue Between Process and Free Will Theists*, ed. John B. Cobb Jr. and Clark H. Pinnock (Grand Rapids: Eerdmans, 2000), 24.

다. 고난은 생존의 피할 수 없는 부분이다. 어느 정도 모든 것은 고난을 당한다. 아픔과 상실은 인생의 한 부분이며 우리는 단순히 아픔과 상실을 다룰 수 있어야 한다. 다른 종류의 세상을 헛되이 바라는 데에 우리의 에너지를 허비하는 것은 의미가 없는 것이다.

과정 신정론의 견해는 또한 우리가 신앙의 사람들을 직면해야 하는 지속적인 혼돈의 부담을 덜어준다. 이것이 몇 몇 사람들이 말하는 "선택적인 간섭의 도덕성"이다.[19] 만일 하나님이 기적을 행한다고 우리가 믿으면 명백한 질문은 왜 더 많은 이런 기적을 우리가 보지 못하느냐는 것이다.

하나님이 언제 그리고 어디에서 개입할 때 왜 개입하시는 걸까?

예를 들어 왜 하나님은 아프고 죽어가는 더 많은 아이들을 치유하지 않는 걸까?

만일 하나님이 한 사람을 낫게 할 수 있다면 왜 하나님은 아픈 모든 사람을 낫게 하지 않을까?

왜 하나님은 케네디 대통령을 쓰러트린 총알을 멈추지 않았을까?

왜 하나님은 9/11 사태 때 국방부와 세계 무역 센터로 날아 들어온 그 비행기들을 비껴가게 하지 않았을까?

더 좋은 것은 왜 하나님은 처음부터 이들 비행기들을 납치한 테러리스트들을 막지 않았을까?

때때로 응답받은 기도에 대한 이야기들은 이런 문제를 어렵게 한다. 어렸을 때 내가 기억하는 한 이야기는 조(Joe)라는 남자 아이가 누군가 그에게 준 소중한 25센트 동전 하나를 잃어 버렸을 때 너무나 상심했다

---

19 이 표현은 저의 동료 David R. Larson에게서 나온 것이다.

는 이야기였다. 조는 하루 종일 이 동전을 찾으려고 해 보았지만 찾을 수 없어 마침내 잠자리에 들게 되었을 때 무릎을 꿇고 동전을 찾을 수 있게 하나님께 도와 달라고 기도했다. 바로 이 순간 그는 자기 무릎 밑에서 딱딱하고 평평한 무엇인가를 느꼈다. 그는 손을 뻗었고 자기가 잃어버렸던 동전을 집을 수 있었다.

만일 하나님이 어려움에 처한 한 아이가 25센트 동전 하나를 찾는 데 도움을 줄 것이라면 왜 하나님은 엄청나게 더 큰 곤궁에 처한 사람들에게 도움을 주기 위해 이런 힘을 사용하지 않느냐고 사람들은 필연적으로 궁금해 할 것이다.

80년대 초기부터 에이즈로 인해 죽었던 수백만 명의 사람들을 돕기 위해 하나님은 왜 조금 더 도움을 주지 않았을까?

왜 하나님은 한 사건은 개입하시지만 다른 사건은 개입하지 않으시는지에 대한 이유를 설명해주는 좋은 방법은 없어 보인다. 아내가 유방암에 걸린 두 명의 남자를 나는 알고 있다. 그들은 자신의 아내를 낫게 해 달라고 간절히 기도 했다. 한 아내는 죽었고 다른 아내는 나았다.

무엇으로 이 차이를 설명할 수 있나?

하나님이 어떤 기도에는 응답하시고 어떤 기도는 응답해 주시지 않는 것은 공정해 보이지 않는다.

한정된 하나님에서는 이런 어려움이 해결된다. 하나님의 명백한 부재에 대한 단순한 설명이 있다. 하나님은 개입하시지 않으신다. 하나님이 원하시지 않거나 신경 쓰지 않거나 하나님의 의도를 우리가 의심하게 내버려 두는 어떤 이해할 수 없는 이유 때문이 아니다.

하나님이 개입하시지 않는 이유는 하나님이 그런 종류의 능력을 가지고 있지 못하기 때문이다. 하나님은 사건의 자연적 과정에 개입하셔서 방해할 능력을 가지고 있지 못하다.

3. 과정 신정론에 관한 질문들

고난과 관련된 이들 문제들을 해결하기 위한 시도에서 과정 신정론에 대한 견해는 몇 가지 심각한 질문을 제기한다. 이 신정론은 세계를 더 낫게 만들기 위해 우리가 할 수 있는 것을 하게 하는 강력한 동기를 주는 반면 미래에 관해서는 우리를 의아한 상태로 내버려 두게 된다.

사실 만일 우리가 이 세상에 "우리 자신뿐이며" 하나님은 본질적으로 관심을 가진 구경꾼이라면 우리의 운명은 이 세상에서 우리 주변을 둘러싸고 있는 다른 모든 것의 운명과 차이가 없다. 물질 세계의 모든 물질들처럼 우리의 몸은 영원히 지속될 수 없는 것이다. 한마디로 인류도 지속될 수 없다.

전통적인 우주론에 의하면 우리 지구는 소멸을 향해 가고 있다. 시간이 지나면 태양이 더 크게 될 것이고 지구는 사람이 살 수 없게 되어 지며 마침내 태양계가 사라질 것이다. 이 이론을 인정한다 해도 이것은 수십억 년 후의 일이지만 그럼에도 불구하고 필연적이다. 전체로서의 우주도 또한 파멸로 향하고 있다.

우주가 하나의 대폭발로 혹은 애처롭게 끝날지에 대해서는 빅뱅 이론의 어떤 해석을 여러분이 선택할지에 달려있다. 우주가 자체 붕괴되든지(큰 찌그러짐) 아니면 계속 팽창해서 마침내 흩어져버릴(큰 얼어붙음) 것이다. 우리가 알고 있는 어떤 한 시나리오로도 인간 생명을 지속되게 하지는 못한다. 어떤 단계의 우주 진화론이 나오더라도 이 이론들은 우리 인간을 포함하고 있지 않을 것이다.

과정 사상이 주장하고 있는 것처럼 만일 보통 칠십 년 혹은 팔십 년이면 우리의 삶이 끝나게 되는 이 물질적 유전자들을 하나님이 바꿀 위치에 있지 않다면, 하나님이 어떤 미래의 시점에서 우리의 존재를 회복하거나 연장시킬 능력을 가지고 있지 못한 것처럼 보인다.

그러나 과정 사상가들은 이 문제에 대해 의견일치를 보이고 있지 않다. 몇몇 과정 사상가들은 여기 지금의 인생이 충분하다고 생각한다. 사실 이들은 누군가가 더 많은 것을 기대하는 것은 **뻔뻔한 것**이라고 주장한다. 피조물이 아닌 창조자가 영원히 살게 되어있다. 게다가 인간 생명이 지속적인 의미를 갖기 위해 끝없는 생존이 필요한 것은 아니라고 이들 사상가들은 주장한다.

인간은 객관적이지만 주관적이지 않은 불멸을 가지고 있다. 말하자면 우리의 삶은 지속적인 중요성을 가지고 있다. 왜냐하면 우리의 삶은 하나님의 경험에 영원한 공헌을 하는 것이기 때문이다. 왜냐하면 우리의 삶은 계속해서 지속되는 것이 아니라 하나님의 기억에 영원히 남아있기 때문이다.[20]

---

20 Charles Hartshorne과 Schubert Ogden 같은 과정 사상가들은 개인의 불멸에 대한 개념이 또한 다른 이유로 문제가 있다고 보고 있다. 문제는 끝없는 존재가 바람직하지 않다는 가능성이다. 조만간 우리는 필연적으로 우리에게 흥미 있는 것들이 줄어들게 될 것이고 삶은 장애물이 될 것이다. 그리고 나면 죽음 후의 미래를 생각하는 모든 도전에 마주하는 지속적인 도전들이 있다. 만일 인간이 물질세계에 존재하는 물질적 존재이고 살기 위한 몸이 필요하다면 어떻게 누군가의 미래 몸이 이 현재의 삶에서의 우리의 몸과 연관이 될 수 있을까? 어떻게 내 물질적 몸의 복제가 실제적으로 내 삶이 계속되는 것을 나타낼까? 만일 이에 대한

상대적으로 다른 과정 사상가들은 어떤 다른 형태로든 우리의 삶이 죽음 후에도 계속될 것이라는 희망을 받아들이고 있다.[21]

비록 우리는 지금 여기서의 삶이 충분할 수 있다고 인정함에도 불구하고 우리는 이 세상에서의 인간 삶을 특징짓고 있는 거대한 차이점을 고려해야만 한다. 몇 퍼센트도 안 되는 인류가 지금 상대적으로 편안하게 살고 있다. 상대적으로 풍족한 삶을 즐기고 있는 사람들에게 있어 지금 여기서의 삶이 충분할 수 있을지 모른다.

그러나 빈곤한 수백만 명의 사람들과 육체적으로 그리고 정서적으로 고난 당하는 알려지지 않은 수많은 사람들에게 있어 지금 여기서의 삶이 충분하지는 않다. 많은 사람들이 과정 신정론이 제시하고 있는 것보다 더 많이 할 수 있는 하나님을 희망하고 있는 것이다.

하나님은 대부분의 경우 자연 사건들의 과정에 개입하거나 간섭하지 않는다고 생각하는 과정 사상과 의견을 같이 하는 많은 사상가들이 있지만 이 부분은 형이상학적인 필요가 아니라 하나님의 정책적 문제로 생각한다. 하나님은 개입할 능력을 가지고 있지만 이 능력을 하나님이 피조물에게 허락하신 자유에 대한 존중에서 아주 드물게 사용하신다고 이들은 주장한다. 세상에서 일방적으로 활동하는 대신 하나님은 일반적으로 피조물과 상호작용하시는 것이다.

고난에 대한 다른 접근방법에서처럼 이 한정된 하나님 견해는 매력적

답이 인간은 어떤 비물질적 형태로 존재할 수 있다고 한다면 우리는 다른 도전에 직면하게 된다. 신경계 과학으로부터의 엄청난 증거는 뇌와 마음(사실은 뇌와 사람)은 분리할 수 없게 연결되어 있다는 것을 나타내고 있다. 따라서 몸이 없는 인간은 본질적으로 상상할 수 없다.

21 예를 들어, John B. Cobb Jr.

이지만 문제가 있는 특징을 모두 나타내고 있다. 과정 신정론은 하나님에 대한 전통적인 견해인 하나님의 전능하심이 만들고 있는 몇 가지 문제를 피하거나 혹은 "해체해버리지"만 또한 이 신정론의 확신 있는 몇 가지 특징들도 제거한다.

쿠쉬너와 같은 사람들은 이런 희생을 적극적으로 감수한다. 자기 아들에 대해 어떻게 할 수 없는 육체적으로 힘든 상태에 직면하게 되었을 때 그는 이전에 지적으로는 자신을 만족시켰던 악의 문제에 대한 반응들이 개인적으로는 도움이 되지 않는다는 것을 알게 되었다.

마침내 그는 자신이 직면했던 위기를 이해할 수 있게 만든 하나님을 이해하게 되었고 전통적인 의미에서의 전능함에 의해 그려졌던 종류의 능력을 하나님이 가지고 있지 않다는 생각에 이르게 되었다.

다른 사람들은 자신이 고난에 직면할 때 쿠쉬너의 견해가 도움이 되지 않는다고 생각한다. 이들은 왜 하나님이 자신들에게 고난을 허락했는지에 대한 이유를 설명할 수 없을지 모르지만 그럼에도 불구하고 하나님은 마침내 이 고난을 극복하고 없애게 될 종류의 능력을 가지고 계신다는 생각으로부터 확신을 이끌어낸다.

이들의 경험은 깊은 모순을 나타내고 있다. 고난이 지적인 면에서 그렇게 엄청난 도전을 만들고 있는 신의 능력과 선함이라는 개념은 많은 사람들이 개인적인 면에서 가장 확신을 발견하는 바로 그 속성이다. 이 속성은 능력과 선함에 있어 무한하신 하나님이 왜 피조물이 고난 당하게 허락하는지에 대한 이유를 설명할 수 없을지 모르지만 이들이 고난에 직면하게 될 때 이런 속성을 가지고 계시는 하나님이 있다는 생각에

위안을 얻게 된다.[22]

4. 되돌아 봄

일반적으로 현재 알려진 다른 신정론들에 대한 우리의 검토는 많은 다른 과정으로 우리를 이끌어왔다. 우리가 보았던 것처럼 어떤 사람들은 고난을 전적으로 우리에 대한 하나님의 뜻 안에 두고 있다. 이들은 신의 능력은 너무나 광범위해서 이 능력은 좋든 싫든 모두 일어나고 있는 모든 것을 포함하고 있다고 생각한다. 그래서 심지어 삶의 가장 나쁜 경험들조차 하나님을 찬양하는 목적에 사용되고 있다고 생각한다.

다른 사람들은 하나님이 고난에 대한 모든 경우를 계획하시지는 않지만 고난이 존재하는 세상을 창조하신 이유는 영혼 형성 혹은 인격 발전을 위한 이상적인 환경이기 때문이라는 견해를 가지고 있다. 이들 견해에 따르면 고난 자체가 선한 것이든 아니든지 간에 고난은 더 큰 선에 공헌하고 있는 것이다.

여전히 다른 사람들은 고난은 하나님이 우리를 위해 원하는 어떤 것이 아니라고 주장한다. 고난은 하나님의 어떤 피조물이 만든 잘못의 결과로 만들어졌다는 것이다. 그러나 그럼에도 불구하고 이것은 하나님의

---

22 Cf. Langdon Gilkey, "악을 절대적으로 설명할 수 없게 만들었던 창조에 대한 생각의 바로 저런 측면들, 하나님의 초월적인 능력, 창조의 선함, 하나님의 사랑은 궁극적인 원리들이였고 이들 원리들에 따라 악에 대한 공포와 두려움이 그리스도의 정신으로 정복되어졌습니다." *Maker of Heaven and Earth: A Study of the Christian Doctrine of Creation* (Garden City, NY: Anchor Books, 1965), 223.

뜻을 마지막에 가서 방해하지는 못한다. 하나님은 고난의 결과를 완화시키시고 어쨌든 선한 결과를 나오게 함으로써 고난에 반응하신다. 고난 자체는 선하지 않은 것임에도 불구하고 선한 어떤 것에 공헌하게 되는 것이다. 왜냐하면 하나님은 선하지 않은 것들에 대해서도 창조적으로 반응하기 때문이다.

사실 하나님은 너무나 광대한 분이어서 하나님이 긍정적인 목적을 위해 사용하시는 데 있어 너무 부정적이라는 것은 있을 수 없다. 선한 것을 위해 일하시는 하나님의 능력 바깥에 놓일 수 있는 것은 아무것도 있을 수 없다.

동시에 하나님이 성취할 수 있는 선한 것의 범위는 하나님이 가지고 계시는 능력의 종류에 달려 있다. 하나님에 대한 좀 더 전통적인 견해에 있어서는 하나님은 만물의 질서를 바꾸시고 마침내 아픔과 고난을 끝내시는 것을 가능하게 하는 종류의 능력을 가지고 있다.

과정 혹은 과정 신정론에 있어서는 능력이 우주에 좀 더 광범위하게 흩어져 있어 전통적으로 정의된 전능함은 어떤 한 존재가 가질 수 있는 심지어는 하나님조차도 가질 수 있는 종류의 능력이 아니다. 생각이 깊은 사람들은 이런 의미에서 고난이 하나님의 세상에 존재할 수 있고 고난이 초인간적 존재의 현실과 양립할 수 있다는 것을 보여주려고 노력해 온 몇 가지 방법들인 것이다.

그러나 다른 사상가들에게 있어 이런 모든 시도들은 설득력이 없다. 이 사상가들이 보는 것처럼 고난 자체보다 더 받아들이기 힘든 유일한 것은 고난이 하나님의 존재와 양립할 수 있다는 생각이다.

실질적인 신정론을 추구하는 데 있어 우리는 복잡한 도전에 직면하고 있다. 반면 우리는 지적으로 책임감 있기를 원한다. 하나님 그리고 세상에 대한 하나님의 관계에 대한 우리의 견해를 분명하며 일관성 있게 세우기를 원한다.

만약 우리가 이해하지 못할 정도로 일이 완전히 실패하면 우리가 믿고 있는 견해가 우리에게 건설적으로 살아가게 하는 토대를 제공해 줄 수 있는 방법이 없다. 비록 우리가 원한다 하더라도 우리는 믿을 수 없는 것을 믿을 수는 없다.

반면 우리에게 확신을 주며 고난에 지혜롭게 대응하는 데 또한 도움을 주는 믿음이 필요하다. 확신하며 고난에 지혜롭게 대응하는 것은 쉽지 않으며 대부분의 사람들은 적당히 이 둘 사이에서 타협하며 살고 있다. 비록 이론적 측면에서는 완벽하게 일치하지 않을 수 있음에도 불구하고 특정한 견해가 실질적인 측면에서 자신에게 도움이 되며 일반적으로 이해할 수 있다고 생각한다.

그러나 확신과 지혜롭게 고난에 대응하는 둘 사이에서 오는 긴장감과 함께 살 수 있다고 대부분의 사람들은 또한 발견하고 있다. 실용적 신정론을 발전시키는 것이 우리가 결론 내리게 되는 장에서 중심적인 관심사가 될 것이다.

제8장

약해져 가고 있는 빛에 대한 분노
저항 신정론들

줄리아 스위니(Julia Sweeney)는 인기 있는 여성 희극인으로 90년대 초기 생방송 토요일 밤(Saturday Night Live)의 고정 출연자 중 한 명으로 가장 잘 알려져 있다. 한때 독실한 가톨릭 신자였던 스위니는 신앙을 잃어버렸고 지금은 종교에 대해 공개적으로 비판하고 있다.

한걸음 나아가 그녀는 활발하게 무신론을 주장하고 있다. 매튜 볼드윈(Matthew Baldwin)이 작성한 한 온라인 기사는 일련의 충격적인 경험을 겪으면서 신앙에서 강렬한 불신앙으로 바뀌게 된 스위니의 과정을 추적하고 있다.[1]

1994년 스위니는 생방송 토요일 밤에서 하차하면서 "앞으로의 미래와 곧 상영될 영화에 대한 부푼 희망을 품고 뉴욕에서 로스엔젤리스로 되돌

---

[1] Matthew Baldwin, "Julia Sweeney Says 'Ha!'" *Sightings*, May 25, 2006. Sweeney와 관련되어 계속 인용되고 있는 모든 내용은 이 글에서 오게 된 것이다.

아가게 되었다." 그녀는 나중에 이 일을 기록하며 1994년은 "내가 직업이 된 해"로 판명하고 있다. 먼저 상영된 영화가 실패했다.

"그 후 남동생이 림프 암 진단을 받게 되었고 남동생과 부모님이 스위니의 LA에 있는 집으로 이사오게 되었다."

영화에서의 실패를 만회하기 위해 스위니는 1인 코미디를 시작했고 여기에서 "그녀는 고난에 대한 개인적 이야기를 하며 번민을 깊은 코미디로 바꾸었다." 그 후 1995년에 스위니 자신이 암 진단을 받게 되었다. 그녀는 화학요법 치료를 받으며 여러 차례 수술을 받았다. 얼마 지나지 않아 남동생이 서른한 살의 나이로 죽게 되었다. 암이 완화되어지자 스위니는 "1인 코미디 내용을 완전한 길이의 독백 "하나님이 '하'라고 말했다"(God Said 'Ha!')로 바꾸었고 이 독백의 코미디를 뉴욕, 샌프란시스코, 그리고 LA 극장에까지 공연하게 되었다.

이 모든 어려움에도 불구하고 스위니는 자신의 종교적 교육에 충실히 남아있었다. 기톨릭교리의 특정한 부분에 대해 분노를 느끼고 있었음에도 불구하고 그녀는 기도에서 위안을 발견했다고 기록하고 있고 여전히 예배는 참석하고 있었다. 그러나 이 당시 그녀는 사실상 신앙을 떠났다. 그녀는 이러한 자신의 변심을 브로드웨이에서 할리우드의 전 극장까지 여러 해 동안 공연했던 다른 독백 무대인 "하나님을 보내며"(Letting Go of God)에서 설명했다.

"하나님이 '하'라고 말했다"(God Said 'Ha!')에서 스위니는 하나님은 자기에게 짓궂은 장난을 치시고 계시다는 생각을 가볍게 다루었지만 "하나님을 보내며"(Letting Go of God)에서 그녀는 종교에 대해 혹독하며 위트있는 비판을 했다.

이 독백에 따르면 그녀는 교회에서 인도하던 성경공부반에 가입해서 성경을 더 많이 읽으면 읽을수록 점점 더 많은 질문이 일어나고 있다고 말하고 있다. 그녀는 소돔과 고모라가 불길에 휩싸이며, 아브라함이 이삭을 (거의) 제물로 바치고, 입다가 자신의 딸을 제물로 바치고, 예수님이 무화과나무를 저주하신 내용들이 마음을 힘들게 한다고 기록하고 있다.

그녀는 또한 성경이 "자신의 개인적 비극에 대해 만족할 만한 반응"을 제공하지 못함을 발견하고 있다. 그녀는 자기 남동생이 "말로 표현할 수 없는 고난" 속에 있던 여러 달을 예수님의 죽음과 부활에 비교하는데 이것은 비교로는 상대적으로 빠른 것이었다.

시간이 지나면서 그녀는 성경의 "비정상적인 이야기"들에 나타난 하나님에 대해 역겨움을 발견하게 된다. 마침내 그녀는 공포로서 자신에게 속삭여오던 "하나님은 없다"라는 작은 내부의 목소리에 동의하게 된다.

그녀의 독백이 보여주는 것처럼 스위니는 하나님에 대한 자신의 환멸을 무신론적 힘으로 바꾸었다. 볼드윈에 따르면 그녀는 "개종자의 열광적 정열"을 가졌다. 그녀는 자기 경험을 전국 대중 라디오(National Public Radio) 프로에서 나누었다. 그녀는 라디오 광고에서 종교적 권리와 싸웠다. 그녀는 국제무신론자협의회(International Atheist Alliance) 모임에서 연설도 했다. 그녀가 쓴 책의 한 제목이 이런 모든 것을 말하고 있다. 그것은 『나의 아름다운 신앙 상실의 이야기: 회고록』(*My Beautiful Loss of Faith Story: A Memoir*)이다.[2]

우리가 앞 장에서 보았던 고난에 대한 접근 방법들을 취하고 있는 사

---

2 Julia Sweeney, *My Beautiful Loss of Faith Story: A Memoir* (New York: Henry Hold & Co., 2007).

람들은 모두 하나님에 대한 믿음과 힘든 삶의 현실을 어느 정도 접목하는 것이 가능하다는 확신을 공유하고 있다. 이들이 고난을 선천적으로 좋은 것으로 혹은 나쁜 것으로 보든지 간에 하나님을 믿는 것이 우리가 고난을 직면하는 데 도움을 줄 수 있다고 믿는다.

스위니와 그녀와 견해를 같이 하는 사람들은 이런 견해들과는 다른 의견을 가지고 있다. 이들에게 있어 고난은 하나님을 믿는 것을 단지 힘들게 만드는 것이 아니다. 고난은 하나님을 믿는 것을 불가능하거나 거의 불가능하게 만들고 있는 것이다.

어쨌든 고난은 하나님의 존재와 조화된다는 것을 나타내기 위해 철학자들이 내놓았던 모든 기준들은 이런 시도가 사실은 얼마나 무익한 것인지를 보여줄 뿐이다. 하나님과 고난이 공존할 수 있다고 증명하는 대신 하나님과 고난의 공존은 실질적으로는 반대적인 것을 증명하고 있다고 생각하는 것이다. 이것뿐만 아니라 고난이 어디에나 있음에도 불구하고 하니님의 존재를 나타내려는 시도들은 도움이 되지 않을 뿐 아니라 고난 중에 있는 사람들에게는 모욕적이라고 이들은 심지어 주장하고 있다.

악과 저항하는 신정론에 반응하는 사람들은 거의 추분하게 있지 못한다. 이들은 화가 나 있다. 이들은 고난에 대해 마음이 상해 있을 뿐 아니라 고난에 대해 마음 상해하지 않는 사람들에 대해서도 마음이 상해 있다.

특별히 어찌되었든 고난이 하나님의 세계에서 한 자리를 차지하고 있다고 자부심 있게 확신하고 있는 사람들에게 마음 상해한다. 이들에게 하나님은 어떤 이해되지 않는 이유로 우리가 고난 당하는 것을 원하시거나 혹은 심지어 허락한다는 생각은 터무니없다고 생각한다. 그래서 전통적인 신정론은 논리적으로나 철학적으로 설득력이 없을 뿐만 아니라 개인적으로 그리고 도덕적으로 불쾌하게 여겨진다. 고난에 직면해서 이들 신정론은 너무나 가증스러워 우리는 이것들을 거의 상상할 수 없다. 이것들을 합리화하려는 시도들은 전혀 이해가 되지 않는다. 우리는 이런 신정론들을 거부하고 다른 사람들도 똑같이 거부하도록 장려해야 한다.

고난이 모든 사람을 열정적인 무신론자로 바꾸지는 않지만 아주 많은 사람들의 마음에 하나님에 대해 심각한 의심을 불러일으키며 종종 이들을 "논리적" 설명에 아주 만족하지 못하는 상태로 내버려 둔다. 의학을 계속해서 공부하고 나중에는 법학 학위도 받았던 나의 대학 친구 한 명은 고난이 그녀가 하나님에 대해 가지고 있던 견해를 어떻게 영향 미쳤는지 사실적으로 묘사 하고 있다.

> 나의 과학과 관련된 공부와 삶의 경험과 의학 공부가 항상 종교적 신앙을 더 깊게 해주지는 못하는 것 같다. 여러 해 동안 나는 인간 상태에 대해 관심을 두지 않았을 뿐만 아니라 심지어 하나님이 존재하는지를 믿는 데에 어려움을 겪었다. 나는 지금은 "십중팔구" 하나님이 있다고 믿고 있음에도 불구하고 세상에 있어서 하나님의 관여에 대한 나의 의심은 여전히 아주 많다고 확신한다.
>
> 내가 믿는 데 있어 가장 큰 장애물은 고난의 문제이다. 특별히 아이들이 고통스러워하는 것을 내 믿음에 있어 장애물로 본다. 에이미라는 아름답고 겁많은 네 살짜리 빨간 머리의 내 첫 백혈병 환자가 죽은 후 오랜 시간동안 나는 하나님을 믿는 것이 어려웠다. 어느 날 밤 병원에서 에이미는 내 손을 꼭 잡고 "제가 죽게 되나요?"라고 물었다. 내가 주저하자 어떤 느낌을 받아서인지 에이미는 "저는 죽고 싶지 않아요. 저는 어두움이 무서워요"라고 덧붙

여 말했다.

나는 또한 맞아서 심지어 극심한 고난 속에서 죽은 아이들도 보았다. 리버사이드종합병원에서 내가 봤던 첫 번째 아동 학대 환자는 9개월 된 남자 아이였다. 부모가 이 아이를 때리고 있을 때 하나님은 어디에 있었는지 나는 묻지 않을 수 없었다.

만일 하나님이 계시다면 그분의 우선순위를 이해하기가 어려웠다(지금도 힘들다). 하나님은 중요한 집중장애증상을 가지고 있는 것처럼 보인다. 인간의 자유가 가장 높은 선이며 신의 자기 절제가 선과 악 사이의 천상의 논쟁에 있어 가장 중요하며 중요한 것은 고난 자체가 아니라 고난에 대한 우리의 반응이라고 말하는 내 신학자 친구들의 대답은 아이의 시신부검을 하는 시신보관소의 울리는 진동이 전달되는 벽 내에서 공허하게 울린다.

다른 소아과 암전문의인 또 다른 내 친구가 "하나님이 안 계시든지 혹은 만일 하나님이 계시다면 내 환자들이 고난 당하는 동안 이 고난을 허락하시는 하나님이 나는 믿다"[3]라고 말하는 이유를 나는 이해한다.

순진하며 방어수단이 없는 아이들의 비애스러운 고난에 대한 전통적 설명 보다 더 불만족을 느끼게 하는 것은 없다. 전통적 설명은 문학의 몇몇 분야에 종교적 신앙에 대해 가장 기억할만한 도전의 빌미를 제공하고 있다.[4] 알버트 카뮈의 소설 『흑사병』(*The Plague*)은 흑사병이 발생했던 기

---

3 Donna Carlson, "My Journey of Faith in Medicine," 출판되지 않은 원고 내용, 1999.
4 소설에서 신정론에 대한 언급이 심각하게 종종 언급되고 있다. 예를 들어 9/11사태 이 후 몇 년 동안 나타났던 한 소설에 뉴욕시의 두 사람 사이에 주고받는 내용이 있다. Annabel은 이렇게 말했다. "어제 아침 나는 실질적으로 일종의 기도를 했어. 존재하지 않는 하나님에게 어쨌든 불평했으니까...가엾은 더본(DeVaughn)을 생각해 봐. 그는 아무 것도 아닌 것에 대해 지금

간 동안 알제리의 항구 오란(Algerian port of Oran)을 엄습했던 고난을 묘사하고 있다. 이 도시는 격리되어졌다. 누구도 이 도시를 떠나거나 들어올 수 없었고 주민들은 흑사병에 걸려 죽은 자들에 대해 어떠한 대처도 할 수 없는 상태로 내버려졌다.

주인공은 내과 의사인 류(Rieux)로 이 흑사병의 소름끼치는 환경에서 이길 수 없는 전쟁을 치르고 있다. 다른 중요한 인물은 천주교 사제인 신부 파넬루(Paneloux)이다. 이 두 사람은 참혹한 현장에 대응하기 위해 최선을 다하지만 이들의 접근 방법은 뚜렷하게 다르다. 이 의사는 아픈 사람을 낫게 하려고 하고 이 신부는 죽어가는 사람의 영혼을 준비시키려고 한다. 이 두 사람은 이 소설의 가장 극적인 순간 중 하나에서 서로 충돌하게 된다.

한 아이가 막 죽게 되자 의사 류는 "엄청난 저항"의 느낌으로 반응하게 된다. 신부 파넬루는 이러한 경우 "참기 힘들다"라는 점에 대해서는 동의한다. 또한 덧붙여 "이런 일은 우리 인간의 이해를 넘어서기 때문에 저항하게 됩니다. 그러나 우리가 이해할 수 없는 것을 우리는 사랑해야 할지 모릅니다"라고 말한다.

류는 머리를 흔든다.

까지 기도해오고 있다니까." Murray는 이렇게 말했다. "그 부분이 우리가 하나님을 믿어서는 안 되는 이유야... 왜냐하면 신정론의 문제에 대한 답은 없거든." Claire Messud, *The Emperor's Children* (New York: Vintage Books, 2007). 457.

아니요, 신부님. 저는 사랑에 대해 아주 다른 생각을 가지고 있습니다. 제가 죽는 날까지 아이들이 참혹하게 고난 속에 놓이는 경우의 일을 사랑하는 것은 거부할 것입니다.[5]

어느 정도 비슷한 갈등이 톨스토이의 소설 『카라마조프의 형제들』(The Brothers Karamazov)에서도 일어난다. 수도원에 들어간 부드러운 성품인 알요사는 하나님의 존재에 대해 심각하게 의문을 품고 있는 자기 형제 이반과 깊은 대화를 하게 된다. 자기의 의심을 정당화하기 위해 이반은 "교육받고 부유한 부모"가 다섯 살 난 딸을 짐승처럼 학대하는 것을 묘사한다.

한밤중에 딸이 화장실을 가기 위해 일어나지 않았다는 것에 화가 난 "부모는 딸을 때리고 채찍질하며 발로 찼다.... 어린 딸의 온 몸이 멍 자국 밖에 남지 않을 때까지 말이다." 이렇게 때린 후 부모는 딸을 밤새 내내 얼어붙는 추위의 헛간 속에 가두어 버린다. 이렇게 한 후 이 딸의 엄마는 분뇨로 얼굴을 발라버리고 이 분뇨를 딸이 억지로 먹게 한다.

이런 예를 든 후 이반은 수십 년 동안 신자들을 힘들게 했던 한 가지 질문을 알요사에게 하려고 돌아 선다.

> 마지막에는 사람들을 행복하게 만들며 평화와 휴식을 주려는 목적을 가지고 인간 운명의 체계를 당신 자신이 만들고 있지만 이 일을 위해 당신은 불가피하고 불가항력적으로 단지 한 어린 생명인 여자 아이가 여린 주먹으로

---

5 Albert Camus, *The Plague*, trans. Stuart Gilbert (New York: Vintage Books, 1972), 202–3.

> 자신의 가슴을 치고 있는 저 똑같은 아이를 고문해서 이 여자 아이의 어쩔 수 없는 눈물을 근거해서 당신의 체계를 세우고 있다고 상상해 본다면 이런 조건에 근거한 체계를 만드는 일에 당신은 동의하나?
> 저에게 사실을 말해봐요.

알요샤는 부드럽게 답했다.[6]

> 아니요, 저는 동의하지 않아요!

이반의 도전이 제시하는 것처럼, 한 어린아이의 고난에서 특히 그 고난이 의도적으로 가해질 뿐만 아니라 가해를 하는 사람들이 가족의 경우인 것에서 더 심각한 것처럼 우리를 흔들어 버리는 것은 거의 없다. 사실 한 아이의 고난은 공정하지 못하며 정당화할 수 없는 그런 고난의 극심한 예이다.

사람들이 하나님에 대한 생각에 반대할 때 고난 당하는 아이들에 대한 비참한 광경이 이들이 제시하는 가장 빈번한 예로 들고 있는 이유 중의 하나이다.

무엇이 한 어린 여자 아이의 고문을 정당화할 수 있는 것이 될 수 있을까? 이반에게 있어서는 전 우주의 안전조차도 한 여자 아이의 고문을 정당화할 수 있는 이유가 될 수 없다. 만일 부모의 자녀에 대한 학대의 한

---

[6] Fyodor Dostoyevsky, *The Brothers Karamazov: A Novel in Four Parts with Epilogue*, trans. Richard Pevear and Larissa Volokhonsky (New York: North Point, 1990), 245.

예가 하나님의 존재에 대한 의문을 제기하기에 충분하다면 엄청난 규모로 고난 당하는 것은 하나님의 존재를 완전히 손상시켜버린다. 어떤 경우에 있어서든 어떤 범위에 있어서도 "더 큰 선의로서의 신정론"의 범위 내에서 아이들의 비참함을 내버려 두는 것은 받아들이기가 쉽지 않다.

톨스토이의 이반과 까뮈의 류가 소설 속에서 묘사된 종교적 인물들과 서로 충돌하고 있음에도 불구하고 두 장면에는 분명한 차이가 있다. 한 소설에서 이 여자 아이는 짐승 같은 자기 부모의 손에 의해 고난을 당하고 있다. 다른 소설의 경우 많은 아이들이 고난스럽고 치명적인 감염으로 고난을 받는다.

첫째 예는 도덕적 악에 관한 것다.

둘째 예는 철학자들이 종종 사용해서 구별하고 있는 자연적 악에 관한 것이다.

이 두 예시가 표현하고 있는 일종의 화남이나 분노는 또한 다르다. 이반은 이 어린 여자 아이의 고난을 이해할 수 있는 것으로 만들고 있는 듯한 하나님에 대한 개념 혹은 모습에 화가 나 있다. 류는 무관심하며 동정심 없는 우주를 받아들이기를 계속해서 거부하는 것이다. 이 의사는 이런 우주의 강점이나 혹은 분명한 약점의 어느 경우에도 관심이 없다. 한 아이의 고난을 받아들일 수 없다는 현실만을 바라보고 있기에 이런 고난을 없애기로 마음먹고 있는 것이다.

1. 저항 신정론의 매력

까뮈와 톨스토이의 도전의 힘을 느끼는 것은 아주 쉽다. 한 어린 아이의 고난, 특히 이 고난이 의도적으로 가해질 때 가장 자연적인 반응은 분명한 분노이다. 우리의 이성은 어떤 것이 이런 고난의 상황을 바르게 만들 수 있다는 생각을 방해한다. 이런 고난의 예는 의미에 대한 어떤 우주적 틀 내에 이런 고난의 예들을 놓으려는 모든 시도들을 부정하는 것처럼 보인다.

끔찍한 일들이 아이들에게 일어난다는 것을 우리는 알고 있음에도 불구하고 아주 때때로 새로운 끔찍함으로 일어나는 것처럼 보이는 어떤 일들이 다가온다. 여러 해 전 연합언론(Associated Press)이 갓난 아기인 자기 아들을 죽인 것에 대해 고백하는 인디애나에 거주하는 한 아버지의 사건을 보도했다. 원래 이 아기의 죽음은 급성유아사망증후군에 기인하고 있었지만 이 아버지는 나중에 자신이 전체 살인 계획을 여러 달 동안 미리 계획했었다고 경찰에 진술했다.

아버지가 돌아가셨을 때 약혼녀가 휴가에서 돌아오기를 거부하자 그는 이 약혼녀에 대해 복수하기로 마음먹었다고 말한다. 그는 약혼녀와 결혼해서 아이를 가질 때까지 기다렸다. 아기가 태어나자 자기 아내가 아들에 대해 깊은 애착을 갖도록 시간을 주었다. 그리고 난 후 어느 날 오후 이 남자는 아기 침대에서 자고 있는 아들을 질식시켜 죽인 것이다.

여러 달 후 자책감에 사로잡혔던 이 아버지는 결국 자신이 한 일을 고백하게 되었다.[7] 자기 아버지가 돌아가셨을 때 자신이 어떻게 느꼈는지를 자기 아내가 느끼기를 원했다고 말하고 있다.

이 이야기는 어떻게 당신에게 영향을 주고 있나?

당신은 끔찍함이 느껴지나?

분노가 치밀어 오르는 것을 느끼게 되나?

당연하다.

우리는 다른 어떤 반응을 상상할 수 없다. 이와 같이 끔찍한 어떤 것을 신학적 혹은 철학적 이론에 적용하는 것은 훨씬 더 어렵다.

세상에 대한 하나님의 계획들이 이렇게 취급되어서는 안 되며 이해를 못하는 아이를 감정 없이 죽이는 일을 세상에 대한 하나님의 계획에 포함할 수 있을까?

어떻게 이런 잔혹함으로부터 어떤 선함을 끄집어 낼 수 있다고 감히 상상이나 할 수 있을까?

왜 사람들이 이런 고난을 설명하기를 거부하는 지에 대한 이유를 이해하는 것은 어렵지 않다. 이런 고난에 대해 거부하는 사실 그대로의 정직은 매력적이기까지 한 것이다. 그러나 이런 견해도 또한 몇 가지 흥미로운 질문을 제기하고 있다.

---

[7] Associated Press, "Indianian Admits Fathering, Then Killing Child to Get Back at Wife," *Los Angeles Times*, June 28, 1999.

2. 저항 신정론에 있어 풀리지 않는 내용들

고난에 대한 반응에 있어 저항 신정론만큼이나 솔직하며 분명해 보이는 것은 없어 보인다. 저항 신정론은 폭력이나 고난 그리고 죽음에 대한 우리의 즉각적인 반응을 표현하고 있다. 고난을 저주하며 고난을 합리화하거나 설명하려는 시도를 거부한다. 특별히 고난이 순진하며 방어력이 없는 아이들과 관련되어 있을 때 이를 거부하는 것보다 더 자연스러운 것은 없다.

그러나 끔찍한 것들에 대해 분노의 감정을 이해하는 하는 것만큼이나 이러한 분노의 감정을 사용해서 하나님을 거부하는 것과 관련해서는 어느 정도 분명한 모순이 있다. 왜냐하면 하나님의 존재에 대해 반대하는 이유를 우리에게 제시하는 것을 세밀히 살펴볼 때 이렇게 분노 속에서 하나님을 거부하는 감정은 실제로는 하나님의 존재를 지지하고 있는 것이기 때문이다.

우리가 인간의 잔혹함을 저주할 때 우리는 말로는 표현하고 있지 않지만 사람들이 실제적으로 한 것을 우리의 생각에 사람들이 해야 하는 것과 비교하고 있는 것이다. 다른 말로 하면, 우리가 인간으로서 지녀야 하는 것을 기대하기에 이 기대를 사용해 이들의 행동을 측정하는 한 표준을 우리의 행동에 만들어 적용하고 있는 것이다.

자기 아들의 생명을 빼앗는 대신 이 인디애나의 아버지는 자기가 죽인 아들을 사랑하고 돌보아야 한다고 우리는 생각하고 있는 것이다. 이런 표준에서 보면 이 아버지의 행위는 인간으로서 갖추고 있어야만 하는 의무를 위반한 것이다.

그러나 이 질문은 한 가지 중요한 질문을 제기하고 있다.

이런 비교는 무엇을 근거로 한 것인가?

아기의 생명을 끝내는 것보다 아기를 사랑하고 돌보는 것이 더 낫다고 누가 말하고 있는 것인가?

인간 행동에 대한 이런 표준은 어디에서 근거한 것인가?

우리는 여러 가지 가능한 답을 생각해 볼 수 있다. 단순한 한 가지 답은 인간의 전통이다. 통계적으로 대부분의 부모가 자신의 아이들을 돌보는 경우에 해당한다. 부모는 아이들이 거주할 곳을 제공하고 먹이며 입히고 안고 사랑하며 함께 놀아준다. 아이들이 아플 때 걱정하며 의사에게 데리고 간다.

그러나 이러한 모습은 모든 사람에게 있어 사실은 아니다. 어떤 사람들은 자신의 아이들을 돌보지 않고 소수의 사람들은 자신의 아이들을 학대하며 더 소수의 사람들은 자신의 아이들을 죽이기까지 한다.

이런 부모들의 행위는 일반적인 표준의 부모 행위에서 벗어난 것일까? 아니면 어떤 무엇인가가 관련되어 있는 것일까?

단순한 감정적 반응으로 혹은 단지 개인적 선호도의 반응으로 잔혹함에 직면하게 될 때 우리의 분노를 설명하는 것이 또한 (다른 답으로) 가능하다. 마치 우리가 "나는 개인적으로 이런 행동에 대해 역겨움을 느낀다. 이런 행위는 나에게 전혀 매력적이지 않은 것이다"라고 어느 정도 강한 말로 표현한다.

우리 모두는 좋아하고 싫어하는 것이 있다. 한 가지 단순한 작은 예를 들면 나는 버터 우유를 결코 마시지 못한다. 내가 알고 있는 모든 사람들은 버터우유를 즐기지만 나는 버터우유의 맛을 참을 수 없다. 나는 유아 살해도 또한 참을 수 없다. 사실 나는 아이를 죽인다는 생각 자체도 너무 역겹다. 버터 우유와 아동 살해를 혐오함에도 불구하고 나는 이 각 각에 대한 반응을 결코 같은 수준에 두지는 않는다. 나는 이들 두 반응을 결코 같은 수준에 두지도 않을 것이다. 한 반응은 개인이 좋아하고 싫어하는 것이며 다른 반응은 마음속 깊은 바닥에 깔린 확신이기 때문이다. 충분한 노력을 기울이면 버터 우유에 대한 맛을 발전시킬 수 있을 것이라 상상할 수 있지만 유아 살해에 대한 저의 태도를 바꿀 수 있다고 상상 할 수는 없다.

아이들을 학대하는 사람들을 우리가 저주할 때 그러면 우리는 이들 부모 역할이 "비정통적"이라거나 이들 부모의 아이들 다루는 방법이 일반적인 흐름에서 벗어난 것이라거나 혹은 일반적인 행위 형태에서 일치하는 데 있어 실패하고 있다고 관찰하고 있는 것이 아니다. "우리는 개인적으로 저런 종류의 것을 신경쓰지 않아. 우리는 사람들이 자신의 아이들을 돌보는 것을 볼 때 기분이 더 나아져"라고 말하는 것이 아니다.

아니, 우리가 아동 학대를 역겨움으로 반응할 때 우리는 이런 잘못을 저지르는 사람들의 행위를 단순히 관찰하거나 무감각하게 언급하고 있는 것이 아니라 이들의 행위를 비난하고 있는 것이다. 우리는 이들 부모의 행위가 도덕적으로 비난받아 마땅한 것이라고 판단하고 있는 것이다. 우리는 아동학대가 우리나 혹은 우리 사회를 위해서도 잘못이라고 주장하고 있을 뿐만 아니라 어떤 상황 어느 곳에서 누구라도 아이들을 저런 방법으로 다루는 것은 잘못된 것이라고 주장하고 있는 것이다.

우리가 이렇게 할 때 우리는 이들 부모의 학대 행위를 개인적 취향 혹은 전통적인 행위의 상식과는 독립된 어떤 것의 관점으로 평가하고 있는 것이다. 우리는 객관적인 도덕적 표준에 호소하고 있는 것이다. 우리가 비난하는 강도는 다른 설명이 필요 없는 것이다.

다음으로 우리가 물을 것은 이 표준이 무엇을 대표하거나 혹은 이 표준이 어디로부터 인가하는 점이다. 우리는 분명히 이 표준이 개인적 취향이나 사회적 관습 혹은 통계적 표준 이상의 어떤 것으로 경험하고 있다. 우리가 이것을 경험하면서 예를 들어 중력의 법칙을 말하는 것처럼 아이들을 돌보는 도덕적 의무감은 "현재 있는 그대로"의 한 부분인 것이다. 다른 말로 하자면, 이것은 "객관적인" 유효성을 가진다. 아이들을 돌보는 도덕적 의무감은 인간이 발명하거나 혹은 인간의 관습이 아니다.

이것은 사물을 바라보는 한 방법일 뿐만 아니라 아이들을 학대하는 것은 잘못이라는 항상 옳은 어떤 것에 대한 설명인 것이다. 비참하게도 어떤 사람들은 바르게 사는 데 실패하고 있다는 사실은 이 사람들이 그렇게 살아야 한다는 사실을 바꾸고 있지는 않다는 것이다.

그러나 도덕적 의무감이 어떻게 "객관적"인 것이 될 수 있을까?

예를 들어, 중력의 법칙이나 혹은 2 더하기 2는 4라는 수학적 사실처럼 객관적일 수 있을까?

도덕이 어쨌든 현실의 바로 한 부분에 속하는 경우에만 혹은 돌려서 말하면 현실의 한 부분이 본래 도덕적인 경우에만이다. 그러나 이것은 궁극적 현실이 본래 개인적이라는 경우에 해당할 때인 경우이다. 혹은 다른 말로 하면 단지 초월적 인격이신 하나님이 계시다고 한다면 이라고 하는 것과 같은 것이다. 어쨌든 우리는 사물에 대해 책임을 느끼는 것이 아니라 사람에 대해 책임을 느끼는 것이다.

대부분의 특별히 서구에 있는 종교적 전통이 묘사하고 있는 것처럼 도덕적 선은 하나님의 필수적인 성격이다. 하나님은 도덕적 책임감의 근원이자 객체로서 생각되어지고 있다. 하나님은 도덕적 법을 설립하셨고 우리 속에 이 법을 자각하게 하셨고 이 법으로 우리의 행위를 심판하실 것이다.

그렇게 되면 저항 신정론이 우리에게 제시하고 있는 것은 분명한 일관성이 없는 것이다. 우리 인간의 잔인성에 대한 본능적 비난은 필연적으로 **초월적인 도덕적 존재**를 암시하는 것이다. 그러나 이 부분이 바로 저항 신정론이 거부하고 있는 바로 그 생각이다.

만약 아이를 고문하는 것과 같은 일이 운이 없거나 불유쾌하거나 혹은 일반적이지 않은 잘못이라면 그리고 분명한 잘못이라면 그러면 이것은 인간행동의 필수적인 표준인 객관적인 의무감을 위반하고 있는 것이다. **이러한 표준을 설명하는 유일한 방법은 도덕적 책임감의 초월적 근원인 최고의 법 창시자에게 이것을 돌리는 것이다.** 다른 말로 하면 **하나님**에게 돌리고 있는 것이다. 다른 어떤 대안도 우리의 도덕적 확신을 대단하지 않은 것으로 만들 뿐이기 때문이다.

이것이 앨빈 플랜틴가(Alvin Plantinga)가 지적하는 것이다. 하나님에 저항하는 모든 주장에 대해 그는 말한다.

> 악에 대한 주장만이 정말 심각하게 다룰만한 가치가 있는 것이다. 그러나 아주 모순되어 보이지만 악으로부터 근원하는 신정론적인 주장이 있다는 것을 저는 또한 믿는다.

우리가 상상할 수 있는 가장 나쁜 것은 "다른 사람들의 고난에 대해 즐거워하는" 인간의 사악성이라고 플랜틴가는 말한다. 인간의 사악성은 "아주 부패하여 잘못된 것이라는 점이 우리에게 충격을 주며 인간의 사악성을 극복하려는 시도와 노력을 정당화할 뿐만 아니라 비난하며 벌하려는 것"을 명백히 한다.

그러나 하나님을 배제하는 세계관인 순수한 자연적 시각은 "어떤 종류의 진정한 도덕적 책임감에 대한 자리도 가지고 있지" 못하다. 따라서

> 순수한 자연적 시각은 끔찍한 사악함으로 분류되는 데 대한 자리를 가지고 있지 않다.... 이성적 피조물이 살아가야 되는 살 의무가 있는 한 방법이 단지 있다고 한다면 그러한 한 가지가 있을 수 있다.

그러나 이런 종류의 규범은 "사악함을 몹시 싫어하는 바로 이런 본성을 지닌 법제정자"[8]를 요구한다.

따라서 저항 신정론을 받아들이는 사람들은 딜레마에 봉착하게 된다. 고난에 대한 특히 아이들의 고난에 대한 저항 신정론의 생각을 가진 사람들의 분노는 하나님의 존재에 대한 생각을 거부하는 데로 이끌고 있다. 그러나 이러한 분노는 하나님이 존재할 때만 이해하게 되어 있다. 도덕적 분노는 도덕적 질서가 위반되어 졌다는 것을 암시한다.

그러나 도덕적 질서가 있다면 사람들이 위반할 때 자신들의 행위에 대

---

8 Alvin Plantinga, "A Christian Life Partly Lived," in *Philosophers Who Believe: The Spiritual Journeys of Eleven Leading Thinkers*, ed. Kelly James Clark (Downers Grove, IL: InterVarsity Press, 1993), 72–73.

해 책임을 지게 하는 바로 이 규칙을 만든 최고의 권력과 선함의 대상자인 도덕적 질서를 있게 한 존재가 있어야만 하는 것이다. 이 질서를 있게 한 분을 없애면 바로 이 질서도 없게 되는 것이다. 그렇게 되면 이 분노에 대한 정당성도 사라지게 되는 것이다. 사람들은 잔인성을 매력적이지 않다고 생각할 수 있고 추구하기로 선택할 일련의 행동이 아니라고 할 수 있을지 몰라도 이렇게 하는 사람들을 도덕적으로 비난할 근거는 가지고 있지 못한 것이다.

그러므로 조심스럽게 살펴보면 우리는 저항 신정론이 사실은 이들이 분명하게 거부하는 바로 이러한 생각들을 지지하고 있다는 것을 보게 된다. 이들은 도덕적 분노의 이름으로 하나님에 대한 생각을 반대하지만 이러한 분노는 하나님이 존재할 때에만 이해가 되는 것이다. 톨스토이의 삶을 기록한 사람 중 한 사람은 『카라마조프의 형제』에서 유명한 이반의 알요사와의 주고받는 대화에서 이러한 점을 명백히 하고 있다.

> 이반의 독백이 제공하고 있는 분명한 능력은 그리스도 자신이 이 세상에 가지고 오신 사랑과 동정의 바로 이 도덕성의 이름으로 하나님의 세계를 혹독하게 거부하고 있는 것이다.[9]

고난 특히 아이들의 고난을 받아들이기를 거부하는 것은 종교와 비종교적 사람들이 완전히 함께 공유할 수 있는 중요한 점이라는 것은 저항

---

9 Joseph Frank, *Dostoyevsky: A Writer in His Time* (Princeton, NJ: Princeton University Press, 2010), 872.

신정론과 관련해서 주목할 가치가 있는 부분이다. 세계관이 아무리 다르다 할지라도 사람들은 고난에 반대하며 고난이 가져오게 되는 여러 요인들을 바꾸려고 시도하는 부분에서 사람들은 하나가 될 수 있다.

2012년 12월에 상상할 수 없는 일이 코네티컷의 한 초등학교에서 일어났다. 이빨에 폭탄 장치를 한 한 정신이 온전하지 못한 젊은이가 26명의 생명을 앗아갔는데 이 26명 모두가 어린아이들이었다. 이 사건이 있은 지 얼마 후 슬픔에 잠겨있던 부모들과 다른 사람들이 이런 참사를 가능하게 하고 있는 종류의 무기들에 대한 금지와 총기 구입에 대한 좀 더 엄격한 배후조사를 힘을 합해 한 목소리로 요구했다.

종교적 철학적 차이는 중요하지 않다. 이들은 이렇게 생명을 앗아 가 버리는 잔혹성과 이런 참사가 다시 일어나는 것을 막기 위해 무엇인가를 해야 한다는 결심에 하나가 될 수 있었던 것이다.

제9장

의미의 조각들
당신에게 고난이 찾아올 때

욘 크라카우어(Jon Krakauer)의 책 『야생으로』(Into The Wild)는 한 부유한 가정에서 자란 젊은이 크리스토퍼 맥칸드레스(Christopher McCandless)가 1992년 알라스카로 무임승차 한 후 북 데날리(Denali)의 야생으로 사라져 버린 비극적 이야기에 대해 얘기하고 있다.

4개월 후 그가 찍었던 몇 장의 사진과 함께 찢겨져 조각 난 그의 몸이 한 무리의 들소 사냥꾼에 의해 발견되어졌다. 이 끔찍한 뉴스가 그의 어머니에게 전해졌을 때 그녀가 할 수 있는 모든 것은 자기 아들의 마지막 날들에 대한 희미한 몇 장의 사진들을 보는 것뿐이었다. 이 어머니는 때때로 슬픔을 가누지 못해 주저앉아 울고만 있었다고 이 작가는 표현하고 있다.

상실감이 너무 크고 회복할 수 없을 때 마음이 이렇게 반응하게 된다. 가까이서 바라보게 되면 이런 상실감은 위험성이 높은 행위에 대해 아무리 가장

잘 표현하고 있는 설명도 어리석고 공허하게 들리게 만든다.[1]

엄청난 고난의 소용돌이 속에서는 어떤 신정론도 어리석고 공허하게 보일 수 있다. 이처럼 상실감을 시간이 흐르면 해결되어질 일종의 견해로 제시할 때 어떤 설명도 이것을 이해되게 해주지 못한다.

저는 왜 그가 이런 종류의 선택을 해야 했는지 이해를 못해요.

빌리 맥칸드레스는 눈물을 흘리며 반문했다.

저는 단지 이 모든 일을 이해할 수 없어요.

우리의 생각을 아무리 조심스럽고 정교하게 정리한다 할지라도 어떤 이론도 고난에 대해 완벽하게 이해할 수 있게 하지는 못할 것이다. 특별히 우리 자신이 슬픔 속에 있는 당사자이거나 혹은 우리가 사랑하는 어떤 사람에 대해 고난 중에 있는 사람일 때는 더욱 이해하기 힘들다. 이러한 점이 왜 여러분이 실제적으로 함께 살아갈 수 있는 신정론을 발견하는 것이 결코 쉽지 않은가 하는 이유이다.

고난에 대한 다른 반응들을 바라보게 되는 "신정론 검토"에 있어 지금까지 많은 근거들을 다루었다. 그러나 우리의 일은 끝난 것이 아니다. 신학적이며 철학적인 입장을 다양하게 그리며 설명한 후 내버려 두는 것

---

1 Jon Krakauer, *Into the Wild* (Garden City, NY: Anchor Books, 1996), p. 132.

으로는 충분하지 않다.

고난과 관련해 "그래서 왜요?"라는 질문이 가장 중요한 질문이다. 이제 우리는 다른 사람들이 고난에 대해 말한 것을 보았기 때문에 우리가 우리 자신의 반응에 대해 생각해 볼 때이며 고난이 조만간 모든 사람에게 오게 될 때 이 심각한 도전들에 우리가 직면할 때 실질적으로 도움을 줄 수 있는 신정론을 찾기 시작해야 할 때이다.

1. 다른 견해에 대한 다른 이유들

고난에 대한 여러 가지 견해를 바라보는 다양한 이유가 있을 수 있다. 물론 다른 해석이 존재한다는 분명한 이유가 있고 다른 견해 모두 얘기하고 있는 중요한 부분들이 있다. 예를 들어 "어떤 종류의 세상을 하나님은 만드셨을까"와 "어떤 하나님이 세상을 만드셨을까"같은 고난이 제기하고 있는 질문들에 대한 모든 진지한 반응은 심각하게 받아들일 가치가 있다.

첫째, 우리가 보았던 것처럼 고난과 관련된 반응은 지적이며 개인적 영역이 다 혼재되어 있다.

각 견해 뒤에는 다시 돌아보게 되는 내용이 많으며 이들 견해 모두 중요한 실제적인 적용 부분들이 있다. 일반적으로 고난에 대해 우리가 생각하는 것과 우리 자신이 어떻게 고난을 경험하고 있는가 하는 부분은 밀접한 관련이 있다.

둘째, 다양한 신정론을 우리가 자세히 살피게 되는 또 다른 이유는 고난 당하는 사람들이 근본적으로 다양한 접근 방법으로 개인적 위안을 받고 있다는 사실 때문이다.

지금까지 설명해 왔던 몇몇 신정론은 예를 들어 피조물의 자유에 대해 어느 정도 강한 개념을 수용하고 있는 공통점에 있어 특정한 특징을 가지고 있는 반면 이들 신정론 사이에 비교는 뚜렷하다. 우리가 보았던 것처럼 고난 중에 있는 사람에게 위안을 주는 바로 그 생각이 다른 고난 중에 있는 사람에게는 도움이 되지 않을 수 있다.

짐과 샤론 해리스(Jim and Shron Harris)가 발견했던 것처럼 고난에 대해 환영받지 못하는 설명은 누군가의 고난을 단지 더할 수 있는 가능성이 있는 것이다. 개별적 신정론과 관련해서 "한 가지 신정론이 모든 신정론에 적용되는" 그런 신정론은 없기 때문이다.

셋째, 고난에 대해 다른 해석을 생각해보는 또 다른 이유는 모든 신정론이 각각의 한계가 있다는 점이다.

아무리 광범위하고 정교한 신정론이라 할지라도 어떤 신정론도 완벽하게 고난의 모든 영역을 다루지는 못한다. 모든 신정론은 설명하지 못하는 어떤 부분들이 있다. 빌리 맥칸드리스(Billie McCandless)가 우리에게 상기시키고 있는 것처럼 아무리 우리가 이해하려고 노력한다 할지라도 수많은 생명이 관련된 경우 결코는 이해할 수 없다. 이것은 지적이며 개인적 입장에서 사실이다.

우리가 살펴보았던 고난에 대한 설명과 점검해 보았던 모든 신정론은 특정한 질문에 답하지 못한 상태로 남겨져있다. 해롤드 쿠쉬너(Harold

Kushner)가 발견했던 것처럼 랍비 학생으로서 자신에게 만족스러워 보였던 고난에 대한 어떤 설명들이 랍비로서 자기 아들이 희귀하고 치명적인 육체적 질병 속에 있다는 것을 알게 되었을 때는 전혀 만족스럽지 않았던 이유와 같은 것이다.

넷째, 이러한 점은 우리가 고난에 대해 다른 시각으로 바라보는 그 다음 이유로 우리를 이끌어 간다. 모든 신정론 해석이 완벽하지 못한 것처럼 개인적 반응도 모두 완벽하게 통일되어 있지는 않다.

우리가 살펴보았던 것처럼 고난은 삶의 의미에 엄청난 위협이 된다. 고난은 일반적으로 우리를 혼돈되며 겁먹은 상태로 내버려두게 된다. 그래서 고난이 오게 되면 우리는 본능적으로 이해와 확신을 약속하는 어떤 것을 향해 때로는 모든 것을 향해 손을 뻗게 된다. 우리가 애착을 갖는 생각이나 확신이 단정하게 논리적 체계 안에 완벽하게 맞는지에 대해서는 신경을 덜 쓰게 된다.

반면 우리는 개인적 근거로서 "현찰 가치" 혹은 "가져갈 수 있는 것"과 같은 생각들이 필요하게 된다. 그래서 우리가 이 단계에서 논의하며 찾고 있는 것은 지적으로 매력이 있고 개인적으로 고무적인 고난에 대한 접근 방법, 즉 우리가 어느 정도 이해되며 우리의 이성을 감싸 안는 데 도움이 될 뿐만 아니라 편안하며 희망을 주는 신정론이다.

한마디로 우리가 필요로 하는 것은 **"실용적 신정론"**이다.

그러면 실용적 신정론은 무엇으로 구성될까?

우리가 고난받고 있을 때 실질적으로 도움을 주게 될 특징들을 이용할 수 있는 고난에 대한 여러 가지 해석들로 우리는 어떻게 이끌림 받을 수 있을까?

우리가 보았던 여러 가지 신정론들이 도움 되는 자료를 제공해 줄 수 있다고 생각한다. 우리가 보았던 것처럼 이 신정론들은 중요한 학문적 관심을 끌어왔다. 또한 우리는 이들 각각의 신정론이 실용적인 매력도 가지고 있다는 것을 주목했었다. 한동안 어딘가의 누군가 개인적 위기에 직면했을 때 이들 각각의 신정론에서 도움이 되는 무엇인가를 발견했다. 요점은 개인적으로 가장 도움이 절실한 때에 신정론 가운데에서 가장 훌륭한 부분을 우리는 어떻게 이끌어 낼 것인가 하는 부분이다.

『이해를 갈망하는 고난』(Pain Seeking Understanding)이라는 제목의 수필집에서 래리 부처드(Larry D. Bouchard)는 문제[2]에 대해 도움이 되는 한 접근 방법을 설명하기 위해 "조각들을 담고 있는"이라는 표현을 사용하고 있다.

이러한 접근 방법은 우리의 삶에 있어서 고난의 깨어져 조각난 효과뿐만 아니라 고난에 대한 우리의 반응에 있어 조각적 성격 모두를 인정하고 있다. 실용적 신정론을 발전시키는 데 있어서 열쇠는 개인적으로 혜택이 되는 것을 증명하는 방법으로 이들 신정론의 부분적인 내용들을 모으는 것이다. 우리의 고난에서 제기되는 "해로움과 상호 모순의 특정한 표현들"을 확인하는 것으로부터 시작해서 "종교적 구별의 조각적 특징" 외에 이들 신정론의 부분적 내용들이 제공하고 있는 통찰력에 대해 정리하는 것을 부처드는 제안한다.

---

2 Larry D. Bouchard, "Holding Fragments," in *Pain Seeking Suffering, Medicine, and Faith*, ed. Margaret E. Mohrmann and Mark J. Hanson (Cleveland, OH: Pilgrim, 1999), 13-28.

다른 말로 하면 고난이 만들어내고 있는 개인적인 인상과 우리가 가지고 있는 종교적 혹은 철학적 확신을 조심스럽게 주목한 후에 이 둘을 합치는 것이다. 부처드가 묘사하고 있는 것처럼 조각을 담고 있다는 것은 "조각적 삶과 전통과 인식의 통로들을 통합하는 것이 아니라 나란히 배열하는 것"[3]으로 구성하는 것이다.

이 표현에 의하면 실용적 신정론으로 가게 되는 구성요소들은 필연적으로 여러 가지 그리고 다양한 근원으로부터 오고 있다. 앞의 여러 장에서 우리는 고난의 문제에 대한 많은 다른 반응들을 보았고 사람들이 각각의 신정론에 대해 어떤 것은 도움이 되고 어떤 것은 도움이 되지 않는 것에 대한 이유와 함께 각 신정론의 찬성과 반대에 관련되는 철학적 주장들에 대해 주목해 보았다.

실용적 신정론을 형성하고 있는 요소들 혹은 조각들에 대한 조심스러운 검토와 개인적 확신의 근거들을 살펴보았을 뿐만 아니라 우리의 가장 깊이 자리하고 있는 믿음도 일반적으로 이성적 수사로서 많은 부분을 우리의 직관에 근거하고 있기 때문에 우리는 이러한 점도 주목해 보았던 것이다.

고난에 직면할 때 사람들은 본능적으로 오랫동안 믿어왔던 종종 어린 시절에 배우게 된 종교적 신앙으로 돌아서게 된다. 사람들이 고난에 대한 일반적인 현상을 생각할 때 분명히 하나님에 대한 개념이 사람들이 질문하게 되는 가장 혼란스러운 문제를 만들어내는 부분이다. 하지만 고난 당하는 사람이 자기 자신일 때는 하나님에 대한 믿음이 많은 사람

---

3 Ibid., 13.

에게 힘을 준다.

철학자 제프리 스타웃(Jeffrey Stout)은 우리가 염두에 두고 있는[4] 바로 이 프로젝트를 설명하는데 브리콜라쥐(bricolage)라는 프랑스단어를 사용하고 있다. 'bricoleur'는 자기가 발견할 수 있는 재료로 이 재료 저 재료를 서로 붙여서 작품을 만들어내는 재주꾼을 말한다.

이 부분이 어느 정도 실용적 신정론이 하는 것이다. 실용적 신정론은 때로는 아주 흩어져 있는 다른 자료들의 조각들을 합쳐서 이 합쳐진 조각들을 당면한 개인적 필요에 적용한다. 부처드가 우리에게 상기시키고 있는 것처럼, 우리는 다른 재료들로 상처 없는 완성된 모습을 형성하는 조각들을 기대할 수는 없다. 조각들은 완벽하며 딱 맞는 뜨개질 형태로 맞추어 질 수는 없다.

실용적 신정론은 서로 맞는 조각으로 된 그림 퍼즐이기보다는 크기, 형태, 색깔, 심지어 재료조차 다름에도 불구하고 구성 부품들이 형태를 이루어 때로는 심지어 매력적인 배열이라고 받아들일 만한 퀼트 혹은 모자이크와 더 유사하다.

사람들이 고난에 반응하는 방법들을 찾아 이곳저곳에서 함께 모은 다른 부분들 즉 조각들이 완벽한 논리적 일관성은 부족할지 몰라도 하나로 모을 때 개인적으로 힘과 확신을 줄 수 있는 것과 비슷하다. 이것의 가치

---

4 Stout는 이 표현을 윤리적 강연에 적용 한다. "창조적이며 윤리적인 사상의 많은 위대한 작품들(어떤 것은 그렇게 위대하지는 않지만)은... 도적적 브리콜라주(bricolage)를 포함한다. 이 위대한 작품들은 해결할 필요가 있는 일련의 문제들과 이 일련의 문제를 해결하는 데 있어서 이용할 수 있는 인식적 자원들을 다루는 것으로 출발한다. 그리고 나서 분리하고 통합하고 순서를 재배열하고 재어보며 버릴 것은 버리고 채울 것을 채우는 작업을 한다." *Ethics After Babel: The Languages of Ethics and Their Discontents* (Boston: Beacon Press, 1988), 75.

는 전체적인 효과, 즉 이러한 조각들의 내용이 실제적인 문제에 직면하고 있는 실질적인 사람에게 가져다주는 도움이다.

만일 이것의 결과가 몇몇 세밀히 바라보는 사람들에게는 조직적이지 않게 보일지 몰라도 그들의 이런 판단은 예상할 수 있는 부분이다. 실용적 신정론은 거의 항상 다양성과 긴장을 포함할 것이다. 그리고 이러한 부분이 바로 실용적 신정론과 이론적 신정론이 다른 부분이다.

다른 신정론들에 대해 우리가 검토하면서 보았던 것처럼 사상가들은 종종 고난에 대한 한 가지 해석을 다른 사람들의 해석과는 정반대로 발전시킨다. 이 사상가들은 고난에 대한 한 가지 견해를 다른 견해들과 구분하는 요소들을 조심스럽게 설명한 후 이들의 차이점을 강조한다. 그리고는 일반적으로 한 가지 견해를 다른 대안이 되는 견해보다 위에 둔다. 왜냐하면 이렇게 하는 것이 분명한 논리적 함정을 피하거나 특정한 추상적인 가치를 분명히 나타낼 수 있기 때문이다.

그러나 명백히 고난을 당하고 있는 사람들에게 신정론의 이런 차이점들은 이들 신정론이 제공해 주는 여러 가지 용기를 내게 해 주는 것보다는 덜 중요하다. 실용적 신정론은 본질적인 면에서 절충한다. 다양한 신정론으로부터 여러 부분들을 합하는데 심지어 논리적인 측면에서 양립할 수 없어 보이는 부분들도 합치게 된다. 다양하며 달라 보이고 심지어 모순되어 보이는 내용들도 종종 실용적 신정론의 요소들 가운데에서 보이고 있다.

2. 개인적 실용적 신정론

고난에 대한 반응에서 개인적으로 도움이 되는 실용적 신정론을 발전시키기 위해 다른 방향에서 오는 심지어는 다양한 근원으로부터 우리에게 오고 있는 의미와 확신의 조각들을 우리는 합쳐야만 한다. 한 근원은 우리가 지금까지 보아왔던 것과 같은 고난에 대한 신정론일 수 있다. 제1장에서 보았던 것처럼 너무 큰 고난은 삶이 의미가 있다는 우리의 감각을 약화시켜 궁극적 의미의 신정론 혹은 우주적 목적의 설명이 개인적 차원에서 도움이 될 수 있다.[5]

이 신정론은 우리의 고난을 어느 정도 이해할 수 있는 것으로 만드는 데에 도움을 줄 수 있다. 우리가 앞부분에서 살펴보았던 것처럼 우리의 고난을 의미나 혹은 목적에 있어 어떤 대규모 틀 내에 두려는 시도는 모든 사람에게 해당되는 것은 아니라 하더라도 많은 사람들에게 자연스러운 경험의 한 부분이다.

우리가 보았던 것처럼 어쨌든 우리가 고난을 이해할 수 있다는 바로 이 생각에 저항하는 사람들이 있을 수 있고 신정론을 찾는 유일한 목적이 단지 고난을 통과하기 위한 목적인 사람들도 있다. 그러나 고난은 대부분의 사람들이 의미를 찾도록 내몰게 된다. 심지어 평상시에는 심각하게 생각하기를 꺼려하는 대부분의 사람들도 의미를 찾게 한다. 고난이 우리에게 오게 될 때 우리는 본능적으로 어떤 우주적 견해 혹은 세계관을 향해 손을 뻗게 되는 것이다.

---

5 David R. Larson이 말했던 것처럼 "좋은 이론보다 더 실용적인 것은 없다."

실용적 신정론에 대한 다른 근원은 고난을 겪고 생존한 사람들, 즉 엄청난 고난에 직면해서 의미를 발견했던 사람들의 이야기로 구성되어 있다. 이런 기록은 너무나 소중해서 어떤 분들의 견해로는 이런 기록은 개인적으로 힘과 용기를 내게 해주는 근원을 나타낼 뿐만 아니라 고난이 제기하는 철학적 문제들도 다룰 수 있도록 우리에게 도움을 준다.

"어두움 속에서 방황하며"(Wandering in Darkness)라는 권위 있는 논문에서 엘리너 스텀프(Eleonore Stump)는 "고난의 문제가 제기하는 어려운 문제들은 이야기 담화 형식, 특별히 성경적 담화 형식의 상황 속에서 가장 잘 이해할 수 있다"라고 분명한 어조로 말하고 있다. 정말로 "담화 형식이 없이는 전혀 혹은 잘 받아들일 수 없는 철학적 사고에도 담화 형식은 기여한다."[6]

그러나 실용적 신정론에 가장 보편적이며 영향력 있는 공헌은 종교일 것이다. 고난에 직면해서 사람들은 확신을 위해 본능적으로 종교적 신앙 혹은 자신에게 가장 친숙한 종교적 전통으로 돌아선다. 그리고 사람들은 자신들이 경험하는 고난에 대해 교리, 상징, 이야기, 의식 혹은 이 모든 것들을 합친 것들인 가장 소중한 가닥들을 연결하는 방법을 특징적으로 찾는다.

그러면 우리 삶의 바로 이 의미를 위협하는 상실에 대해 근원적으로 반응하는 한 방법으로서의 실용적 신정론을 어떻게 구성할 수 있을까?

실용적 신정론은 아주 개인적이기 때문에 우리의 논의를 정리하는 한

---

6 Eleonore Stump, *Wandering in Darkness: Narrative and the Problem of Suffering* (New York: Oxford University Press, 2010), xviii.

가지 방법은 내 자신의 고난에 대한 견해를 예로서 설명하는 것이 될 것이다. 나는 이 견해를 추천으로 하는 것이 아니라 한 설명으로 제시하는 것이다. 우리 각자는 고난이 가져오는 도전에 대해 자신의 방법을 준비해야만 한다. 그러나 이 각자의 방법은 혼자 만들어야 하는 여정이 아니라 다른 사람이 이미 취했던 길을 더듬어 가 봄으로써 우리 모두는 배울 수 있다.

내 자신의 실용적 신정론은 많은 깊이 뿌리는 내리고 있는 확신을 포함하고 있다.

내 자신의 이런 확신들이 처음의 전제에서 연역적 혹은 귀납적으로 근거해서 일관성 있고 통일되며 전체적인 이론이라는 의미에서 논리적 결론을 대표하고 있을까?

나는 그렇게 생각하지 않는다.

내 신정론에 있어 몇 가지 요소들을 지지하는 분명한 증거가 있다고 생각하지만 아마 다른 신정론에 비해 증거가 덜 할 수도 있다. 그러나 이러한 점이 실용적 신정론의 본질이다. 실용적 신정론은 효과가 있는 어떤 것을 추구하는 면에서 여러 근원으로부터 내용을 가져오기 때문이다.

나는 대학과 신학대학원과 대학원에서 10년 동안 신학을 공부했다. 신학을 공부한 후 단과대학과 종합대학에서 종교과목들을 거의 40년 동안 가르쳐왔다. 보수적인 종교적 환경에서 자랐기 때문에 내가 기억하는 한 확신에 찬 기독인이었고 평생 교회의 한 구성원이었다.

내 삶은 전체적으로는 즐거웠지만 문제가 전혀 없는 것은 아니었다. 그래서 내 자신의 신정론을 형성하고 있는 조각들은 개인적 경험, 종교적 양육과 지적인 활동의 세 가지 근원으로부터 온다.

먼저 이론적인 면에서 시작해보자.

사람들은 많은 방법으로 하나님을 고난과 관련시키는 것을 보았다. 한 이론은 고난을 우리에 대한 하나님의 뜻 내에 두고 있다. 이 견해를 가지고 있는 사람들에게 하나님의 계획은 좋은 것이든 나쁜 것이든 일어나는 모든 것을 포함하고 있다. 하나님은 사람들에게 인격 발달이 일어날 수 있는 세계를 창조하셨고 이것은 실제로 일어나고 있는 모든 고난일 필요는 없음에도 불구하고 어느 정도의 고난을 요구하고 있다.

여러 신정론들이 고난을 하나님의 뜻 바깥에 두고 있다. 어떤 사람들은 하나님이 주신 자유를 하나님께 자신의 사랑과 신실함을 드리는 대신에 저항하는 데 사용했고 그들의 슬픈 선택의 결과가 고난이다. 그럼에도 하나님은 고난의 영향을 덜어주려고 하시며 창조에 대한 하나님의 목적을 성취하려고 하신다.

고난을 하나님의 뜻에 반하는 것으로 보는 사람들 가운데 하나님은 미리 고난이 일어날 것을 보셨지만 인간의 자유가 있는 세상을 창조하기로 결정하셨고 고난이 일어날 때 긍정적인 방법으로 고난을 다루기로 준비하셨다고 주장하는 사람들이 있다.

고난이 하나님의 뜻에 반하는 것으로 보는 사람들은 사람들이 인간의 자유가 저항과 결과적인 고난의 본질적인 위험이 포함되어 있다는 부분에 대해서는 하나님이 아셨지만 인간이 실제적으로 저항을 선택하게 될지 안할지에 대해서는 하나님이 미리 알지는 못했다고 생각한다. 어떤 사람들은 인간의 고난이 신의 권위에 대항한 초인적 인간 저항으로부터 근원되어진 우주적 갈등의 결과라고 생각한다.

거부할 수는 없지만 널리 퍼져있는 고난의 현실로부터 다소 다른 결론을 이끌어내는 사상가들이 있다. 완벽하게 선하시며 무한대의 능력을 가진 하나님이라면 고난을 방지하거나 없애버릴 수 있고 분명히 그렇게 하는 것을 원하실 것인데 고난이 있는 것을 보며 하나님은 이런 종류의 능력을 갖고 있지 않다고 결론 내린다.

어떤 사상가들은 이 부분은 우리가 신의 능력에 대한 본질과 범위를 재해석하는 것을 요구하고 있다고 말한다. 또 다른 사상가들은 이것은 하나님이 없다는 것을 의미한다고 한다. 우리가 세상에서 보는 엄청난 고난 속에서 하나님에 대한 개념은 단순히 유지되지 못하고 있는 것이다.

이렇게 생각하는 그룹에 속해 있는 사상가들에게 있어 마지막 부분은 삶의 냉혹한 현실과 관련해 하나님에 대한 신앙을 이런저런 방법으로 조정하는 것이 가능하다고 생각한다. 따라서 사람들이 고난을 하나님의 뜻 내에 혹은 하나님의 뜻 바깥에 두든지 간에 이들이 하나님을 믿는 것은 우리가 고난을 직면하는 데에 도움을 줄 수 있다고 믿고 있다.

나는 이 모든 다양한 견해들 가운데에 어떤 가치가 있음을 발견한다. 각각의 견해는 깊은 인간 경험으로부터 나오고 있고 고난이 가져오는 도전에 대해 마음으로부터 우러나오는 반응을 표현하고 있다는 것이다.

나는 완벽한 계획 신정론이 드러내고 있는 것처럼 하나님이 목적을 성취시키는 분이라는 데 대한 확신을 감사하며, 하나님이 고난을 긍정적인 목적으로 사용하고 계시다는 영혼 형성 신정론의 확신도 감사하며, 고난은 피조물에 대해 하나님께서 의도하셨던 것이 아니라는 자유의지 변론의 기본적 주장도 감사하며, 우주 갈등 신정론이 그리고 있는 선과 악의 극적인 모습도 감사하며, 하나님이 엄청나게 자유로운 존재를 창조하는 위험을 감수하셨다는 가능성을 열어 놓고 있는 열린 하나님 신정론자의 확신도 감사하며, 과정 신정론이 표현하는 것처럼 하나님은 자신의 방법을 항상 취하시지는 않는다는 깨달음도 감사하며, 저항 신정론이 제기하고 있는 결백하며 순진한 자들의 고난에 대해 분노의 외침을 하고 있는 것도 감사한다. 바로 이러한 내용이 고난에 대해 이렇게 다양한 견해들로부터 제가 이끌어내는 요소들 혹은 부분들에 들어가 있는 것이다.

그러나 나는 다른 견해들보다 이들 견해 중 몇 가지 견해에 마음이 이끌린다. 나는 고난이 하나님의 뜻 안에 있기보다는 하나님의 뜻 바깥에 있는 것이 더 잘 이해된다고 믿고 있는 사람들 중 한 사람이다. 고난이 영향 미치는 엄청난 범위와 고통스러운 형태가 어떻게 창조에 대한 완벽한 계획의 한 부분이 될 수 있는지 이해하지 못한다.

대신 나는 고난의 위험이 하나님께서 창조하기로 결정하셨던 엄청나게 자유로운 거주자가 있는 일종의 세계에 오게 되었다고 생각한다. 나는 또한 고난이 아무리 끔찍하다 할지라도 하나님의 목적을 무너뜨릴 수는 없다는 희망을 받아들인다. 하나님은 고난의 영향에 대응할 수단들을 가지고 계시고 결국에는 창조에 대한 하나님의 목적을 성취하신다. 따라서 나는 고난의 문제를 다루는 몇몇 철학적 견해들이 다른 견해들보다 훨씬 더 설득력 있다고 생각한다. 물론 이들 모든 견해들은 매력적인 특징을 지니고 있고 심각한 질문들을 제기하고 있다.

여러분 자신의 실용적 신정론을 발전시키는 데 있어서 여러분은 이런저런 고난에 대한 사려 깊은 접근 방법에 대해 생각하는 것이 도움이 된다는 것을 알게 될 것이다. 어려운 문제에 대해 심각하게 생각하는 것은 결코 쉽지 않다. 하지만 이렇게 심각하게 생각하는 것이 중요한 때가 있고 고난과 같이 피할 수 없고 파괴적인 경우에 있어서는 절대적으로 필수적일 수 있다.

우리가 보았던 것처럼 고난은 현실의 본질과 인간 존재의 의미에 대해 대규모의 질문을 제기한다. 그리고 이러한 대규모의 질문 제기는 종교가 다루고 있는 필수적인 주제들이기도 하다.

결과적으로 종교적 신념은 실용적 신정론을 발전시키는 자연적인 역할을 한다. 항상 내 삶의 일부분이 되어 온 종교적 근원들로 돌아설 때 나는 기독교 이야기의 핵심 요소인 특별히 예수님의 십자가와 부활이 나의 실용적 신정론의 중심이라는 것을 알게 된다.

어떤 면에서 스텀프의 제안적 설명이 생각나게 하는 이것은 이야기 형태 혹은 복음의 이야기 형태의 구체적인 부분이 고난에 대한 나 자신의 견해를 가장 직접적으로 연결하고 있다.

사복음서에 따르면 예수님은 두려움과 불안으로 십자가에 접근하셨다. 마지막 날 밤 예수님은 자기의 가장 가까웠던 제자들에게 자기를 지켜보도록 부탁하셨고 자기 앞에 놓인 이 쓴 잔을 하나님께서 제해 주실 것을 간절히 기도하셨다. 그럼에도 불구하고 예수님은 하나님의 뜻이 자신이 바라는 것보다 더 크다는 사실을 받아 들이셨고 자신이 원하는 것에도 불구하고 십자가의 고난을 참으셨다.

나의 하나님, 나의 하나님, 어찌하여 나를 버리셨나이까(마 27:46 KJV).

예수님의 외로운 절규는 그분의 고뇌의 깊이를 드러내고 있다. 하지만 부활은 모든 것을 바꾸었다. 부활하심으로 예수님은 죽음의 권세를 깨뜨리셨고 십자가의 분리를 역전시키시고 성부 하나님과 연합하셨다.

기독교 담화 형태의 이런 특징들이 나의 실용적 신정론의 여러 부분들에 공헌하고 있다. 우선 십자가는 이 세상에서 고난이 피할 수 없는 것임을 강조하고 있다. 예수님은 고난을 피하지 않으셨고 우리도 피할 수 없다. 마찬가지로 예수님의 고뇌는 고난이 잘못된 것이라는 우리의 기본적 직관을 확인시켜 주고 있다. 우리의 현재 실존에 비극적 비정상이 있는 것이다. 우리는 고난과 죽음에 약하다는 것을 알고 있지만 이런 고난과 죽음이 우리를 위한 것이 아니라는 깊은 의식을 가지고 있다.

십자가는 또한 우리가 고난 속에 있을 때 예수님이 우리와 함께 한다는 것을 확인시켜 준다. 십자가는 우리의 환경이 아무리 어둡고 억압 속에 있을지라도 우리가 결코 혼자가 아니라는 것을 깨닫게 해준다. 예수님이 인간 고뇌의 가장 극심한 밑바닥으로 내려가신 십자가를 견디셨기 때문에 사실상 그가 우리와 함께 하실 수 없는 어떤 일도 우리에게 일어날 수 없다.

예수님은 육체적 고통과 어려움, 가족과 친구로부터의 이별, 세상에서의 재산과 명성의 손실, 우리가 도우려고 했던 사람들의 적대감, 심지어 영적인 분리 이런 모든 것을 알고 계신다. 따라서 고난이 우리에게 있는 곳이면 어디에서나 예수님도 그 자리에 또한 계시다는 것을 우리는 확신할 수 있다.

만일 십자가가 고난이 우리에게 피할 수 없는 것이라는 것을 일깨워 준다면, 부활은 고난이 종국적인 의미를 가지지 않게 될 것이라는 점을 우리에게 분명히 해준다. 예수님은 십자가를 피할 수 있었지만 죽음에 갇혀있지 않으셨다. 빈 무덤은 고난이 일시적이라는 것을 우리에게 확인시켜 준다. 기독교 소망의 관점에서 보면 고난은 미래의 어느 날 과거의 한 부분일 것이다. 사도 바울이 선언하고 있는 것처럼 "승리가 죽음을 삼켜버리는" 그 날이 오게 될 것이다(고전 15:54).

기독교 신앙에 있어 십자가와 부활은 분리할 수 없는 것이며 특히 고난과 관련해서 이 둘을 함께 보는 것이 중요하다고 생각한다. 부활이 없다면 십자가는 한 고귀한 삶의 이야기에서 마지막 슬픈 장이 되어질 것이다. 예수님의 죽음은 선한 사람의 꿈이 성취되지도 못하고 희망이 부서진 채로 종종 죽게 되는 우울한 사실을 좀 더 분명하게 보여주는 또 다른 한 예에 지나지 않게 될 것이다.

그러나 부활의 관점에서 보면 십자가는 위대한 승리이며 고난의 문제에 대한 하나님의 반응에 있어 핵심이 되는 행위인 것이다. 따라서 부활은 십자가를 변화시킨다. 부활은 비극을 승리로 바꾸어 버린다. 동시에 부활은 십자가를 필요로 한다. 십자가의 어두운 배경이 없다면 죽음에 대한 하나님의 능력은 이 세상의 어려움으로부터 쉬운 해답을 제시하고 있는 것처럼 보일 수도 있다.

십자가 없는 죽음에 대한 하나님의 능력은 우리가 삶의 어려움을 우회하려는 방법을 찾는 것으로 이끌 수 있다. 만일 하나님이 죽은 자를 살릴 수 있는 능력을 가지고 있다면 분명히 하나님은 고난과 슬픔으로부터 우리를 분리시킬 수 있고 우리가 고난을 당해야만 하는 것으로부터 우리를 보호할 수 있다.

그러나 부활 이전에 십자가가 온다. 그리고 이런 사실은 하나님이 종종 우리를 위험 주변이 아니라 위험을 관통해서 우리를 이끄신다는 것을 깨닫게 하신다. 하나님은 극적으로 그리고 기적적으로 우리를 해로운 방법으로부터 구하는 것을 약속하고 있지 않다. 예수님이 자신의 십자가를 지신 것처럼 그를 따르는 자들도 자신의 십자가를 또한 져야 하는 것이다(마 16:24). 우리의 고난 가운데에서 우리와 함께 하시는 예수님의 약속은 또한 우리가 그의 고난 속에서 그와 함께 할 것을 요청하고 있다.

조심스럽게 정리하며 생각한 것과 여러 가지 종교적 영향과 함께 시간이 지나면서 우리가 축척한 경험들은 필연적으로 개인의 신정론에 영향을 준다. 제 부모님은 결혼생활에 어려움이 있어 마침내 이혼하게 되었다. 나는 이 어려운 시절로부터 몇 가지 중요한 사실을 배우게 되었다.

예를 들어 안정된 가정을 제공하는 것이 내 자신의 아이들에게 얼마나 중요한 것인가 하는 것을 나의 부모님은 깨닫게 만들었다. 깨어진 가정을 가진 사람들을 대하는 도전에 제가 얼마나 민감한지를 알게 했다.

그러나 동시에 전체적으로 내가 이 모든 과정을 겪는 것이 좋았다라고는 결코 느끼지 않았다. 삶의 많은 어려움들은 우리가 성장하는 결과로서 많이 보충되어져 견딜 수 있게 되지만 중요한 상실은 말 그대로 상실이다. 아무리 우리가 상실로부터 혜택을 받게 된다 할지라도 상실의 있는 그대로의 효과는 부정적이다. 적어도 이 부분이 어린 시절과 관련해 저에게 남겨져 있는 인상이다.

조심스러운 사고가 제공해 주는 철학적 혹은 신학적 통찰과 더불어 수많은 시간에 걸쳐 우리를 지탱하며 양육하는 종교적 신념에 삶의 경험이 우리를 이끄는 결론을 더할 때 우리는 아마도 우리의 개인적 실용적 신정론이 약간은 더 깊은 확신의 형태를 취하고 있다는 것을 발견하게 될 것이다.

고난에 대한 당신의 개인적 견해에 필수적인 확신의 내용과 관련된 리스트를 작성하는 것이 도움이 된다는 것을 발견할 수 있다. 여기 저의 견해에 버팀목을 형성하고 있는 필수적인 내용들이 있다.[7]

1) 하나님은 주님이시며 사랑이시다

세상과 이 세상에 속한 모든 것의 존재는 능력과 사랑에 있어 완전하신 그 한분에게 근거하고 있다. 많은 성경 본문들이 이 주장을 지지하고 있고 다음과 같은 중요한 내용들을 포함하고 있다.

> 태초에 하나님이 천지를 창조하시니라(창 1:1, ESV).
>
> 땅과 그 가운데에 사는 자들은 다 여호와의 것이로다(시 24:1).
>
> 하나님은 사랑이시라(요일 4:8).

하나님은 전적으로 선하신 분이시기에 악은 하나님의 원래 계획의 일부분이 될 수 없다. 하나님은 사랑이시기에 특정한 피조물에게 개인적 자유를 주셨다. 따라서 이 피조물은 하나님이 주인되심을 받아들일 수 있었다. 왜냐하면 이들 피조물이 받아들이기로 결정했기 때문이다.

이것은 이들 피조물이 하나님에게 충성하도록 억지로 되어지거나 프로그램화됐기 때문이 아니다. 이렇게 함으로써 하나님은 이들 피조물이 감사하며 기쁨으로 하나님의 사랑으로 돌아가는 것이 아니라 하나님의 사랑으로부터 돌아설 수 있는 위험을 감수하셨다.

---

7 독자들은 저자가 "열린 하나님 신정론"(open theodicy)자임을 전제하여야 한다 – 편집자 주.

2) 고난은 실제적이며 잘못된 것이다

판명되어진 것처럼 하나님의 형상으로 창조되어진 사람들이 자신들의 마음속에 하나님에 대한 신뢰를 배반하였고 세상을 채우고 있는 이 고난은 마침내 세상을 무너뜨리는 원인이 될 수 있다. 예수님의 한 비유에 나오는 인물이 말하는 것처럼 "원수가 이를 행하였다"(마 13:28).

따라서 어떤 종류의 것이든 이 세상의 고난은 창조에 대한 하나님의 뜻을 표현하고 있지 않다. 오히려 고난은 하나님의 목적을 반대하고 위협한다. 결과적으로 고난이 그 음흉한 머리를 들어 올릴 때 우리의 본능적인 "오, 아니야!"라는 고난에 대한 우리의 직관적 반대는 그 지점에서는 옳다. 우리의 직관적 반대는 부정적 본성과 완벽하게 일치한다.

3) 우리가 고난 당할 때 하나님은 우리와 함께 하신다

우리가 고난 당하는 것은 하나님이 의도하신 것이 결코 아니었지만 하나님의 사랑은 끝이 없어 우리의 운명대로 결코 내버려 두지 않으신다. 결과적으로 우리는 결코 홀로 고난을 당할 수 없다. 고난은 고난에 대한 분리되는 특질을 가지고 있다.

고난 당하는 모든 사람은 자신의 경험이 완전히 독특한 것으로 어느 누구도 자신이 경험하고 있는 것을 정확하게 알지 못한다고 느낀다. 고난은 우리가 익숙한 모든 것으로부터 분리시킬 수 있고 우리가 홀로 그리고 버려진 상태로 느끼도록 내버려둔다.

우리는 묻지 않을 수 없다.

내 하나님이여 내 하나님이여 어찌 나를 버리셨나이까?(참고. 시22:1 KJV).

결과적으로 고난 당하고 있는 영혼에게 하나님이 함께 하시는 실제에 대한 확신을 주는 성경적 약속보다 우리에게 더 소중한 것은 없다.

> 내가 악을 두려워하지 않을 것은 주께서 나와 함께 하심이라(시 23:4, KJV).
> 내가 결코 너희를 버리지 아니하고 너희를 떠나지 아니하리라 하셨느니라 (히 13:5, KJV).
> 볼지어다 내가 세상 끝날까지 너희와 항상 함께 있으리라 하시니라(마 28:20, KJV).

KJV의 장엄한 어조로 내가 이 구절들을 처음 들었을 때처럼 여기에 인용하는 이와 같은 구절들은 고난의 분리하려는 효력에 대한 처방전이다. 이 구절들이 확신시켜 주는 것처럼 하나님은 우리의 어려움 가운데에서 우리와 함께 하신다. 때때로 하나님은 극적으로 인간의 고난을 들어 주신다. 더 자주는 하나님은 인간의 고난을 극적으로 들어주시지 않는다. 그러나 어떻게 하시든지 간에 우리가 분명하게 느끼든 느끼지 못하든 우리는 하나님의 임재에서 바로 그 위안을 갖게 된다.

4) 고난은 결코 마지막 단어가 되지 못한다

내 신정론에 있어 네 번째 요소는 고난이 이야기의 마지막이 결코 되지 못한다는 확신이다. 이 확신은 두 가지 모습을 취한다. 무엇보다 먼

저 하나님은 모든 상황에서 선을 이룰 수 있다는 확신이 확인시켜 준다. 그러나 이 믿음은 조심스럽게 적용해야 한다. 하나님은 하나님의 목표를 이루기 위해 사건들 속에서 그리고 사건들을 통해서 역사한다는 교리인 "섭리"에 대한 가장 유명한 구절이 로마서 8:28이다.

> 하나님을 사랑하는 자 곧 그의 뜻대로 부르심을 자들에게는 모든 것이 합력하여 선을 이루느니라(롬 8:28).

바울의 말들이 이 방식으로 번역됨으로 모든 것이 하나님이 원하시는 방법 그대로라는 생각을 전달하고 있지 않다. 또한 바울의 말은 하나님이 어쨌든 우리의 삶에서 부정적인 것을 취소하시고 나쁜 모든 것을 선한 어떤 것으로 바꾸신다는 의미가 아니다.

그러나 이 말씀에 따르면 하나님이 하시는 것은 아무리 나쁜 상황 일지라도 선한 어떤 것을 가져오기 위해 역사한다는 것이다. 어려운 경험이 때때로 고난을 상쇄시키는 이상의 좋은 것으로 인도하는 것은 사실이다. 그러나 항상 그렇지는 않다. 큰 상실은 결코 완전히 사라지지 않는 상처를 남길 수 있다. 그렇다고 하더라도 이 말이 큰 상실로부터 선한 어떤 것이 나올 수 없다는 의미는 아니다. 큰 상실 자체 내에는 어떤 혜택을 가지고 있지 못해도 하나님은 삶의 가장 큰 상실도 우리를 복주시고 유익하게 하는 방법으로 반응하실 수 있다. 우리에 대한 하나님의 끝이 없고 가차 없는 사랑 속에서 하나님은 우리의 고난이 누그러들지 않고 회복되지 않은 상태로 머물러 있는 것을 허락하시지 않는다.

고난이 마지막 단어가 되지 못한다는 확신은 세계를 전체적으로 뿐만 아니라 부분적으로도 적용된다. 하나님을 믿는 것은 하나님의 목적이 우주의 기원을 설명하고 있을 뿐만 아니라 우주의 운명도 설명하고 있다는 것을 믿는 것이다. 하나님을 믿는 것은 창조에 대한 하나님의 계획이 결국에는 성취될 것이라는 확신을 포함한다.

고난이 하나님의 목표를 방해하고 간섭할 수 있지만 고난은 종국적인 하나님의 계획 실현을 방해할 수는 없다. 고난이 과거의 한 부분이 되는 날이 올 것이며 하나님이 다음의 일을 행하실 날이 올 것이다.

> 모든 눈물을 그 눈에서 닦아 주시니 다시는 사망이 없고 애통하는 것이나 곡하는 것이나 아픈 것이 다시 있지 아니하리니 처음 것들이 다 지나갔음이러라(계 21:4).

만약 이 실용적 신정론에 있어 처음 두 요소가 창조에 대한 기독교 교리를 반영한다면 마지막 두 요소는 구원의 교리를 반영하고 있다. 처음 두 요소는 고난의 기원과 본질에 대한 부분적인 설명을 제공하며 마지막 두 요소는 고난에 대해 풍성하게 반응하는 근거를 형성하고 있다.

이들 네 요소는 함께 하나님이 주인되시며 사랑이시며 하나님이 여전히 이 세상이 하나님 자신에게 속한 것으로 여전히 주장하시며 이 세상에 대한 하나님의 궁극적인 목적을 신실하게 행하시고 계신다는 확신을 공급한다. 모든 사람의 실용적 신정론은 뚜렷하게 개인적 요소를 지니고 있을 것이다.

여러분 자신의 실용적 신정론을 발전시키기 위해 우리가 언급했던 철학적, 종교적, 그리고 개인적 여러 가지 근거 자료들을 성찰해 보라.

그리고 나서 삶의 도전에 직면해서 당신에게 가장 도움이 될 것 같고 혹은 도움이 되어온 움직일 수 없는 확신을 찾아라.

3. 고난의 "문법": 그들과 나와 당신의 고난

우리 자신의 고난을 풍부하게 다룰 방법을 찾는 것은 실용적 신정론의 한 중요한 부분이지만 유일한 부분은 아니다. 좋은 실용적 신정론은 우리가 고난 중에 있는 사람들에게 도움을 줄 수 있게 해 줄 것이다. 이 점은 우리가 고난에 직면하는 여러 가지 방법을 제공해 주며 고난에 대한 논의가 종종 주목하지 못하는 한 방법도 포함하고 있다.

우리 논의의 주된 관심은 두 가지 형태의 고난 사이에 있는 두드러짐과 연결성 모두를 확인하는 것이 되어져 왔다. 우리가 자연재해, 끔찍한 사고, 악독한 범죄, 전쟁의 발발, 혹은 어딘가에서 시작된 전염병의 발발에 관해 듣게 될 때, 우리는 지적인 특성의 질문을 우리 자신에게 묻는 것을 발견하게 된다.

왜 하나님은 이런 일들을 허락하시는 걸까?

만일 하나님이 전적으로 선하시며 전능하신 분이라면 이런 일들이 일어나는 것을 막을 수 없을까?

혹은 이런 일들이 일어날 때 멈출 수는 없을까?

혹은 적어도 피해의 범위를 제한할 수는 없는 걸까?

그러나 아픈 사람이 바로 나이거나 내가 범죄의 한 피해자이거나 내가 사랑하는 누군가를 잃어버렸을 때 상황은 완전히 다르다. 이런 상황은 내 인생의 전체 모습을 바꾼다. 이 점이 시편 46편에서 표현하고 있는 "산이 바다 같은 나의 마음을 흔들 때"이다.

우리가 본 것처럼 사람들은 고난의 문제를 악의 문제와 구별하는 것이 습관화되어있다. 고난과 상실의 개인적 경험과 하나님의 존재를 세계 속에 있는 고난의 실제와 연결시키는 논리적 어려움이 있는 것이다. 만일 악이 우리 삶의 지평에 있는 것들과 관련이 있다면 고난은 우리 삶의 지평에서 중심부에 있는 것을 다룬다. 고난이 세상에 나타나게 될 때 나는 악의 문제를 직면한다. 고난과 상실이 나의 세계를 침입하게 될 때 나는 고난의 문제를 마주하게 된다.

우리는 모든 것에 대해 문법적 용어로 이런 구별을 할 수 있다. 나는 라틴어의 구조에 매우 신중한 집중을 요구했던 선생으로부터 고등학교 때 라틴어를 들었다. 오덤(Odom) 선생님이 설명했던 것처럼 대명사에는 자신이 말하는 사람일 때 언급하는 나, 우리라고 말하는 상대방인 너, 당신 혹은 다른 사람인 그, 그녀, 그들에 따라 1인칭, 2인칭, 3인칭의 3가지 종류가 있다는 것이다.

이들 용어를 사용하면 악의 문제는 "3인칭" 고난에 해당한다. 악의 문제는 심각한 어려움 속에 있는 사람들의 수난, 고난과 불행이 사람들에게 올 때 우리가 생각하며 우리에게 일어나게 되는 질문에 대해 언급하는 것이다. 비교해 보면, 고난의 문제는 불행이 나에게 닥칠 때 "1인칭" 고난과 상실을 포함한다. 내가 고난 속에 있는 당사자일 때 직면하는 도전인 것이다. 이 둘은 우리 모두가 보았던 것처럼 같지 않고 내가 그들의 고난에 대해 생각할 때 도움이 될 것처럼 보이는 바로 이 생각들이 아마도 도움이 덜 될 수 있고 혹은 내가 내 자신의 고난을 다루어야 할 때는 분명히 도움이 되지 않는다.

　예를 들어 나의 할아버지는 성인으로서의 삶 전체를 많은 고난과 접촉하게 되는 직업인 목회자의 삶을 사셨다. 삶을 통해 할아버지는 수 없는 장례 설교를 하며 수 없이 많은 슬픔 속에 있던 사람들을 위로하셨다. 그러나 내 할머니가 60대 후반에 돌아가시게 되었을 때 할아버지는 당신이 사랑하셨던 바로 그 사람을 잃는 것이 정말 무엇과 같은 지를 할머니가 돌아가시기 전까지 결코 몰랐다고 말씀했다. 당신이 직면한 고난이 당신 자신의 고난일 때 모든 것은 다르다.

　그러나 오덤 선생님의 대명사에 대한 설명이 제시하고 있는 것처럼 "그들의 고난"과 "나의 고난이" 우리를 직면하고 있는 유일한 방법은 아니다. 증명하겠지만 독특한 특징을 가진 고난에 대한 세 번째 형태가 정말 있다.

　여러 해 전 근처에 있는 한 대학의 철학과가 성경의 욥기에 집중한 컨퍼런스를 열었다. 참석자 중 한 사람은 영향력 있는 종교 철학자 엘리너 스텀프(Eleonore Stump) 박사였다. 스텀프 박사는 욥기는 우리가 고난에 대한 1인칭과 3인칭 접근 방법의 관점에서 읽을 필요가 있을 뿐만 아니라 2인칭 접근 방법으로도 읽어야 한다고 제안했다.

　이 말을 들었을 때 내가 항상 시도해 왔던 구분이 충분하지 않다는 것을 깨닫기 시작했다.

　내 자신의 것도 내가 모르는 사람들의 고난도 아닌 고난을 내가 직면할 때 일어나는 것은, 즉 이 고난은 1인칭이나 3인칭의 고난이 아니지 않은가?

　나에게 직면하는 고난이 당신의 고난이라면 무슨 일이 일어나는가?

특별히 당신의 고난이 나에게 너무 많은 영향을 미쳐 내가 당신의 고난을 아주 깊이 느낄 때, 즉 당신과 내가 어느 정도 까지 고난을 함께 느낄 때 무슨 일이 일어나나?

이런 종류의 고난은 다른 두 종류의 고난과는 아주 다른 것이다.

스텀프는 고난의 이해에 대해 2인칭의 경험과 그 중요성에 대해 자세한 설명을 제시한다. 1인칭 혹은 3인칭의 경험과 구분되는 2인칭의 경험은 "한 인격체로 생각하며 함께 하고 있는 다른 사람으로 당신이 의식적으로 그리고 직접적으로 서로 관계를 갖는 것"이 필요하다고 그녀는 말한다. 최근의 신경과학의 발견에 따르면 인간의 뇌는 이런 경험을 위해 실제로 준비되어 있다고 그녀는 말한다.

> 거울 같은 뉴론 체계는 주로 2인칭 경험과 이런 2인칭 경험을 만들어 내는 사람들에 관한 지식을 가능하게 구성 되어진 뇌 체계로 되어 있는 것으로 보인다.[8]

그래서 나의 고난과 그들의 고난 사이에 있는 구분은 도움이 되지만 포괄적이지는 않다. 2인칭 경험은 또한 중요하며 이 2인칭 고난에 반응하는 것은 그 자체로서 특별한 도전이 된다.

당신이 고난 중에 있는 당사자일 때 나는 무엇을 해야 할까?

---

8 Stump, *Wandering in Darkness*, 77. 같은 책에서 Stump는 욥기에 대해 복잡한 분석을 발전시키고 있다. 이 분석에 따르면 욥에 대한 하나님의 반응(욥 38-40장)은 욥의 고난에 대한 2인칭 설명으로 구성되어 있다(다른 2인칭과 3인칭 설명 내에서 "둥지를 튼") 욥의 고난에 대한 2인칭 설명의 효과는 하나님이 욥을 사랑하시며 하나님에 대한 욥의 신뢰를 저버리지 않으셨다는 것을 욥에게 확인시켜 주는 것이다(222, 225).

무엇을 말해야 할까?

무엇을 말해서는 안 될까?

어떤 역할을 취해야 할까?

내 자신이 조력자, 위로자, 증인, 조언자 아니면 어떤 모습을 생각해야 할까?

고난을 풍부하게 다루기 위해서 우리는 우리가 직면하고 있는 고난의 모든 형태를 생각하는 것이 필요하다. 그들의 고난과 나의 고난만을 생각하는 것은 충분하지 않다. 실용적 신정론은 당신의 고난도 또한 설명해야만 한다.

고난에 대한 이런 3가지 형태는 모두 연관성이 있고 각 고난에 대한 우리의 접근 방법은 불가피하게 다른 사람들의 접근 방법에 대한 우리의 접근 방법에 영향을 주며 생각해 보게 할 것이다. 우리가 가장 분명하게 필요한 것은 우리 자신의 고난에 대해 풍부하게 반응하는 한 방법을 찾는 것이다. 그러나 얼마 지나지 않아 단지 고난의 존재가 우리를 억눌러 오게 된다.

왜 누군가는 고난을 당해야 할까?

우리는 질문하게 된다.

왜 세상에는 고난이 너무 많이 있고 왜 이 고난은 불공평하게 퍼져 있을까?

왜 어떤 사람들은 다른 사람들보다 더 많은 고난을 당하고 있을까?

이런 질문들은 다른 사람들보다 우리 중 몇몇을 괴롭히지만 마침내 모든 사람들이 이런 질문을 하게 된다. 어쨌든 모든 사람들이 우리가 생각하며 행동하는 것에 대한 영원한 배경으로 역할 하는 일종의 우주에 대한 체계인 세계관을 가지고 있다. 그리고 이런 전체적인 견해는 필연적으로 고난에 대한 우리의 반응에 영향을 주게 된다.

따라서 "나의" 고난에 대해 내가 취하는 방법은 필연적으로 고난에 대한 나의 전체적 견해에 영향을 준다. 사람들은 본능적으로 자기 자신의 경험을 처리하기 위해 고난에 대한 특정한 개념이나 해석에 의존한다. 그래서 사람들은 일반적으로 다른 사람의 고난에 반응할 때 자신이 가장 좋아하는 이론들에 매력을 느낀다. 욥의 친구들처럼 사람들은 자신에게 매력적인 세계관을 다른 사람들에게 권유한다.

우리 자신의 고난에서 벗어날 수 없지만 우리는 개인적으로 도움을 줄 수 있는 사람들의 고난에 적절하게 반응하는 방법들을 찾는 것이 중요하다. 고난에 대한 1인칭과 2인칭의 형태들은 밀접하게 관련이 있다. 고난에 대한 당신의 반응은 나에게 격려가 될 수 있다. 그리고 당신의 고난에 대해 내가 긍정적으로 받아들이는 것은 당신에게 혜택이 될 수 있다.

고난에 대한 이들 여러 가지 형태 속에서 영향을 주고받는 것은 유동적이며 역동적이다. 우리가 보았던 것처럼 사람들은 자신이 고난 당하는 당사자이거나 자신이 사랑하는 누군가에게 고난이 올 때 고난에 대한 자신의 이론을 종종 수정한다.

나의 고난이든 당신의 고난이든 현실에서의 분명한 고난은 현실 전체에 대한 우리의 견해를 중대하게 바꿀 수 있다. 우리가 소중하게 간직하고 있는 몇 몇 견해들이 경험의 압력에 생존할 수 없다는 것을 발견할 수 있다.

4. 나의 고난으로부터 당신의 고난까지

실용적 신정론에 대한 우리의 추구에서 그들의 고난과 나의 고난 사이에 있는 관계를 살펴보았는데 이제 당신의 고난은 어떤가?

이제 나는 한 예로서 다시 저 자신의 경험을 사용하려고 한다.

내 자신의 경험, 종교적 신념, 그리고 진지한 통찰로부터 얻게 된 부분적인 내용들이 고난 중에 있는 누군가와 위로, 격려 그리고 도움주기를 원하는 누군가의 영향을 주고받는 관계에서 어떻게 적용할 수 있을까?

만일 당신의 고난이 내 자신의 경험의 일부가 되고 당신이 고난을 지혜롭게 직면하도록 돕기를 원한다면 나는 무엇을 할 수 있을까?

당신의 고난에 대한 도전을 돕기 위한 나의 실용적 신정론에 대한 기본적인 신념을 가져오기 원한다면 이에 대한 결과는 다음의 형태를 취하게 될 것이다.

1) 하나님은 주님이시며 사랑이다

이 정의는 나의 신정론의 첫째 요소이지만 당신 자신의 종교적 견해는 나의 것과 다를 수 있고 나는 이 부분을 존중해야만 한다. 따라서 내가 당신의 경험을 나눔에 따라 이것은 내 자신의 견해가 중요한 것처럼 내 부분에서 표현하지 않은 신념 일지 모른다. 때때로 이런 일이 일어남에도 불구하고 큰 고난 속에 있는 사람들은 자신들이 오랜 시간 동안 지녀 왔던 확신을 일반적으로 바꾸는 데에 관심이 없다. 만일 당신이 당신의 확신을 바꾸지 않기로 선택한다면 나는 당신이 당신의 신념을 의논하는 데 있어서 당신의 생각을 계속해서 유지하도록 할 것이다.

그러나 당신의 종교적 견해가 무엇이라고 하더라도 나 자신의 견해는 하나님의 눈길에서는 당신을 엄청난 가치의 대상으로 간주하는 것으로 저를 이끌 것이며 당신 앞에서 내가 말하며 행동하는 방법에 분명히 영향을 미치게 될 것이다. 이런 상황에서 이웃을 사랑하는 것은 단순히 당신과 함께 그리고 당신을 위해 거기에 있는 것이며 당신의 가치를 무조건적으로 긍정하는 것이다.

2) 고난은 실제적이며 잘못된 것이다

무엇보다도 고난 중에 있는 사람들은 우리가 그들의 경험에 대한 현실을 고마워하고 있다는 것을 알고 있을 필요가 있다. 고난은 좋은 것들에 대한 상실을 포함한다. 고난에 대한 우리의 본능적 반응은 다음과 같다.

오, 안 돼! 어떻게 나에게 이런 일이 일어날 수 있을까?

우리는 이런 당혹감을 확인할 수 있다. 우리는 고난 당하도록 의도되어지지 않았다. 적어도 우리가 고난 당하도록 의도되어지지 않았다는 것이 나의 확신이며 이것은 아마도 당신의 확신일는지 모른다. 그런데 이것은 당신의 확신이 아닐런지 모른다. 우리가 보았던 것처럼 모든 사람이 고난이 잘못된 것이라고 생각하지 않는다.

고난 중에 있는 어떤 사람들은 우리가 그 이유가 무엇인지 모르고 있음에도 불구하고 모든 것이 이유가 있어 일어나고 있다고 지속적으로 생각한다. 어떻게 생각하든지 간에 고난은 거부할 수 없는 현실이며 이 점은 인정되어질 필요가 있다.

성경에서 가장 긴 책인 시편은 깊은 인간 고난을 분명하게 표현한다. 사실 이 고대의 종교적 노래의 반 이상이 교회 역사학자인 마틴 마티(Martin Marty)가 "마음의 겨울"이라고 부르는 것을 다루고 있다. 그럼에도 불구하고 이 시 속에는 엄청난 위로가 있다. 왜냐하면 이들 시는 고난 중에 있는 사람들의 고난을 하나님이 알고 계시며 이 고난이 중요한 문제라는 것을 확인하고 있기 때문이다.

마틴 마티는 거의 30년간 함께 한 아내를 암으로 잃게 된 일을 묘사하고 있다. 아내가 마지막 몇 달 동안 병원에 입원해 있을 때 이들 부부는 자정의 약물치료 시간마다 시편을 교대로 읽었다. 그는 짝수 장 시편을 읽었고 아내는 홀수 장 시편을 읽었다. 그는 이렇게 기록한다.

> 그러나 특히 아내의 몸과 내 영혼이 기진맥진한 날 나는 특별히 한 우울한 시편을 읽을 기분이 들지 않아 읽지 않고 지나갔다.
> "시편 88편에 무슨 일이 일어났어?"
> 아내는 물었다.
> "왜 안 읽고 지나가?"
> "나는 당신이 오늘밤 이 장은 감당할 수 없다고 생각했어. 내가 감당할 수 있을지 확신할 수 없었어. 아니, 내가 감당할 수 없다고 확신해."
> "나를 위해 그 장을 꼭 읽어줘."
> 아내는 말했다.
> "그렇게 할게. 나는 당신 앞에서 밤새워 웁니다. 내 영이 환란으로 가득 차 있

기 때문입니다. 당신이 나를 진흙 창 깊은 곳 어둡고 깊은 곳에 넣었습니다."

"고마워."

아내는 답했다.

"나는 저런 곳이 제일 필요해."

마티는 아래와 같이 회상한다.

이 대화 후 우리는 천천히 그리고 조용히 계속해서 말했는데 자정의 가장 우울한 시간이었지만 서로의 존재로 가장 따뜻한 때였다. 우리 두 사람은 종종 가장 삭막한 성경 구절이 하나님이 함께 하시는 가장 신뢰 가는 표시로 가장 안 좋은 시기에 하나님이 찾아오셨다는 데에 의견을 함께 했다.

삶이 가장 바닥에 이르게 될 때 물론 우리는 위로의 말, 위로의 격언, 표현된 페이지 속에 간직된 소망의 소리를 원한다. 그러나 이러한 위로의 표현들은 어두운 단어들의 배경에서만 단지 이해하게 된다.[9]

마티의 경험은 고난을 있는 그대로 마주하는 가치를 확인시켜 준다. 사람들은 이들의 힘든 상황들에서도 감사하고 있다는 것을 알 필요가 있다. 자기 아들을 잃게 된 것을 언급하는 한 글에서 철학가 니콜라스 볼털스토프(Nicholas Wolterstorff)는 "자신의 슬픔을 소유하기 위한" 갈등을 묘사하고 있다.

---

9 Martin E. Marty, *A Cry of Absence: Reflections for the Winter of the Heart* (San Francisco: HarperSan Francisco, 1993), xi–xii.

슬픔을 이겨내기 위해, 슬픔을 뒤로 하고, 삶을 살아가기 위해, 슬픔을 마음 속에서 지우기 위해, 슬픔이 나의 정체성의 한 부분이 되지 않도록 분명히 하려고 현대의 서구 관습은 자신의 슬픔을 묘사하지 않는다(그의 요점을 이해하기 위해 우리는 엄청난 비극이 일어난 직후 "치유"와 "봉합"이라는 뉴스 진행자들의 이야기를 생각해 보면 된다).

그는 말했다.

나의 갈등은 내 자신의 슬픔을 소유하는 것이었고, 이 슬픔을 나의 정체성의 한 부분으로 만드는 것이었다. 만약 당신이 내가 누구인가를 알고 싶다면 나의 아들이 죽은 바로 그 사람이라는 것을 당신은 알아야만 한다.[10]

비슷한 맥락에서 제리 시첼(Jerry Sittser)은 자동차 사고로 자기 가족 3명을 잃게 되었을 때 엄습했던 이 슬픔을 받아들이는 데 대해 말하고 있다. 이 비극을 효율적으로 다루기 위해 그는 자기 슬픔 주변으로 가는 것이 아니라 자기 슬픔을 겪어야만 하는 것을 발견했다. 그는 이 슬픔의 깊은 곳에 스며들어야만 했다.[11]

이들의 경험은 룻기의 중심 인물인 나오미를 떠올리게 한다. 나오미와 남편은 두 아들을 데리고 베들레헴을 떠나 모압 땅으로 갔고 이곳에서

---

10 Nicholas Wolterstorff, "The Grace That Shaped My Life," in *Philosophers Who Believe: The Spiritual Journeys of Eleven Leading Thinkers*, ed. Kelly James Clark (Downers Grove, IL: InterVarsity Press, 1993), 273–75.

11 Jerry Sittser, *A Grace Disguised: How the Soul Grows Through Loss* (Grand Rapids: Zondervan, 1966), 37.

성인이 된 두 아들은 모압 여인과 결혼하게 되었다. 슬프게도 이 가족의 남자는 모두 죽었고 나오미는 자식이 없는 과부로 베들레헴으로 돌아갔다. 나오미의 귀향에 대해 마을에서 반기는데 대한 반응으로 그녀는 말했다.

> 나를 나오미라 부르지 말고 나를 마라라 부르라
> 이는 전능자가 나를 심히 괴롭게 하셨음이니라
> 내가 풍족하게 나갔더니 여호와께서 나를 징벌하셨고
> 전능자가 나를 괴롭게 하셨거늘 너희가 어찌 나를
> 나오미라 부르느냐 하니라(룻 1:20-21).

그녀의 상실은 그녀 정체성의 한 부분이었고, 그녀는 자기 이름이 이 현실을 반영하기를 원했다. 자신들의 상황이 그렇게 나쁘지는 않아라고 고난 속에 있는 사람들이 듣는 것은 결코 도움이 되지 않는다. 고난 속에 있는 사람들에게 고난은 중요한 것이며 다른 사람들이 이 고난을 인정하고 확인하는 것이 고난 속에 있는 사람들에게는 중요하다.

3) 우리가 고난 당할 때 하나님은 우리와 함께 하신다

내가 함께 하는 것은 당신이 혼자 고난 당하는 것이 아니라는 것을 당신에게 확신시켜줄 수 있을지 모른다. 하나님은 우리의 고난에 우리와 함께 하시며 하나님이 우리와 함께 하시는 것은 종종 다른 사람들이 함께 하는 것을 통해서 전달되어지고 있다. 우리가 보았던 것처럼 기독교 신앙은 말로 표현할 수 없는 비애의 경험인 십자가를 예수님 이야기의 중심부에 두고 있다.

어떤 사람들은 예수님이 고난 당하셨기에 우리는 고난 당할 필요가 없게 될 것이라고 생각한다. 그러나 십자가는 **대신**의 의미뿐만 아니라 **함께 한다**는 의미를 나타내고 있다.

그리스도는 우리를 위해 고난 당하셨을 뿐만 아니라 우리와 함께 고난 당하고 계신다.

기독교적 관점에서 보면 이것은 하나님이 우리의 고난에서 우리와 함께 하시며 우리가 인생의 가장 어두운 순간에서도 결코 혼자가 아니라는 사실에 대한 고백이다. 로마서에서 바울은 어떤 것도, 즉 환란이나 고난이나 박해나 기근이나 적신이나 위험이나 칼이나 예수 그리스도 안에 있는 하나님의 사랑에서 우리를 분리할 수 있는 것은 없다는 명백한 확신을 포함시키고 있다.

"죽음이나 생명이나 천사나 지배자나 현재의 일이나 장래의 일이나 높음이나 깊음이나 창조의 그 어떤 상황에서도" 하나님으로부터 우리를 분리시킬 수 있는 것은 없다(롬 8:35-39). 이것은 하나님은 항상 고난의 다른 끝에서 우리를 기다리고 계신다는 의미이며 상황이 아무리 나빠진다 할지라도 우리가 극복하게 될 것이라는 의미가 될 수 있다.

그러나 이것을 다르게 볼 수 있는 방법이 있다. 이것들 중 어느 것도 하나님으로부터 우리를 분리할 수 있는 것은 없으며 이 일이 끝난 후에 하나님이 우리를 기다리고 있기 때문이 아니라 이 일이 일어날 때 하나님이 우리와 함께 하시기 때문이다.

4) 고난은 결코 마지막 단어를 가지고 있지 않다

고난은 미래에 대해 확신을 가지고 있는 사람들에 대해 마지막 단어를 가지고 있지 않다. 그래서 고난에 대한 기독교 관점에 있어서 한 필수적인 요소는 소망이다. 많은 사람들에게 있어서 희망은 고난이 과거의 한 부분인 존재의 영역인 죽음을 넘어선 미래의 전망을 포함하고 있다.

그리고 이것이 우리가 고난 중에 있는 사람에 대해 종교적 확신을 존중하는 것이 중요한 다른 영역이다. 그러나 기독교는 심지어 죽음보다 다른 어떤 것보다 더 강한 어떤 것이 있는데 이것이 어떤 것도 우리를 분리시킬 수 없는 사랑이라는 확신을 제공한다.

소망은 고난이 어떤 것을 설명하며 어떤 가치 있는 목표 성취에 공헌한다는 확신의 형태를 취하고 있다. 사람들은 선한 어떤 것을 성취하기 위한 계기로서 비극을 사용해서 비극을 벗어나기 위한 본능적인 욕구를 가지고 있다.

우리가 보았던 것처럼 가족들은 다른 아이에게 혜택을 주기 위한 어떤 일을 함으로서 아이의 상실에 종종 대응한다. 우리는 우리의 고난과 우리가 사랑하는 사람들의 고난이 어떤 것인가를 설명하기 원한다. 우리는 우리의 상실이 우리 삶의 조각난 파편이기를 원하지 않는다.

따라서 우리는 본능적으로 이 상실을 치유할 방법을 향해 손을 뻗고 이 상실로부터 배우며 상실을 넘어서는 데로 자란다. 여기서 다시 기독교 신앙은 하나님은 모든 상황에서 선을 향하여 역사하신다(롬 8:28)는 확신이 있는 이 소망을 표현하며 유지한다.

따라서 중요한 것은 당신 고난의 현실을 인정하는 것이며 고난이 한 인격체로서의 당신의 필수적인 가치를 약화시키지 않는다는 것을 당신에게 재확인시켜주는 것이 똑같이 중요하다. 고난은 우리 삶의 필수적인 한 부분일지 모르지만 전체는 아니다. 우리는 우리의 고난보다 소중한 것일 수 있다.

사람들은 여러 가지 방법으로 자신들의 고난을 극복한다. 한 가지 방법은 고난이 자기들을 지배하는 것을 용기 있게 거부하는 것이다. 이것이 빅터 프랭클의 잘 알려진 책 『인간의 의미 탐구』(Man's search for Meaning)라는 책의 중요한 요점이다. 모든 자유가 빼앗길 때 항상 한 가지 자유는 남게 된다. 즉 우리의 반응을 선택할 자유라고 그는 주장한다.

우리의 상황을 바꿀 수 없을 때 우리는 우리 자신을 바꿀 도전에 직면하게 된다. 물론 고난이 크면 클수록 도전도 더 커지게 된다. 프랭클은 톨스토이를 인용한다.

> 내가 두려워하는 한 가지는 내 고난에 대해 가치 없는 존재가 되지 않는 것이다.[12]

우리의 상황이 아무리 절실한 것이 된다 할지라도 우리는 상황이 우리를 지배하는 것을 거부할 수 있다.

고난이 사람의 가치를 약화시키지 못한다는 메시지는 우리 사회가 개인 가치의 기본으로서 간주하는 경향이 있는 것을 기억할 때 특별히 중요하다.

---

12 Viktor E. Frankl, *Man's Search for Meaning* (New York: Washington Square, 1985), 87.

우리는 젊고 건강하며 운동적인 모습에 열광한다. 우리는 또한 생산성이나 혹은 유용성을 영예롭게 여긴다. 사실 우리는 일반적으로 사람들의 직업으로 사람을 구분한다. 뉴스 기사가 누군가의 이름을 언급할 때마다 이 뉴스 기사는 거의 항상 이 사람의 직업을 또한 얘기한다.

우리는 아이들에게 나중에 커서 어떤 사람이 되기를 원하는지 물어본다. 우리는 나이 드신 분들을 그들이 이전에 어떤 일 하시든 분이었는지의 관점에서 묘사한다. 이것은 마치 아이들이 완전한 사람이 아니며 은퇴하신 분들은 더 이상 완전한 사람이 아니라고 하는 것과 같다.

따라서 아프거나 혹은 다친 사람들의 가장 큰 걱정 중 하나는 자신들의 유용성을 상실하게 되는 두려움이라는 것은 놀라운 일이 아니다. 내 장인 어른이 인공대체관수술을 두 번째 하게 되었을 때 수술 후에 불만 중 하나가 더 이상 자신이 쓸모없게 되었을 거라는 두려움이었다. 만약 장인어른이 생산적일 수 없다면 자기 삶은 더 이상 살 가치가 없는 것으로 느꼈다.

고난 속에 있는 사람들은 우리가 말하는 것보다는 우리가 어떻게 표현하는가하는 부분으로 이들에게 확신을 줄 필요가 있다. 즉 우리는 이들을 가치 있고 중요한 사람으로 받아들일 뿐만 아니라 확신시키는 것이다.

암으로 남편을 먼저 보냈던 제가 아는 한 여자 분은 남편의 병세가 마지막 단계에 이르렀을 때 사람들이 병원에 찾아와 일상의 일을 얘기하며 웃음을 나누는 것이 얼마나 큰 의미였는가 하는 것을 말했다. 병문안 온 사람들의 우정은 남편이 환자 혹은 암의 희생자 이상의 의미임을 확인시켜 주었다. 남편은 소중한 친구였다.

내 삼촌은 파킨슨병으로 고생하면서 병원 침대생활로 소천할 때까지

4년을 보내야했다. 숙모는 그 4년 전체 기간 동안 밤낮으로 삼촌을 돌보셨는데 예외가 매일 군청의 돌봄이 봉사를 하러 1시간씩 가는 거였다. 나는 숙모에게 삼촌이 그 힘든 시간 동안 특별히 도움이 되었던 어떤 것이 있었는지를 물었다. 삼촌에게 큰 의미가 있었던 한 가지가 있었다고 숙모는 말해주었다.

삼촌을 돌보는 사람들은 삼촌이 그들에게 어떤 것을 기여하는 것을 허락했다. 그의 병세에도 불구하고 삼촌의 훌륭한 품성과 신앙과 유머감각이 빛을 발했고 삼촌을 돌보는 사람들은 그의 모습 그대로에서 그에게 감사했다. 사실 삼촌이 돌아가신 지 얼마 되지 않았는데 그를 돌보았던 사람들 중에 한 분이 삼촌의 영향으로 삶을 바꾸는 결정을 내렸다고 숙모는 말씀해 주셨다.

당신의 고난을 온전히 시작하며 누군가의 고난을 함께 하는 것은 엄청난 도전이 된다. 이것이 왜 사람들이 일반적으로 고난을 피하려고 하는지에 대한 이유이다. 이런 고난의 도전에 대한 표준적인 반응은 익숙한 일상적인 안부를 대충 전하고 편안하게 그 상황을 모면하는 구실을 찾게 된다. 다른 사람이 고난 당하는 것을 보는 것은 우리 자신의 안전감을 흔들어 버리며 우리가 하거나 말하는 것이 정말 어떤 도움이 될 지를 거의 느끼지 못한다.

그러나 고난 속에 있는 이웃을 사랑하는 것보다 더 응급적인 봉사에 대한 요청은 없다. 마지막 분석으로 어떤 경험도 더 보답적인 것이 없다. 영화 비평가 케네쓰 튜란(Kenneth Turan)이 한 비평에서 말한 것처럼 "고난을 나누는 것이 가장 힘든 것이지만 삶을 지탱하게 만들어 주는 유

일한 것으로 또한 증명되어 있다."¹³

5. 마지막 단어

우리는 마치 우리가 이해할 수 있는 어떤 것으로 고난에 대해 얘기해 왔다. 우리는 분명히 이해하기를 원하며 어느 정도까지는 이해할 수도 있지만 고난은 전혀 이해가 되지 않는다는 피할 수 없는 진실을 또한 마주하게 된다. 고난에 대한 이해는 논리적 설명에 저항하며 이 세상에 있는 모든 철학과 신학도 고난이 가져오는 모든 질문에 답할 수는 결코 없을 것이다. 우리가 부딪치게 되는 고난이 그들의 고난이든 나의 고난이든 당신의 고난이든지 간에 고난은 항상 신앙에 도전을 던져주며 우리 삶의 의미에 위협이 될 것이다.

그러나 어떤 것도 고난을 완전히 이해할 수 없게 한다 하더라도 그리고 고난을 이성의 틀 안에 적용시키려는 우리의 시도가 결코 완전히 성공할 수 없다 하더라도 우리는 여전히 고난에 대해 풍요롭게 반응할 수 있다.

그리고 이것이 본서의 본질적인 메시지이다. 고난이 제기하는 지적인 도전들은 어떤 분명한 해결책을 인정하지 않는다. 철학적 사유로서 어떤 신정론도 완벽하게 만족시키지 못한다.

그럼에도 불구하고 실용적 신정론은 우리가 할 수 있는 범위 내에 있

---

13 Kenneth Turan, "Dealing Openly with the Pain of Caring," *Los Angeles Times*, August 23, 2013. 이것은 양자를 돌보면서 겪는 어려움을 보여주고 있는 영화 〈Short Term 12〉에 대한 영화비평이다.

다. 고난의 신비는 우리에게 도전하는 일을 결코 멈추지 않을지 모르지만 우리는 고난에 대한 반응에서 풍요롭게 살 수 있다. 다른 사람들의 예와 깊은 생각들과 종교적 신앙의 확신과 우리 자신의 경험으로부터 오는 부분적인 내용들을 합침으로서 인생의 상실에 직면해서 소망과 용기를 발견할 수 있다. 고난 자체는 의미가 없을지 모르지만 어떤 것도 우리 삶의 의미를 빼앗아갈 수는 없는 것이다.

주제 색인

ㄱ

고난의 의미 40
고통의 현실적 방법론 31
과정 사고 144
과정 사상 166, 167, 171, 172,
　　　　　173, 174, 180, 181
과정 사상가 167, 169, 175, 180
과정 신정론 161, 165, 175, 176,
　　　　　179, 182, 220
과정신학 166
과정철학 166
과정 철학자 173
기본적인 믿음 38

ㄷ

도덕론자 87

ㅁ

만물 갈등 신정론 119, 124

ㅅ

삶의 의미 37
신고전주의 175
신의 설계도적 견해 123
신정론 40
실용적 신정론 210, 212, 213,
　　　　　　215, 216, 217,
　　　　　　221, 230, 234,
　　　　　　236, 247

ㅇ

악의 가능성 80
악의 문제 40, 74
악의 존재 33
악의 현실성 80
열린 신정론 219
열린 유신론 141, 144, 147,
　　　　　149, 153, 158
열린 유신론자 147, 151, 152,
　　　　　155

열린 하나님 신정론 139, 219
영혼 형성 108
영혼 형성 개념 114
영혼 형성과정 114
영혼 형성 신정론 94, 103, 104,
　　　　　　　　107, 130,
　　　　　　　　156, 219
영혼 형성의 골짜기 130
예정론 66
완벽한 계획 신정론 59, 63, 64,
　　　　　　　　　67, 70, 81,
　　　　　　　　　140, 219
완벽한 능력 75
욕아 원리 115
우주 갈등 신정론 131, 135, 219

저항 신정론 186, 196, 198,
　　　　　　202, 203, 204,
　　　　　　220
전쟁 세계관 123, 124
진정한 분 114

ㅊ

천사적 자유의지 134
충격적 가치 38

ㅎ

하나님의 책임 74

ㅈ

자기 결정 168
자연적 유신론 168
자유의지 75
자유의지론자 76
자유의지 변론 71, 73, 78, 82,
　　　　　　　143, 156, 157,
　　　　　　　160, 219
자유의지 신정론 129

CLC 깊은 신학 시리즈

① 깊은 설교
켄트 에드워즈 지음 | 조성헌 옮김 | 신국판 | 376면

켄트 에드워즈는 우리가 왜 설교하는지를 상기시키고 표면적인 것 이상으로 나아가는 설교를 개발하고 전하기 위한 강력한 통찰력을 제공한다.

② 더 깊은 회개
로이 헷숀 지음 | 최정숙 옮김 | 사륙판 양장 | 200면

저자는 성경말씀을 통해 우리가 범하는 성적 악행의 본질적인 양상을 면밀하게 파헤치며 나아가 그 죄의 해결책을 명백하게 제시한다.

③ 깊은 예배: 활기차면서도 경건한 예배 만들기
토마스 G. 롱 지음 | 임대웅 옮김 | 신국판 무선 | 200면

본서는 전통적인 예배와 현대적인 예배의 장점과 단점을 구분한 후, 두 예배를 현대 교회에 적절히 융합한 형태로 한쪽만을 추구하는 예배자들을 만족시킬 수 있는 방법을 강구한다.

④ 깊은 영성
마이클 헤이킨 지음 | 이홍길 옮김 | 신국판 | 188면

본서는 개혁주의 영성이 무엇인지를 삼위일체 하나님으로부터 출발하여, 선교라는 최종 열매까지 대입하므로 잘 설명해 준다.

⑤ 깊은 고난: 고난의 의미에 대한 7가지 접근
리차드 라이스 지음 | 이정일 옮김 | 신국판 | 252면

본서는 고난의 의미에 대한 7가지 신정론적 접근을 설명하므로 고난에 대한 문제를 다양하게 이해시키고 있다.

⑥ 깊은 인내
김재윤 지음 | 신국판 무선 | 192면

본서는 성도의 삶의 뿌리로서 인내의 주제를 다루되, 인내가 필요한 이유부터 시작하여 구약과 신약 및 교회사에 나타난 인내의 인물들을 소개한 후에 우리 삶의 자리에서 어떻게 인내를 적용할지를 소상히 밝힌다.

⑦ 깊은 회심
토마스 쉐퍼드 지음 | 명노을 옮김 | 신국판 | 근간

본서는 청교도 목사인 토마스 쉐퍼드의 설교로 참된 회심이 무엇인지를 깊은 성경적 통찰을 통해 풀어내고 있다.

⑧ 깊은 신앙
토마스 쉐퍼드 지음 | 명노을 옮김 | 신국판 | 근간

본서는 청교도 목사인 토마스 쉐퍼드의 설교로 깊은 신앙이 무엇인지를 깊은 묵상과 성경 연구를 통해 잘 풀어내고 있다.

깊은 고난: 고난의 의미에 대한 7가지 접근
Suffering and the Search for Meaning

2018년 2월 20일 초판 발행

지은이 | 리차드 라이스
옮긴이 | 이정일

편　　집 | 변길용, 권대영
디 자 인 | 전지혜
펴 낸 곳 | 사)기독교문서선교회
등　　록 | 제16-25호(1980. 1. 18)
주　　소 | 서울시 서초구 방배로 68
전　　화 | 02) 586-8761~3(본사)　031) 942-8761(영업부)
팩　　스 | 02) 523-0131(본사)　031) 942-8763(영업부)
홈페이지 | www.clcbook.com
이 메 일 | clckor@gmail.com
온 라 인 | 기업은행 073-000308-04-020, 국민은행 043-01-0379-646
　　　　　예금주: 사)기독교문서선교회

ISBN 978-89-341-1778-0 (94230)
ISBN 978-89-341-1753-7 (세트)

* 낙장 · 파본은 교환해 드립니다.

이 도서의 국립중앙도서관 출판시 도서목록(CIP)은 서지정보유통지원시스템 홈페이지(http://seoji.nl.go.kr)와 국가자료공동목록시스템(http://www.nl.go.kr/kolisnet)에서 이용하실 수 있습니다.
(CIP제어번호: CIP2018002978)